中國學術思想研究輯刊

二七編

林慶彰　主編

第 13 冊

東漢讖緯學研究（上）

陳明恩　著

花木蘭文化事業有限公司

國家圖書館出版品預行編目資料

東漢讖緯學研究（上）／陳明恩 著 — 初版 — 新北市：花木
蘭文化事業有限公司，2018〔民 107〕
目 6+236 面；19×26 公分
（中國學術思想研究輯刊 二七編；第 13 冊）
ISBN 978-986-485-383-0（精裝）
1. 讖緯 2. 東漢
030.8   107001875

ISBN-978-986-485-383-0

中國學術思想研究輯刊
二七編　第十三冊　　　　　　ISBN：978-986-485-383-0

東漢讖緯學研究（上）

作　　者　陳明恩
主　　編　林慶彰
總 編 輯　杜潔祥
副總編輯　楊嘉樂
編　　輯　許郁翎、王　筑　美術編輯　陳逸婷
出　　版　花木蘭文化事業有限公司
發 行 人　高小娟
聯絡地址　235 新北市中和區中安街七二號十三樓
　　　　　電話：02-2923-1455／傳眞：02-2923-1452
網　　址　http://www.huamulan.tw 信箱 hml810518@gmail.com
印　　刷　普羅文化出版廣告事業
封面設計　劉開工作室
初　　版　2018 年 3 月
全書字數　331803 字
定　　價　二七編 25 冊（精裝）新台幣 48,000 元　　　　版權所有‧請勿翻印

東漢讖緯學研究（上）

陳明恩 著

作者簡介

陳明恩，福建金門人。國立臺灣師範大學文學博士、現任銘傳大學應用中國文學系專任副教授，主要研究領域爲先秦兩漢思想與經學，撰有《氣化宇宙論主體架構的形成》、《東漢讖緯學研究》、《詮釋與建構：董仲舒春秋學的形成與開展》及〈孔孟荀諫說探義〉、〈何休五諫範型之創立——兼論五諫之形成與發展〉等。

提　要

　　本文以「東漢讖緯學研究」爲題，旨在揭示讖緯之「名義」、探討讖緯之「形成」、考述讖緯之「篇目」；在此基礎上，進而分析讖緯所涉主要論題之內涵及其理論特徵。

　　就讖緯之名義與篇目而言，本文認爲：所謂「讖緯」，乃指「『讖』又名之曰『緯』」而言，並非「『讖』、『緯』相合，故名之曰『讖緯』」。至於讖緯之文本，雖歷來所見緯書篇目頗多，然可信其爲古緯之舊者，實僅兩漢典籍曾見徵引、歷代書目紀錄較爲完整及唐人諸書所引數十篇而已。

　　至若讖緯所涉主要論題，本文首探其哲學基礎，繼而以「災異」、「王命」及「經學」爲主軸，探其學說之要旨。哲學基礎：讖緯所賴以建構其思想體系者，實即先秦以來所發展完成之「氣化宇宙論」；而其特色，則表現爲概念之整合、結構之轉換、系統之增益等方面。災異論述：讖緯之說雖不出前代之範圍，然其轉化災異之名義、引申經典之解釋、增益解釋之方法，實亦有其特殊之理論意義。王命之論：讖緯將「帝王感生」、「聖王異表」、「五德相生」、「三統說」融爲一體，兩漢王命論述之相關理據，至此乃臻於齊備。經學論題：讖緯之說主要包含「闡釋經旨」、「訓解經文」與「發明義例」三大層面；另就兩漢條例之學的發展而言，讖緯亦居承先啓後之關鍵地位。

目次

下　冊

凡　例

一、本文所引古籍，均於首次引用時，詳細注出使用版本、出版地、出版年
　　月及頁碼，餘則但注頁碼於引文之末。

二、本文所引近現代研究論著，均於每章首次引用時，詳細注出出版地、出
　　版者、出版年月（以西曆為準）及頁碼，餘則但注書名與頁碼，以便檢閱。

三、本文所引期刊論文，亦於每章首次引時詳細注出刊名、期數、發表年月
　　及頁碼，餘則但注篇名與頁碼，以省篇幅。

四、本文稱引人物，蓋本王爾敏「正史為史家嚴肅之著作，註文則可表達撰
　　者個人感情，是以於正文中無論往時或當今賢豪師友，俱著正名，不加
　　稱謂。……然注文，……在表達作者個人的情意，則可自由稱呼」〔註1〕
　　之論，除注文引述業師所論稱「師」外，餘均著其正名。

〔註 1〕 王爾敏：〈近代中國思想研究及其問題之發掘〉，文刊韋政通主編：《中國思想
　　　　史方法論集》（臺北：水牛出版社，1987 年 2 月），頁 305。

第一章 緒 論

　　兩漢學術，其初本尚黃老；迄武帝立五經博士，儒學始漸定於一尊。其後讖緯肇興，不僅東漢諸帝雅好此術；儒者之間，更是爭學圖緯內學。然自魏晉以降，讖緯之學卻屢遭禁毀〔註1〕；以致於相關文獻散佚殆盡，今已無法窺其全豹。〔註2〕也正因為文獻散佚不全，故歷來有關讖緯之研究，亦存在許多懸而未決之問題，有待進一步之探討。本文之目的，旨在揭示讖緯之名義、考察讖緯之形成、釐定讖緯之篇目；在此基礎上，進而分析讖緯所涉主要論題之相關內涵及其歷史意義。在進入正文之前，以下先就本文之研究範圍、資料、主題與方法略作說明。

第一節　研究範圍之釐定

　　所謂「讖緯」，歷來之說，各有不同。然如本文第二章所述，「讖」雖以

〔註1〕 有關歷代讖緯之禁毀情況，請參見鍾肇鵬：《讖緯論略》（瀋陽：遼寧教育出版社，1991年11月），頁32～33。為便檢閱，茲將其說表列於〈附錄一〉，以資參考。至於歷代禁讖之緣由及其方式，請參閱安平秋、章培恆主編：《中國禁書大觀》（上海：上海文化出版社，1990年3月），〈中國禁書簡史〉，頁1～144。

〔註2〕 以歷代史志、書目所錄為例，《隋書·經籍志》錄有讖緯書目「十三部，合九十二卷」；然至《新唐書·藝文志》，讖緯之書僅存「九部，八十四卷」。爰及宋末，依《文獻通考》所錄，讖緯文獻又僅《易緯》八種及《禮含文嘉》尚存，餘皆亡佚殆盡。以上所述，詳見〔唐〕魏徵等撰：《隋書》（北京：中華書局，1987年10月），頁940；〔宋〕歐陽修等撰：《新唐書》（北京：中華書局，1975年2月），頁599；〔元〕馬端臨撰：《文獻通考·經籍考》（臺北：新文豐出版公司，1986年9月），頁1605。

「驗」爲本義，但並非所有以「驗」爲目的之文字皆可名之曰「讖」。除此之外，「讖」又有廣、狹二義：廣義之讖可泛指所有與「個人命運」或「眾庶生活」有關之預言，而狹義之讖則專指光武所定「圖讖」。嗣後，因光武所定圖讖與經義漸趨緊密，而被認爲具有輔翼經書之功能，故又稱之以「緯」。「讖緯」一義，即緣此而來。然後世因囿於「讖」、「緯」相合而名之曰「讖緯」之論，故「讖緯」一詞的含義，乃漸次擴大至含攝所有與「讖」或「驗」有關之文字。就學術之演變而言，本文並不反對將所有與「讖」有關之文字納入「讖緯學」此一架構底下加以討論。然就本論題而言，爲避免引發不必要之誤解，本文所稱「讖緯」，乃專就官定「圖讖」而名之曰「緯」此一層次而言，故凡與「經義」無關之讖言讖語，皆不納入本文之研究範圍。研究範圍既以官定圖讖爲主，故本文之時間斷限，亦將之設定在東漢一代。

第二節　研究資料之選擇

　　讖緯文獻，因原帙散佚無存，今僅能就明清以來輯佚所得之相關篇目及其佚文略窺端倪。〔註3〕惟歷來所輯，在篇目上或疑信相參，尚待查考；在佚文上或斷簡殘篇，稽核匪易。在無法確信現存緯書篇目皆爲古緯之舊的前提下，本文在取捨上，係以後漢典籍曾見徵引、歷代書目紀錄較爲完整之篇目及其佚文爲主；上述材料之外，再取唐人諸書所曾徵引之相關篇目與佚文爲輔。唐代以後所見篇目及其佚文則暫存之，俟來日再作進一步之探討。至於輯本之選擇，本文主要以安居香山、中村璋八等所輯之《緯書集成》爲基準。〔註4〕之所以如此選擇，主要取其蒐羅齊備，便於參考，且有助於讀者之稽核

〔註3〕讖緯文獻之輯佚，其風始於元末之陶宗儀；降及明清，學者所輯已有十四種。此十四種輯本爲：1、《說郛》，〔明〕陶宗儀輯；2、《古微書》，〔明〕孫瑴輯；3、《緯書》，〔明〕楊喬嶽輯；4、《易緯》八種，〔清〕四庫館臣輯；5、《諸經緯遺》，〔清〕劉學寵輯；6、《七緯》，〔清〕趙在翰輯；7、《七緯拾遺》，〔清〕顧觀光輯；8、《集緯》、《緯讖候圖校輯》，〔清〕殷元正輯；9、《古書拾遺》，〔清〕林春溥輯；10、《玉函山房輯佚書》，〔清〕馬國翰輯；11、《通緯》，〔清〕黃奭輯；12、《緯攟》，〔清〕喬松年輯；13、《玉函山房輯佚書續編》，〔清〕王仁俊輯；14、《尚書中候鄭注》，〔清〕孔廣林輯。其後安居香山、中村璋八《緯書集成》出，讖緯文獻之輯佚，至此乃告一段落。今日之讖緯研究，實即奠基於此。

〔註4〕《緯書集成》原刊於1959年，彼時爲油印本，所輯亦僅止於《詩》、《禮》、《樂》三者；至1964年，始將全書六卷八冊同時印出。嗣後由明德出版社鉛排出版，

檢視。惟該書於校勘上仍略有所失〔註5〕，故引用之際仍需檢覈原文，以求正確無誤。

第三節　研究主題之設定

　　任何思想體系的形成，除有其文本外，還必須有賴以建構其思想體系之理論基礎與概念系統。惟就讖緯研究而言，由於讖緯文獻久佚，今欲以之為研究對象，首先必須釐定讖緯之「名義」；以此為基準，方能對讖緯之「生成年代」與「文本內容」有一相應之理解。因此，本文第二章乃先就上述課題加以考察，以為後續研究之張本。

　　讖緯研究之基礎課題既明，本文第三章乃續以「讖緯氣化論之建構」為題，就氣化宇宙論之基本架構略作說明，進而闡明讖緯氣化論之主要特色、及讖緯氣化論下之秩序形式，藉此以觀讖緯所賴以建構其思想體系之理論基礎與概念系統。

　　以上述研究為基礎，本文乃進一步處理讖緯思想之「主要內容」。今觀現存緯書佚文，雖其內容頗為龐雜；然其要旨，則不外乎「災異」與「王命」這兩大主軸。而這兩大主軸所關涉者，其實還是「經學」問題。所謂「經學問題」，依王葆玹所論，其要有五：

　　　一、「聖人感生」與「聖人同祖」之問題；

　　　二、「五德終始」與「皇帝王霸」之歷史觀；

　　　三、「世卿」之爭論；

　　　四、禪讓說與革命說；

　　　五、陰陽五行所涉及之相關論題，如構成論、發生論等。〔註6〕

　　　　改名「《重修緯書集成》」。1994年河北人民出版社以《重修緯書集成》為本，進行翻譯、點校等工作，並於斷句和引文出處等方面作了部份的修正；同時以「重修」二字易生誤解，故又將書名改為「《緯書集成》」。彼時參與是項工作者，除呂宗力、欒保群外，尚有高洪鈞、黃正建、任道斌、秦進才、賴長揚、商傳、李世愉、周保中、陳海龍、濮文起等學者。本文所據，即為此本。

〔註5〕　例如：《易稽覽圖》「凡異所生，災所起，各以其政。」《緯書集成》「災」誤作「炎」。(見頁143)《春秋說辭題》「故河圖有九篇，洛書有六篇」，《緯書集成》缺「河」、「洛」二字。(見頁861) 其他如「日」誤作「日」等，更是不勝枚舉。然瑕不掩瑜，安居、中村二氏所輯，仍是迄今所收資料最為完整之輯本。學者所論，甚有「集大成」之譽。

〔註6〕　王葆玹：《西漢經學源流》(臺北：東大圖書公司，1994年6月)，第7章，頁

這些主題，除第三項於讖緯鮮有論及外，其餘皆爲構成讖緯思想之主要內容。其中第五項所涉及之陰陽五行，實乃讖緯用以建構其思想體系之理論間架；而由此間架所展開之論述，實即「災異」與「王命」。其中「王命」之論，實即王書所指陳之三、五兩項以外的所有命題。而「災異」之說，王書雖未以之爲經學之「重要命題」；然觀漢儒對於儒家經典之理解，可知災異之說實爲兩漢經學重要命題之一。如《漢書・翼奉傳》云：

> 《易》有陰陽，《詩》有五際，《春秋》有災異，皆列終始，推得失，考天心，以言王道之安危。〔註7〕

《漢書・五行志》則云：

> 昔殷道弛，文王演《周易》；周道敝，孔子述《春秋》。則乾坤之陰陽，效〈洪範〉之咎徵，天人之道粲然著矣。（頁1316）

五經中之《易》、《書》、《詩》、《春秋》皆與災異有關，則以「災異」爲兩漢經學「重要命題」之一，當不致推求太過。然而，雖說「災異」、「王命」皆與「經學」有關；惟就性質上而言，此三層面所涉相關論題仍可分而述之。故本文於略述讖緯之哲學基礎與理論架構後，又分別就讖緯與「災異」、「王命」及「經學」之關係展開論述。

第四章論「讖緯與災異」：讖緯多言災異，此由明清諸家所輯佚文，即可略窺其要。惟歷來對於讖緯所涉災異之論，大體皆僅止於概略性之介紹而已；欲藉此以觀讖緯災異論述之全豹，似仍略嫌有缺。職是之故，本文乃分就災異觀念的形成、發展及其經典基礎與方法原則等層面略加討論；以此爲基礎，進而闡明讖緯災異論述之表述型態，及其對兩漢政治與災異理論的影響。

第五章論「讖緯與王命」：王命之基礎源自於天，此乃殷、周以降，歷代帝王篤守不移之根本信念。讖緯對此，亦頗多闡述。惟讖緯所論，不僅一端；系統之整合與重構，方是讖緯王命論述之要義所在。爲明其義，本文乃就兩漢王命論述之發展演變，及其所涉理論問題略加說明；以此爲基礎，進一步闡述讖緯王命論述之實質內涵及其理論特色。

第六章論「讖緯與經學」：讖緯之學，其初本或近於方士之流；然自光武宣布圖讖於天下後，讖緯與經學之關係乃愈趨緊密。相關論題，學界已多有闡述。在前賢既有之研究基礎上，本文則就讖緯經學地位之演變、經學家與

325～382。

〔註7〕 〔漢〕班固撰：《漢書》（北京：中華書局，1987年12月），頁3172。

讖緯、讖緯經說之主要內涵及其影響等層面略作討論，以明讖緯與兩漢經學之關係。

第四節　本文之研究方法

　　所謂「方法」，就一般之理解而言，無非是指為達某一目的所採行之處理方式或步驟。此一步驟，又包含幾項要件：資料之蒐集、整理、歸納、分析與判斷。前三者為研究之基礎，旨在提供完整可信之史料，以為分析、判斷之準據。後二者則為研究之核心，要在藉由堅實之文獻，進而揭示研究對象之義理旨趣。就讖緯而言，其相關文獻之蒐集、整理，明清以來已累積大量之成果；本文所關注者，除相關篇目之辨正外，又在於此類資料之分析、判斷。而分析之基礎，又在文獻之詮釋。如何「合理」詮釋古人思想之義蘊，此乃研究者所必認真思索之課題。對此，袁保新所論或許可為借鑑。其說以為：

一、一項合理的詮釋，必須在邏輯上是一致的。

二、一項合理的詮釋必須能還原於原典，取得文獻的印證與支持；其詮釋觀點籠罩的文獻愈廣，則詮釋就愈能成功。

三、一項合理的詮釋應該盡可能運用經典本身無疑義的文獻，來解釋有疑義的章句，用清楚的觀念來解釋不清楚的觀念。

四、一項合理的詮釋應該將經典本身視為在思想上一致和諧的整體，避免將詮釋導入自相矛盾的立場。

五、一項合理的詮釋必須一方面將詮釋主題置於它們隸屬的特定的時代與文化背景來了解，另一方面也要能夠抽繹出它不受時空拘限的思想觀念，而且儘可能用現代語言與哲學經驗傳遞給讀者。

六、一項合理的詮釋對其詮釋方法與原則應有充份的認識，並願意透過與其他詮釋系統的對比，調整修正其方法與原則。〔註8〕

　　相較於袁書所論，傅偉勳則側重於詮譯之「創造性」的闡述。依傅氏所論，所謂「創造的詮釋學」，計分成五個層次：

一、實謂：此一層次，旨在探問原作者或原典「實際上」說了甚麼？其

〔註 8〕　袁保新：《老子哲學之詮釋與重建》（臺北：文津出版社，1991 年 9 月），頁77。

所涉及者，則爲原典校勘、版本考證等基礎課題。

二、意謂：此一層次，旨在闡述原思想家「要」表達甚麼？其所涉及者，則爲語意之澄清、脈絡之分析與時代背景之考察，藉此詮釋原典或原思想家之意向。

三、蘊謂：此一層次，旨在揭示原思想家或原典「可能」表達甚麼？其所涉及者，則爲思想理路之發展線索的比較分析，藉此以窺原典或原思想家之理論學說的可能意蘊。

四、當謂：此一層次，旨在檢視原思想家或原典「本來應當」表達甚麼？其所側重者，則爲批判性的比較考察，藉此掘發原思想體系表面結構底下的深層結構。

五、創謂：此一層次，旨在發明原思想家「未能完成」之思想課題。其所涉及者，則爲中外各大思想及其傳統之相互對話與交流，進而培養出「繼往開來」之創新力量。〔註9〕

如傅氏所云，所謂「詮釋」，實不僅止於「合理」與否；如何藉由詮解古人思想，進而創造新的時代意義，或許才是詮釋之最終目的。傅氏所云，陳義甚高；雖心嚮往之，於力實有未逮。本文所論，主要仍以「實謂」、「意謂」與「蘊謂」之探討爲主。至於具體之研究方法，就學界目前所累積之諸多方法而言，〔註10〕本文所採行者，則爲「解析研究法」與「系統研究法」。前者以概念的解析爲主，旨在闡明讖緯所涉相關概念之確切意涵；後者則以理論的整合爲主，要在揭示讖緯所建構之理論系統。此外又藉歷時性發展過程之敘述與共時性理論內涵之分析，進而闡明讖緯在兩漢思想發展過程中之地位，及其所涉主要論題之理論特徵。然正如韋政通所言：「處理哲學史或思想

〔註9〕　案：「創造的詮釋學」爲傅氏於 1989 年 3 月〈創造的詮釋學及其應用──中國哲學方法論建構試論之一〉一文中所提出，後收入《從創造的詮釋學到大乘佛學》。1991 年 12 月，作者採納霍韜晦之建議，將「必謂」改爲「創謂」。說詳：〈創造的詮釋學與思維方法論〉，收入氏著：《學問的生命與生命的學問》（臺北：正中書局，1994 年 1 月），頁 220～247。

〔註10〕　學界有關研究方法之討論，目前有兩本著作可供參考。一爲韋政通所編之：《中國思想史方法論文選集》（臺北：水牛出版社，1897 年 2 月）；二爲黃俊傑所編之《史學方法論叢》（臺北：學生書局，1981 年）。王開府綜合學者所論，將之歸納爲「發生研究法」、「解析研究法」、「系統研究法」、「比較研究法」與「實踐研究法」等五種。說詳：〈思想研究法綜論──以中國哲學爲例〉，《國文學報》，第 27 期（1998 年 6 月），頁 168～182。

史這樣複雜的問題，不能不講方法，但絕無定法，每一種適合自己運作的方法，都必須靠自己累積的經驗去構想出來，但也只能是一個大抵的概念，隨處遇到不同的問題，都須要表現出史家的匠心獨運，墨守任何一種方法，無異是爲自己預設陷阱。」〔註11〕既然沒有任何一種方法可以放諸四海而皆準，如何參考各種方法之優點，進而求得一恰如其分之解釋，或許才是研究者所必須仔細思考之問題。本文有關讖緯之探討，實亦本諸此一理念。

　　以上略述本文之研究範圍、資料、主題與方法，以下即就上揭主題，逐一分述如后。

〔註11〕韋政通：〈中國思想史方法的檢討〉，前揭書，頁 12。

第二章　讖緯之名義及其篇目考述

讖緯之學，歷來又有「內學」、「祕經」、「靈篇」之稱。[註1] 東漢前期，其地位甚至一度凌駕五經之上 [註2]；流風所及，更是遍及政治、思想、天文、曆法等諸多領域。考諸史籍所述，東漢一代反對讖緯者雖說不乏其人（如桓譚、鄭興、尹敏、張衡、王充、荀悅等），然彼時光武、明、章、和、安、順諸帝，沛、楚、濟南、東平、阜陵諸王，莫不通讖信讖；而學士大夫，更是爭學「圖緯」、「內學」。史云：

> 初，光武善讖，及顯宗、肅宗因祖述焉。自中興以後，儒者爭學圖緯。（《後漢書·張衡列傳》：頁1911）

> 漢有孔季彥者，專於古學；有孔扶者，隨俗浮沉。扶謂彥云：「今朝廷皆爲章句內學，而君獨修古義。修古義則非章句內學，非章句內

〔註1〕　「讖緯」又有「內學」、「祕經」、「靈篇」之稱，其說分見於：《後漢書·方術列傳》：「後王莽矯用符命，及光武尤信讖言，士之赴趣時宜者，皆騁馳穿鑿，爭談之也。……自是習爲內學，尚奇文，貴異數，不乏於時矣。」注云：「內學，謂圖讖之書也。其事祕密，故稱內。」〔南朝宋〕范曄撰：《後漢書》（北京：中華書局，1987年10月），頁2705。《後漢書·蘇竟列傳》：「孔丘祕經，爲漢赤制。」注云：「祕經，幽祕之經，即緯書也。」（頁1043）《後漢書·班固列傳》：「啓靈篇兮披瑞圖，獲白雉兮效素烏。」注云：「靈篇，河洛之書也。」（頁1373）又，《經義考》引楊侃曰：「緯書之類謂之祕經，圖讖之書謂之內學，河洛之書謂之靈篇。」〔清〕朱彝尊撰：《經義考》（北京：中華書局，1998年11月），通說四，〈說緯〉，頁869。

〔註2〕　讖緯在東漢曾一度凌駕五經之上，最明顯的事例，就是「以讖正經」。如《隋書·經籍志》云：「漢時，又詔東平王蒼，正五經章句，皆命從讖。……言五經者，皆憑讖爲說。」（頁941）此處但舉其要，餘詳本文第六章。

學，則危身之道也。」〔註3〕

朝廷皆爲「章句內學」，學者之間則「爭學圖緯」；是在東漢，讖緯已儼然成
爲一代「顯學」。然因讖緯文獻久佚，故歷來有關讖緯之整理、研究雖不斷推
陳出新，然於讖緯研究之基礎課題——讖緯之「名義」、「生成年代」與「文
本內容」，歷來之說卻爭議不斷，鮮有定論。以下試就管見所及，略爲考述如
后。

第一節　讖緯名義之辨

　　從事讖緯研究者，一開始所面對之問題，除散佚不全之文獻資料亟需辨
正外；如何「準確」釐定讖緯之「名義」，更是讖緯研究所不可或缺之前提。
蓋讖緯名義之辨所涉及者，不僅僅只是「讖」、「緯」之異同而已；「讖」、「緯」
名義之「釐定」，更與讖緯之「生成年代」及「文本內容」的判定息息相關。
茲參酌歷來所論，並在前賢既有之研究基礎上，進一步提出本文的解釋與觀
點。

一、讖緯名義諸說舉要

　　「讖」、「緯」這兩個概念究竟是各自獨立、抑或爲不容分割之整體，此
乃讖緯研究爭議最多的課題之一。今觀歷來所述，雖諸家立論有別；然總歸
其要，厥有二端：一曰「讖、緯名實有別」，二曰「讖、緯名異實同」。茲擇
要簡述如后：

（一）「讖」、「緯」名實有別

　　在學界有關讖緯名義之相關說解中，持「讖、緯名實有別」之論者，自
明代以來，類似說法即屢見不鮮。惟諸家所論，在細節上仍有差異；歸別而
言，又可分成三種不同之論述型態：

1、讖為隱語，緯以配經

　　學界持此義者，明人之說即已見其端倪。如胡應麟云：

〔註3〕〔後晉〕劉昫撰：《舊唐書·元行沖傳》（北京：中華書局，1987 年 10 月），
　　　頁 3180。又，《後漢書·孔僖列傳》集解引惠棟曰：「《連叢子》云：『朝廷以
　　　下，四海之內，皆爲章句內學』。」〔清〕王先謙撰：《後漢書集解》（北京：
　　　中華書局，1991 年 9 月），頁 896。

世率以讖、緯並論，二書雖相表裡而實不同。緯之名所以配經，故自六經、《論》、《孝》而外，無別復出。《河圖》、《洛書》等緯皆《易》也。讖之依附六經者，但《論語》有讖八卷，餘不概見。以爲僅一種，偶閱《隋經籍志注》附見十餘家，乃知凡讖皆託古聖賢以名其書，與緯體制迥別。蓋其說尤誕妄，故隋禁之。後永絕，類書亦無從援引，而唐、宋諸藏書家絕口不談。〔註4〕

如胡氏所云，「讖」、「緯」實乃「體制迥別」之「兩種」不同的「專書」，故云：「二書雖相表裡而實不同」。至於「讖」、「緯」二書之「實質差異」，如上引文所示，又實指二者之「配經」與否，故云：「緯之名所以配經」。至於「讖」，胡氏雖未明言其「隱語」之特徵，然其說以爲「讖」尤「誕妄」，或即指「讖」所具有之「隱語」特性而言。前人持此說最力者，當屬四庫館臣。《四庫全書總目》云：

儒者多稱讖緯，其實讖自讖，緯自緯，非一類也。讖者，詭爲隱語，預決吉凶。……緯者，經之支流，衍及旁義。……蓋秦、漢以來，去聖日遠，儒者推闡論說，各自成書，與經原不相比附。如伏生《尚書大傳》，董仲舒《春秋陰陽》，核其文體，即是緯書。特以顯有主名，故不能托諸孔子。其他私相撰述，漸雜以術數之言，既不知作者爲誰，因附會以神其說，迨彌傳彌失，又益以妖妄之辭，遂與讖合而爲一。〔註5〕

依四庫館臣之說，則讖、緯雖然有別，然配經之緯因雜入術數之言，遂逐漸

〔註4〕　〔明〕胡應麟撰：《四部正譌》（臺北：臺灣開明書店，1969年4月），頁12。今案：胡氏之說，實有自相違礙者。蓋其說以爲「緯之名所以配經，故自六經、《論》、《孝》而外，無別復出」，然又云「讖之依附六經者，但《論語》有讖八卷」：既然「緯之名所以配經」，但輔翼《論語》之書名之曰「讖」，何以又在「配經」之列？此外，其說又謂「凡讖皆託古聖賢以名其書，與緯體制迥別」，似乎又以「託聖」與否作爲讖、緯有別之立論基準。然今所見讖緯文獻，無論配經與否，其說率皆假託天帝或聖人之作：是「託聖」之說，實不能作爲讖、緯有別之說辭。

〔註5〕　〔清〕紀昀等著、四庫全書研究所整理：《欽定四庫全書總目》（北京：中華書局，1997年1月），經部，易類六，〈附錄〉，頁72。阮元之說略同。其〈七緯敘〉云：「七緯之外復有候、有圖，最下而及於讖，而經訓愈滿。不知緯自緯，讖自讖，不得以讖病緯也。……讖者，特緯之流弊也。」〔清〕趙在翰輯：《七緯》，收入上海古籍出版社編：《緯書集成》（上海：上海古籍出版社，1994年6月影印小積石山房嘉慶十四年序刊本），頁773。

與讖合而爲一。此一論斷，影響甚深。日後凡持「讖、緯有別」或「讖、緯異源而合流」之論者，大體上均烙有此說之痕跡。就筆者管見所及，坊間所見之《中國哲學史》、《中國思想史》、《中國經學史》等與中國學術思想有關之著作，其書凡論及讖緯之說者，幾乎都持類似論點。如馮友蘭《新編中國哲學史》云：

> 「緯」是對「經」而言。……據講緯書的人的說法，孔丘先作了六經，又恐怕後人不能完全了解，所以又作了一些補充的著作，對經而言，名之爲緯。有《易經》就有《易緯》，有《禮經》就有《禮緯》……。這些《緯》據說都是孔丘所作，其實也是對於經的一種注釋和發揮。又有所謂「讖」，其大部分都是些隱語，據說是預告將來的事情。……因爲緯書中也有些讖語，所以後來往往把讖、緯混爲一談，通稱爲讖緯，其實二者基本上是不同的。〔註6〕

侯外廬等《中國思想通史》則以爲：

> 讖是符讖、圖讖，是借助於經義而附會的一種變相的隱語。……緯對經而言，是解經家在經的章句以外附會出的一套迷信，利用來爲漢代政權編排統治合法化的根據。……漢代各經有緯，史稱「緯書」。因此，圖讖緯書是神學和庸俗經學的混合物。〔註7〕

〔註6〕 馮友蘭：《新編中國哲學史》（北京：北京人民出版社，1992 年 5 月），第 3 冊，頁 187～188。

〔註7〕 侯外廬等：《中國思想通史》（北京：人民出版社，1992 年 9 月），第 2 卷，頁 225。學界立說與此相近者，尚有：1、楊國榮主編：《簡明中國哲學史》（廣州：廣東人民出版社，1973 年 9 月），頁 97；2、任繼愈主編：《中國哲學發展史》（北京：北京人民出版社，1985 年 2 月），秦漢卷，頁 417；又，《中國哲學史》（北京：人民出版社，1996 年 4 月），第 2 冊，頁 104～105；3、張豈之主編：《中國思想史》（西安：西北大學出版社，1993 年 3 月），頁 136；4、周桂鈿：《中國歷代思想史》（臺北：文津出版社，1993 年 12 月），秦漢卷，頁 281；5、張國華：《中國秦漢思想史》（北京：人民出版社，1994 年 4 月），頁 123～125；6、金春峰：《漢代思想史》（北京：中國社會科學出版社，1997 年 12 月），頁 360～361；7、趙吉惠等編：《中國儒學史》（鄭州：中州古籍出版社，1993 年 4 月），頁 335；8、劉宗賢等：《中國儒學》（成都：四川人民出版社，1993 年 5 月），頁 257；9、劉蔚華主編：《中國儒家學術思想史》（濟南：山東教育出版社，1996 年 12 月），頁 485～486；10、李景明：《中國儒學史》（廣州：廣東教育出版社，1998 年 6 月），秦漢卷，頁 306～307；11、加潤國：《中國儒教史話》（保定：河北大學出版社，1999 年 10 月），頁 110～112；12、馮天瑜等：《中華文化史》（上海：上海人民出版社，1990 年 11 月），頁 464；13、北京大學哲學系中國哲學史教研室編：《中國哲學史》（北

而經學領域之相關著作，其對於讖緯之解釋，基本上亦不出此義之範圍。
如張廣保以為：

> 緯書包括讖和緯兩部份。讖以重效驗為基本特徵，屬于預言一類。
> 緯按照通常的理解是解釋經的，是經書的輔助性撰述。〔註8〕

除專書所述外，其他散見於期刊之單篇論文，持此說者亦復不少。如黃
開國云：

> 讖和緯的含義是不同的。……凡是有應驗的預言，就叫做「讖」。宣
> 揚這種宗教預言的書，就叫做「讖書」。……緯相對經而言，因而，
> 用神學觀點來解釋經書的書，被稱作緯書。〔註9〕

丁鼎之說則以為：

> 讖與緯雖有聯繫，但更有區別，二者是在內涵和外延上都不完全相
> 同的兩個概念。首先，二者產生、流傳的年代不同。緯是漢代將儒
> 家典籍獨尊為經以後才產生的，……緯書出現之前的讖和緯書禁絕
> 以後出現的讖都不得稱為緯。其次，二者與儒家經義的關係不同。
> 緯是說經義的，必須依經而行；而讖卻不一定，大多數讖與儒家經
> 義沒有關係。復次，二者的內容不同。緯的內容十分龐雜，舉凡天
> 官星曆、災異符命……等等無所不包。而讖的內容比較單一，只不
> 過是假託神意，以語言文字或其他形式對社會人事的未來進程所作
> 的先兆式預示。〔註10〕

〔註8〕　京：中華書局，1980 年 3 月），上冊，頁 225～226。
說見姜廣輝主編：《中國經學思想史》（北京：中國社會科學出版社，2003 年
9 月），第 2 卷，頁 336～337。類似說法又見吳雁南等編：《中國經學史》（福
州：福建人民出版社，2001 年 9 月），頁 92。

〔註9〕　黃開國：〈論漢代讖緯神學〉，《中國哲學史研究》，1984 年第 1 期（1984 年 1 月），
頁 55。

〔註10〕　丁鼎：〈古代讖言論略〉，《中國社會科學》，1992 年第 4 期（1992 年 7 月），頁
90～91。其他持此說者尚有：1、方志平：〈談讖緯文獻〉，《文獻》，1993 年第
4 期（1993 年 4 月），頁 129～130；2、阿巍：〈讖緯事要〉，《文史知識》1993 年
第 3 期（1993 年 4 月），頁 17；3、賀凌虛：〈讖對秦漢政治的影響〉，《社會科學
論叢》，第 37 期（1989 年 3 月），頁 3；4、余江：〈讖緯與兩漢經學〉，《殷都學
刊》，2001 年第 2 期（2001 年 6 月），頁 30；5、張俊峰：〈讖緯與東漢社會思潮
略議〉，《河北學刊》，2001 年第 5 期（2001 年 5 月），頁 15；6、王友三：〈兩漢
讖緯神學與反讖緯神學的鬥爭〉，《中國哲學史》（複印報刊資料），1981 年第 9
期（1981 年 9 月），頁 57～58。

如上引諸說所示，「讖爲隱語，緯以配經」之說，不僅前代學人主之，近代學者更是普遍接受此一觀念，儼然已成讖緯研究之基本論點。除此之外，坊間所見辭書、百科全書，其對於「讖緯」之解釋，大體上亦採用此一說法〔註11〕；是流風所扇，又遍及一般之讀者。此說影響之深，於此亦可略見梗概。

2、讖緯異源，雜成緯書

學界主張讖、緯源流有別，但最後卻合流而雜揉成今日所見之緯書者，前引《四庫全書總目》即有此義，且頗爲論者所從。如皮錫瑞云：

> 圖讖本方士之書，與經義不相涉。漢儒增益祕緯，乃以讖文牽合經義。其合於經義者近純，其涉於讖文者多駁。故緯純駁互見，未可一概詆之。〔註12〕

皮氏所論，主要仍以合於「經義」與否作爲判斷讖緯名義之基準——合於經義者爲「緯」，與經義無涉者爲「讖」。且其說又謂：「漢儒增益祕緯，乃以讖文牽合經義。」是依皮氏之意，今日所見「緯書」，實乃雜揉方士之書與漢儒之說而成。近人明確提出「讖緯異源，雜成緯書」者，則爲安居香山。其說以爲：

> 緯書的内容大別之可分爲讖和緯。……相對經書而言的緯書，有補充經書不足的意思。……讖字有未來預言的意思。在今天殘存的緯書中，被稱爲讖的内容也摻入到某些緯書之中，其數量大概占全部緯書的一半。而由於過分強調緯書這方面的内容，於是把緯書也說成是一種預言未來的書。但是，這一部分内容從分量上來說只占全部緯書的一半，因此，它只能代表緯書的半面，應該稱爲讖。……緯書（廣義）：緯——解釋經書内容的書；讖——天文占卜等預言未來的書。〔註13〕

〔註11〕辭書之類，如：1、三民書局編：《大辭典》（臺北：三民書局，1985 年，8 月），頁 4511；2、熊純生編：《辭海》（臺北：中華書局，1986 年），頁 4127；3、中文大辭典編纂委員會編：《中華大辭典》（臺北：中國文化大學，1985 年 7 月），頁 1182；4、羅竹風主編：《漢語大辭典》（上海：漢語大詞典出版社，1994 年 4 月），第 11 冊，頁 467。百科全書之類，如中國大百科全書出版社編輯部主編：《中國大百科全書》（上海：中國大百科全書出版社，1994 年 8 月），〈中國歷史〉，頁 99。

〔註12〕〔清〕皮錫瑞撰：《經學歷史》（北京：中華書局，1989 年 9 月），頁 109。

〔註13〕〔日〕安居香山著：田人隆譯：《緯書與中國神祕思想》（石家莊：河北人民出版社，1991 年 6 月），頁 14。此外，安居香山更具體指出，在其所輯三千

安居所論，基本上是以「讖為隱語，緯以配經」此一論點為基礎，再配合論者本身所輯之緯書佚文，進而作出的綜合判斷。依安居之意，現存緯書從「廣義」的角度來說，可分成「讖」和「緯」兩部份；然與經義有關的，事實上只有「緯」而已，「讖」只不過是後來摻進去的。此一論斷因有大量緯書佚文為基礎，故學界持此說者亦不乏其人。〔註14〕

3、河洛為讖，七緯為緯

學界持此義者，主要見於王葆玹之相關論述。其說以為：

> 與經學密切相關的乃是定型的讖緯，亦即王莽時的《符命》四十二篇和東漢時期的《河圖》九篇、《洛書》六篇及《七經緯》等。在這裡，《符命》、《河圖》、《洛書》都是讖書，《七經緯》是緯書，兩者有很大的不同。讖書一般假託為天帝詔命的憑據，……至於緯書，一般假託為聖人所作，理論造詣較之讖書稍高些。……再看讖、緯的具體書名，更是涇渭分明，……現已知讖書名目有《春秋讖》、《詩讖》、《論語比考讖》、《論語撰考讖》、《孝經中黃讖》、《孔老讖》等，給人一種讖書也附經的假相，其實這都是《隋志》所謂的「雜讖」，在漢代「河洛五九」之外，是「河洛五九」以後的學者所附益的。
>
> 〔註15〕

王氏此說，一方面採取「讖為隱語，緯以配經」之論，從「配經」與否的角度，來分辨讖、緯之異同；另一方面又根據《隋志》所列篇目，主張「《河圖》、《洛書》」及以「讖」為名者為「讖書」，而「七經緯」等依附於經之篇目則為「緯書」；此外又據「假託對象」而論，以為託於「天帝」者為「讖書」，而託於「聖人」者為「緯書」。

八百六十四條緯書佚文中，讖類約占 46%，而緯類則占 54%。說詳氏著：《緯書》（東京：明德出版社，1969 年 8 月），頁 31。

〔註14〕除安居香山所述外，學界說法與此類似者，尚有：1、劉澤華：〈漢代「緯書」中神、自然、人一體化的政治觀念〉，《文史哲》，1993 年第 1 期（1993 年 1 月），頁 35；2、王步貴：〈讖緯與陰陽〉，《中國哲學史》（複印報刊資料），1992 年第 9 期（1992 年 9 月），頁 17；3、劉其泰：〈兩漢之際陰陽五行說和讖緯說的演變〉，《孔子研究》，1993 年第 4 期（1993 年 12 月），頁 57。

〔註15〕王葆玹：《西漢經學源流》（臺北：東大圖書公司，1994 年 6 月），頁 386～387。學界持論與此類似者，尚有：1、李申：《中國儒教史》（上海：上海人民出版社，1999 年 12 月），上卷，頁 409～431；2、鄭先興：〈論讖緯〉，《先秦秦漢史》（複印報刊資料），1991 年第 9 期（1991 年 9 月），頁 17。

如上引諸說所示，學界凡持「讖、緯名實有別」之論者，實皆本諸字書有關「讖」、「緯」本義之說解，以及《隋志》「讖、緯別立」之論斷。今檢《說文》云：

> 讖，驗也。有徵驗之書，河洛所出書曰讖。
>
> 緯，織衡絲也。〔註16〕

如《說文》所云，「讖」之本義爲「驗」，「緯」之本義爲「織衡絲」；是就語源學的角度而論，讖、緯有別，自不待言。然《釋名》云：

> 緯，圍也。反覆圍繞，以成經也。〔註17〕

所謂「反覆圍繞」，王先謙引蘇輿曰：「緯之爲書，比傅於經；輾轉牽合，以成其誼。今所傳《易緯》、《詩緯》諸書，可得其大概。故云『反覆圍繞以成經。』」〔註18〕如《釋名》及蘇輿所論，「緯」乃相對於「經」而言；而其作用，則在於輔成經書。「讖」以「驗」爲本義，「緯」則具有「輔經」之功能；於是展轉牽引，乃漸成「讖爲隱語，緯以配經」之論。至於「讖、緯別立」，其說實導源於《隋志》。其文云：

> 說者又云，孔子既敘六經，以明天人之道，知後世不能稽同其意，故別立緯及讖，以遺來世。其書出於前漢，有《河圖》九篇、《洛書》六篇，云自黃帝至周文王所受本文。又別有三十篇，云自初起至於孔子，九聖之所增演，以廣其意。又有七經緯三十六篇，並云孔子所作，並前合爲八十一篇。而又有《尚書中候》、〈洛罪級〉、〈五行傳〉、《詩推度災》、〈氾曆樞〉、〈含神務〉、《孝經勾命決》、〈援神契〉、《雜讖》等書。（頁941）

如《隋志》所述，孔子因知後世不能「稽同」其敘六經之意旨；故乃「別立緯及讖」，以爲後人理解六經之輔翼。既云「別立」，則「讖」、「緯」自屬「性質相異」之著作。「緯」、「讖」各有不同之「性質」，於是乃衍爲「讖、緯體制有別」及「讖、緯異源」之結論。既然讖、緯「來源」有別，則其「作者」自也不同；故又衍爲「讖」爲「方士之書」，「緯」乃「漢儒增益」之論斷。

〔註16〕〔漢〕許慎著；〔清〕段玉裁注：《說文解字注》（臺北：黎明文化事業有限公司，1986年10月），頁91、651。

〔註17〕〔漢〕劉熙撰：《釋名》（北京：中華書局，1987年，《叢書集成初編》本），頁99。

〔註18〕〔清〕王先謙撰：《釋名疏證補》（上海：上海古籍出版社，1995年，《續修四庫全書》本），第190冊，頁118。

除此之外，《隋志》又謂孔子所「別立」之「緯及讖」，有「《河圖》九篇」、「《洛書》六篇」、九聖所增衍之「三十篇」及七經緯「三十六篇」，合爲「八十一篇」。前文既云「別立緯及讖」，此處又獨舉「七經緯」之稱；則不屬「七經緯」之「《河圖》」、「《洛書》」及另外之「三十篇」，自當歸入「讖」之範疇。〔註19〕「讖」、「緯」各有不同之「範疇」，且其「取名」有別，於是而有「河洛爲讖，七緯爲緯」之說辭。至於相關論據之得失，下文另有詳論，此處暫略。

（二）「讖」、「緯」名異實同

在學界有關讖緯名義之相關說解中，持「讖、緯名異實同」之論者，明清以來，類似見解亦從未間斷。惟諸家所論，在細節上亦有差異；歸別而言，又可分成兩種不同之論述型態：

1、讖緯互文，同實異名

學界持此說者，明清以來亦可見其端緒。如王鳴盛云：

> 緯者，經之緯也，亦稱讖。〔註20〕

徐養原則認爲：

> 讖、緯、圖，此三者同實異名，然亦微有分別。蓋緯之名所以配經，故自六經、《論語》、《孝經》而外，無復別出。《河圖》、《洛書》等緯，皆《易》也。若讖之依附六經者，《論語》有讖八卷，餘皆別自爲書，與緯體製制迥別。〔註21〕

〔註19〕 案：陳槃以爲《隋志》之分類有三：一者緯，二者讖，三者《河圖》《洛書》。（說見：《古讖緯研討及其書錄解題》〔臺北：國立編譯館，1991 年 2 月〕，頁 142。）徐興無之說略同，其言云：「《七錄》和《隋志》將讖緯文獻分成三部份著錄，其一爲《河圖》、《洛書》。其二爲『七經緯』，包括《易緯》、《尚書緯》（及《尚書中候》）、《詩緯》、《禮緯》、《樂緯》、《春秋緯》、《孝經緯》。其三爲『讖』，包括《論語讖》和其他雜讖。」（說見：《讖緯文獻與漢代文化構建》〔北京：中華書局，2003 年 3 月〕，頁 19。）然《隋志》明云「別立緯及讖」，是所分只有「讖」與「緯」：《河圖》、《洛書》似應併入「讖」類，如此方符《隋志》之論。此外，徐說將《尚書中候》視爲「七緯」之一，然《隋志》明云：「而又有《尚書中候》……《雜讖》等書」，是《尚書中候》乃在「八十一篇」之外，又何以併入《尚書緯》？此亦與《隋志》所言不符。

〔註20〕 〔清〕王鳴盛撰：《蛾術篇》（揚州：江蘇廣陵古籍刻印社，1992 年 12 月），卷 2，〈讖緯〉，頁 56。

〔註21〕 〔清〕徐養原〈緯候不起於哀平辨〉，收入趙所生等編：《中國歷代書院志》（南京：江蘇教育出版社，1995 年 9 月），第 15 冊，頁 242。案：徐氏一方

如王、徐二氏所述，既然緯「亦稱讖」，且讖、緯、圖三者「同實異名」；則依論者之意，「讖」、「緯」之稱或許取名有異，但其實質內涵並無區別。近人持此說者，首推陳槃。其說遍考古籍所載「讖」、「緯」、「圖」、「候」、「符」、「書」、「錄」等與讖緯有關之稱謂，進而拈出「讖緯互文，同實異名」之論。其說以為：

> 讖、緯、圖、候、符、書、錄，雖稱謂不同，其實止是讖緯；而緯復出於讖。故讖、緯、圖、候、符、書、錄，七名者，其於漢人，通稱互文，不嫌也。蓋從其占驗言之則曰讖；從其附經言之則曰緯；從《河圖》及諸書之有文有圖言之則曰圖，曰緯，曰錄；從其占候之術言之則曰候；從其為瑞應言之則曰符。同實異名，何拘之有。
> 〔註22〕

陳氏此說，立論新穎，蒐羅詳盡。無論就「解釋觀點」或「論證方法」而言，其說均首開風氣之先。故此論一出，在學界亦造成不少回響。如呂凱以為陳說「舉證尤為精詳，足可永杜讖緯非一論者之口。」〔註23〕徐興無則認為，陳說除「將造作《河圖》、《洛書》的秦漢間方士，以及漢代造作七經緯的儒生一概歸之為鄒衍思想的繼承者」尚待商榷外，其餘「都很令人信服。」〔註24〕近人立論與此相近者，如王利器以為：

> 《詩緯》、《春秋緯》亦得名讖。……《禮緯》亦名讖。……不僅讖緯歷史地證明了無嚴格的區分，就是讖緯和六經有時也是沒有什麼區別的。〔註25〕

鍾肇鵬則云：

> 在漢人的著述中所謂「經讖」、「圖讖」實際上都包括緯書，而「讖」、「緯」也往往互稱，並無區別。〔註26〕

面認為讖、緯、圖「同實異名」，另一方面又襲取胡應麟之論，以為讖、緯、圖「體制迥別」。既然讖、緯、圖三者「體制迥別」，則其「實」又如何能「同」？以此觀之，徐說實不可從。

〔註22〕《古讖緯研討及其書錄解題》，頁148。至於陳說之詳細論證，另詳下文。
〔註23〕呂凱：《鄭玄之讖緯學》（臺北：臺灣商務印書館，1982年5月），頁109。
〔註24〕《讖緯文獻與漢代文化構建》，頁15。
〔註25〕王利器：〈讖緯五論〉，收入安居香山編：《讖緯思想の綜合的研究》（東京：圖書刊行會，1984年2月），頁382～383。
〔註26〕鍾肇鵬：《讖緯論略》（瀋陽：遼寧教育出版社，1991年11月），頁9。除此之外，學界依憑陳說以為立論之張本者，尚有：1、李中華：《神祕文化的啟

王、鍾二氏所論，基本上是以陳說爲基調，而略加引申。惟鍾說所用以論證「讖」、「緯」互稱之例證與陳說略有不同，而王說所稱讖緯與六經時或無別之論，則又另出己意，而與陳說有別。

2、讖爲原名，緯乃別稱

學者持此義者，前人之說亦已略見端倪。如俞正燮云：

> 然則讖亦宜傳乎？緯故在讖。讖，舊名也。〔註27〕

今觀俞氏所論，「讖」既爲「舊名」，則「緯」當爲「新起」之稱。近人持此說者，首推顧頡剛。其言云：

> 讖，是豫言。……緯是解經的書，是演經義的書，自六經及《孝經》都有緯。這兩種在名稱上好像不同，其實內容並沒有什麼大分別。實在說來，不過讖是先起之名，緯是後起的罷了。……因有圖、有書、有讖、有緯，所以這些書的總稱，或是「圖書」、或是「圖讖」、或是「讖緯」、或是「讖記」、或是「緯書」；又因《尚書中候》中有十數種爲《中候》，亦總稱爲「緯候」。〔註28〕

顧氏所云，一方面認爲「讖」爲「預言」、「緯」乃相對於「經」而言；另一方面又依據讖、緯之「內容」，主張讖、緯之「實」並無差別。是依顧氏之意，「讖」、「緯」實乃「異名同實」，且「讖」爲「先起」之名，「緯」乃「後起」之稱。今人延續「讖爲原名，緯乃別稱」之說者，則爲黃復山。其所持論據，約有以下數端：

（1）諸緯之間，篇章文句常有重複之現象，亦有與其他子史諸書文句相同或相近者，是皆與「緯以解經，讖爲預言」之定義相違。

（2）今輯緯書佚文之來源，皆屬東漢迄唐、宋學者引用光武帝宣布、鄭玄、宋均所注之「八十一卷」原文，是亦可證《河圖》、《洛書》、《春秋》、《周易》、《論語》、《孝經》等「圖緯」（即後世所認定之「緯書」、「讖

示》（北京：新華出版社，1993年3月），頁3～4；2、鄭均：《讖緯考述》（臺北：文史哲出版社，2000年3月，頁8；3、洪春音：《緯書與兩漢經學關係之研究》（臺中：私立東海大學中國文學系博士論文，2002年7月），頁116～123。

〔註27〕〔清〕俞正燮撰：《癸巳類稿》（臺北：新文豐出版公司，1989年7月，《叢書集成續編》本），卷14，〈緯書論〉，頁629。

〔註28〕顧頡剛：《秦漢的方士與儒生》（上海：上海古籍出版社，1998年1月），頁109～110。

書」）皆包含在光武宣布之八十一卷中。故後世所謂「緯以配經」、「讖為預言」之區分，實非東漢圖讖學之原貌。

（3）後人所謂「讖中有緯」，亦為魏、晉以後之說辭；光武所宣布之八十一卷圖讖，原即為「解經、讖語」皆具之形式。

（4）光武宣布天下之八十一卷「圖讖」原無「緯」名，迄鄭玄遍注群經及光武「圖讖」，始拈出「讖」、「緯」之異名。〔註29〕

　　黃氏所論，主要以光武所定八十一卷「圖讖」為基準，並輔以緯名之流演及其與官方定本之關係，從而獲致「迄鄭玄遍注群經及光武『圖讖』，始拈出『讖』、『緯』之異名」之結論。學界所持論點與黃文相近者，則有殷善培。其說要旨有四：

（1）西漢末年所謂「五經六緯」之說，彼時所謂「緯」乃用於說「天文」，而非配經之緯。

（2）東漢中期以後，「讖」已成為經學系統之一端；故「緯」亦由原來的「星緯」，轉成配經之緯。

（3）讖的本義是「驗」，然自光武宣布圖讖於天下，「圖讖」便成為一種「文獻」，而失去「讖」之功能。但由於官方重視此學，學者「爭學圖緯」以解經，此時「圖讖」又轉稱「圖緯」。就其用於解經，又可稱之為「經緯」。

（4）東漢末年亂象再現，「讖」所具有的「預決吉凶」之功能又再度受到重視，此時「圖緯」的名義再次轉變：重視其釋經之功能者，或以「緯書」名之而略其「圖」；重視其預言功能者，又矯造符命滲入其中，故又稱之為「圖讖」。因此，或稱為「讖」，或稱為「緯」，或稱為「讖緯」，漸有混用的現象。〔註30〕

　　殷氏所言，基本上是以黃說為基礎而展開相關論述；然殷說特重「緯」名之流變，故所得結論與黃說略有小異：黃說認為鄭玄遍注群緯，始拈出

〔註29〕黃復山：《漢代尚書讖緯學述》（臺北：私立輔仁大學中國文學系博士論文，1996年6月），頁7～14。今案：陳槃之說，亦曾論及此義。其言云：「讖之得名，實先於緯。」「其實先有讖稱，緯名後起。」「讖出在先，緯實後起，讖書之別名也。」（《古讖緯研討及其書錄解題》，頁80、139、141。）然二家所論之所以同中有異，最主要的原因，乃在於二說對於「讖緯」之「讖」在「認定」上有廣、狹不同之「標準」。相關問題，下文另有詳述，此處暫略。

〔註30〕說詳殷善培：《讖緯思想研究》（臺北：國立政治大學中國文學研究所博士論文，1996年6月），頁27～40。

「讖」、「緯」之異名。殷說則認為，東漢中期以後「讖」已成為經學系統之一端；「以緯名讖」，當出現於鄭玄之前。「以緯名讖」之時間斷限有別，此為二家主要差異之所在。

如上引諸說所示，學界持「讖、緯名異實同」之論者，其說實已擺落前述依字書及《隋志》所論為基準之思考進路，而轉從觀念發展的角度，闡述讖、緯之名義及其相互關係。然諸說之間又微有差別者，就陳、黃二家而言，實乃出於「認定基準」之差異。蓋黃說以光武所定「八十一卷」「圖讖」為基準，故所論僅取「讖為原名，緯為別稱」之義；而陳文所論，則頗有脫於「八十一卷」「圖讖」之外者（說詳下文）。二家所據以論證之「基準」有別，所得結論自也難以全同。至於黃、殷二家之別，則導因於二說對於「史料」有不同之「取捨標準」。蓋依黃說，後漢史籍所載與讖緯有關之稱謂，若非出於詔書所示、奏疏所引者，一概以之為後世「追述」之辭；殷說對此，態度則略有保留，故以黃說「尚須再議」。

以上所述，乃歷來有關讖緯名義之主要說解。今觀諸家所論之所以涇渭有別，且同一論述基調又同中有異者，除諸家所持「論據」有別外，尚涉及「讖」之「認定」及「史料」之「取捨」等問題。然涇、渭可以二分，諸家所論卻無法並存；去取之間，理當再作檢視。以下即分就「讖緯名義主要論據」及「讖緯名義立說基準」兩方面加以討論，以明學界諸說之得失及本文去取之原則。

二、讖緯名義主要論據駁議

如前所述，學界凡持「讖、緯名實有別」之論者，大體上均依傍字書及《隋志》「讖、緯別立」之論；是此說能否成立，全繫於字書之說及《隋志》所論是否足資作為論證之基礎。倘論據本身尚有疑義，或論據本身無法說明問題；則就詮釋之合理性的角度而言，此類說法即難以成立。而持「讖、緯名異實同」之論者，其中「讖緯互文」亦涉及論據能否成立之問題，茲一併分述如后：

（一）《說文》釋讖之問題

前引《說文》云：「讖，驗也。有徵驗之書，河洛所出書曰讖。」此段文字，一方面從「預言」的角度切入，確立「讖」之「本義」為「驗」；另一方面又從「文本」的角度立論，指出「河洛」所出「書」曰「讖」。考《說文》

創稿於和帝永元十二年（100），成書於安帝建光元年（121）。〔註 31〕上距光武宣布圖讖於天下（56；說詳下文），短則四十五年，長則六十六年。此一階段，正爲「讖緯」流行之高峰期。因此，從時間上來說，《說文》對於「讖」之解釋，當可反映彼時之主要觀念。且就漢字之構成而言，由於漢字在造字之初即與彼時之文化背景、意識形態息息相關〔註 32〕；是漢字之「本義」所關涉者，除文字學之意義外，對於思想的理解、概念的分析，皆有其重要之參考價值。而欲追索文字之「本義」，《說文》一書，自是不可或缺之重要文獻。《說文》一書既有時間上之優越性，又具語源學之參考價值；則論及讖緯名義而以《說文》爲據，自有其方法上之合理性。然問題在於，今本《說文》所見「有徵驗之書，河洛所出書曰讖」等十二字，乃段注據《文選》李善注引所補；段注所補是否爲《說文》原文，實仍有待檢證。此外，《說文》以「驗」釋「讖」，是否足以說明「讖」之「本質特徵」？又能否僅從「驗」的角度解釋「讖緯」之「讖」？這些疑問，都有待進一步之探討。在問題尚未釐清前，逕據《說文》所釋以論讖緯名義，於理恐有未諦。

1、段注補文商榷

《文選》卷 13〈鵩鳥賦〉注引《說文》曰：「讖，驗也。有徵驗之書，河洛所出書曰讖。」〔註 33〕今本《說文》所見「有徵驗之書，河洛所出書曰讖」等十二字，即段注據此所補。段注補文，歷來之說似皆信之以爲《說文》「原文」；故論者亦逕據之以說明「讖」之相關問題，而未暇辨正。然細檢李善注引《說文》之相關例證，竊以爲此十二字乃李善對於「讖」之補充說明，並非《說文》之舊。其說有二：

（1）《文選》李善注引《說文》與今本有異者，段注之處理方式各有不

〔註 31〕 許慎《說文解字·序》云：「粵在永元，困頓之年。孟陬之月，朔日甲申。」段注云：「漢和帝永元十二年，歲在庚子。」又許沖〈上《說文解字》表〉云「建光元年九月己亥朔，二十日戊午上。」（以上見《說文解字注》；頁 789、795）綜合二處所說，許慎《說文》當創稿於和帝永元十二年，成書於安帝建光元年。

〔註 32〕 Shinobu-Kubota 指出：「上古時代產生的漢字──爲了表達概念的、觀念的，與此同時具有一定體系的工具──也在其本質上或體系中反映著當時的濃厚的人們意識形態的特徵。」〈中國哲學思想史上的「聖」的起源〉，收入陳平原等編：《學人》（南京：江蘇文藝出版社，1996 年 10 月），第 1 輯，頁 216。

〔註 33〕 〔梁〕蕭統編；〔唐〕李善注：《文選》（臺北：文津出版社，1987 年 7 月），頁 604。

同；難據段注所補，即斷之以爲《說文》之舊。例如：

①或補之以爲《說文》之說，如上引有關「讖」之解釋。

②或有所說解，但未據以增補。如《文選》卷 17〈洞簫賦〉注云：「《說文》曰：溉，猶灌也。」(頁738) 段注但云：「李注引《說文》曰：『溉，猶灌也』，與今本異。」(頁514)

③或以之爲注家所益。如《文選》卷 18〈長笛賦〉注云：「《說文》曰：笛，七孔，長一尺九寸。今人長笛是也。」(頁807) 段注云：「《文選》李注引《說文》：『笛，七孔，長一尺九寸。今人長笛是也。』此蓋以注家語益之。」(頁199)

④或以之爲他家注語。如《文選》卷 25〈贈劉琨〉注云：「《說文》曰：熙，燥也。謂暴燥也。」(頁1183) 段注云：「《文選》〈劉琨贈盧諶詩〉(案：段注所引篇名有誤) 注引此，下有『謂暴燥也』四字，蓋廋儼默注語。」(頁491)

⑤或未置一辭。如《文選》卷 12〈江賦〉注云：「《說文》曰：蝓，蛇屬也。黑色，潛於神泉之中，能興雲致雨。」(頁562) 今本《說文》則作：「蝓，虒蝓也。」(頁677) 二說相去甚遠，然段注未置一辭。

⑥或逕指李善所引爲《說文》「原文」，但卻未據以增補。如《文選》卷 2〈西京賦〉注云：「《說文》曰：岐山在長安西美陽縣界，山有兩岐，因以名焉。」(頁49) 然段注僅云：「此《說文》山部原文也。」(頁288) 並未據以增補。

李善注引《說文》與今本有異者，段注未置一辭，蓋或有不知則闕如之意；或云「與今本異」者，蓋亦如實言之，未失注家本色。其餘諸說，〈贈劉琨〉注引《說文》，段注以之爲「廋儼默注語」，然《隋志》云：「梁有《演說文》一卷，廋儼默注，亡。」(頁943) 廋說既已亡於《隋志》成書之時，則段注所云，實難脫臆測之嫌。而〈西京賦〉注引《說文》，段注以之爲《說文》「原文」，卻未據以增補；〈長笛賦〉李善注明引「《說文》曰」，段注卻以之爲「注家所益」。以之爲「原文」者未據以增補，未詳原文與否者卻逕予補正；取捨之間，豈能如此漫無準的？且依段注之意，李善注引《說文》與今本有異者，亦有出於「注家所益」之可能；準此而言，則「有徵驗

之書，河洛所出書曰讖」等數語，又焉知非「注家所益」？

（2）李善注引《說文》釋「讖」之說凡三，除上引〈鵬鳥賦〉注外，卷
6〈魏都賦〉注云：「《說文》曰：讖，驗也。河洛所出書曰讖。」(頁
268）卷 15〈思玄賦〉注則云：「《說文》曰：讖，驗也。」(頁 663）同
引《說文》，而彼此差異若是；豈李善所見《所文》，如此差謬不齊
哉？竊以爲李善所引《說文》有關「讖」之解釋，其中「讖，驗也」，
三處引文全同；其爲《說文》原文，當毋庸置疑。至於「有徵驗之
書，河洛所出書曰讖」等文字，當爲李善對於「讖」之解釋，與《說
文》無涉。李善《文選注》引《說文》之後再附以己意者，此類例
證頗多。如《文選》卷 22〈石壁精舍還湖中作〉，李善注云：「《說
文》曰：推，排也。爲推排以求也。」(頁 1044）其中「推，排也」，
爲《說文》語；而「爲推排以求也」，乃李善釋「寄言攝生客，試
用此道推」之語，並非《說文》所有。又如《文選》卷 46〈三月三
日曲水詩序〉，李善注云：「《說文》曰：晷，日影也。緯，五星也。」
(頁 2050）其中：「晷，日影也」，爲《說文》語；而「緯，五星也」，
因與《說文》所釋有別，其爲李善之說，至爲明顯。其他例證尚多，
茲不枚舉。

如上所述，李善注引《說文》有關「讖」之解釋，彼此之間詳略有別。
段注僅據其一即爲之增補，實失之粗略。且段注於李善注引《說文》與今本
有異之部份，以之爲「原文」者未據以增補，未詳所出者又逕據以補正；以
此觀之，段注之說實缺乏嚴格之檢證標準，難以盡從。又比觀李善注引《說
文》之相關例證，本文認爲「有徵驗之書，河洛所出書曰讖」等十二字，當
爲李善對於「讖」之解釋，而非《說文》之舊。既然此數語非《說文》之舊，
則欲藉《說文》所論證成「河洛爲讖」之說，顯然缺乏堅實之文獻基礎。

2、以驗釋讖之侷限

吉凶預言，自古有之；《說文》以「驗」釋「讖」，亦是此義。從「功能
性」或「目的性」的角度來說，「讖」既有「預言」之實，以「驗」釋之，自
無不妥。然若僅從「驗」的角度來界定「讖緯」之「讖」，於義似有未諦。蓋
《說文》以「驗」釋「讖」，乃從一般預言義的角度切入；其優點在於可以全
面含攝「讖」之所有面向，具有解釋上之普效性。然而，也正因爲《說文》
對於「讖」之解釋過於全面，見林不見樹之結果，反而導致「讖」之「特殊

性質」隱而不彰；而其「原初內容」為何，反而未受重視。而這兩者，才是「讖」之所以為「讖」，且有別於其他概念之「本質特徵」之所在。那麼，「讖」有別於其他占驗之說的「本質特徵」為何？其「原初內容」又指向何種層次？這兩個層面，既然無法藉由《說文》所釋加以釐清，則就語源學的角度來說，透過「讖」在文獻上之「最初意義」的分析，或許可以獲得較為合理之解釋。檢諸古籍所載，自殷商以來，凡與預決吉凶有關之說，或稱之為「卜」（如卜辭）、或名之曰「筮」（如蓍筮）、或字之曰「占」（如占夢、星占、雲氣占），無有名之為「讖」者。〔註34〕「讖」之見於文獻所錄，當以賈誼〈鵩鳥賦〉為伊始。《漢書・賈誼列傳》載其文云：

> 異物來萃，私怪其故；發書占之，讖言其度。曰：「野鳥入室，主人
> 將去。」問于子服：「余去何之？吉虖告我，凶言其災。」（頁2226）

《漢書》所錄〈鵩鳥賦〉，其中「發書占之，讖言其度」一句，《史記・屈原賈生列傳》作「發書占之兮，筴（策）言其度。」〔註35〕呂思勉云：「作『讖』者蓋是，此正所謂豫言也。」〔註36〕依呂說，則〈鵩鳥賦〉本文，似當以《漢書》所載為是。今觀賈誼所述，則「讖」之為義，殆指透過某些「隱語」（「野鳥入室，主人將去」）以預言「吉凶」（「吉虖告我，凶言其災」）之言說方式。此種言說方式，實即前引四庫館臣所謂之「讖者，詭為隱語，預決吉凶」。

　　從「驗」的角度來說，賈誼所謂的「讖」，實與後世圖讖之說及龜卜、蓍筮等占卜之論無甚差別；然就「讖」之「內容」及預決吉凶之「方法」而言，賈誼所謂的「讖」，又與龜卜、蓍筮及後世圖讖之說有別：

　　（1）從內容上來說：

　　賈誼所謂的「讖」，乃針對「個人運數」而言，並未涉及「國家曆數」之問題。與後世「圖讖」侈言王者受命之徵驗，實相去甚遠。〔註37〕

〔註34〕案：今本《十三經》及先秦子書均未見「讖」字，足見將「讖」納入「驗」之領域、或將與「驗」有關之文字名之曰「讖」，實乃漢代以後之事。

〔註35〕〔漢〕司馬遷撰：《史記》（北京：中華書局，1982年11月），頁2497。

〔註36〕呂思勉：《呂思勉讀史札記》（臺北：木鐸出版社，1983年9月），〈圖讖一〉，頁741。

〔註37〕在先秦，與國家曆數有關之預測，乃是藉由「卜」的方式得知。如《左傳・宣公三年》云：「成王定鼎于郟鄏，卜世三十，卜年七百，天所命也。」〔晉〕杜預注；〔唐〕孔穎達正義：《春秋左傳正義》〔臺北：藝文印書館，1989年1月，阮刻《十三經注疏》本），頁367。）至漢興之初，似仍以卜筮為主。如《史記・高祖本紀》載高祖初為沛公之時，諸父老曰：「平生所聞劉季諸珍怪，當貴，且卜筮之，莫

（2）就方法上來說：

　　賈誼所謂的「讖」，主要是指透過某些「隱語」以預決「吉凶」之言說方式；換言之，「讖」之所以爲「驗」，乃逕由「徵兆」本身加以判定。此種預測吉凶之方法，與龜卜、蓍筮等必須藉由一定之「程序」推斷吉凶，顯然有所差別。此一「程序」，在龜卜爲「卜→貞→占」，於蓍筮則爲「分二→掛一→揲四→歸奇」。有關龜卜之程序，卜辭云：

　　　　癸丑卜，爭貞：旬亡禍。王占曰：有祟有夢。

　　　　癸未卜，爭貞：自今至於丁巳我戋胄。王占曰：丁巳我毋其戋，于來甲子戋。

　　　　癸巳卜，殻貞：旬亡禍。王占曰：乃茲亦有祟。〔註38〕

上引卜辭所見相關述語，《說文》云：「卜，灼剝龜也」、「貞，卜問也」、「占，視兆問也」（頁128）；依卜辭所錄及《說文》所釋，則占卜之程序爲：先灼龜致兆（卜）→而後再依兆紋所示進行卜問（貞）→最後則由殷王審視兆象預決吉凶（占）。〔註39〕至於蓍筮之程序，《周易・繫辭上》云：

　　　　大衍之數五十，其用四十有九。分而爲二以象兩，掛一以象三，揲之以四以象四時，歸奇於扐以象閏，五歲再閏，故再扐而後掛。……

　　　　是故四營而成易，十有八變而成卦，八卦而小成。〔註40〕

如〈繫辭〉所述，筮法之主要程序有四：分二→掛一→揲四→歸奇。此一過程，稱爲「一變」，亦即「四營而成易」之義。一變之後，再取歸奇以外之蓍

　　　　如劉季最吉。」（頁350）而〈孝文本紀〉載文帝初立，戒慎恐懼，猶豫未定，其後「卜之龜，卦兆得大橫。占曰：『大橫庚庚，余爲天王，夏啓以光。』代王曰：『寡人固已爲王矣，又何王？』卜人曰：『所謂天王者乃天子。』」（頁414）於是代王乃遣太后弟薄昭往見絳侯，絳侯等具爲昭言所以迎立王意；嗣後王乃踐祚，是爲文帝。故《史記・日者列傳》云：「自古受命而王，王者之興何嘗不以卜筮決於天命哉！」（頁3215）〈龜策列傳〉更云：「自古聖王將建國受命，興動事業，何嘗不寶卜筮以助善！……王者決定諸疑，參以卜筮，斷以蓍龜，不易之道也。」（頁3223）

〔註38〕　胡厚宣主編：《甲骨文合集釋文》（北京：中國社會科學出版社，1999年8月），版次137、6834、10405。本文所引，另參王宇信、楊升南主編：《甲骨學一百年》（北京：社會科學文獻出版社，1999年9月），頁475、639、542。

〔註39〕　另參成中英：〈占卜的詮釋與貞之五義──論易占原初思想的哲學延伸〉，《中國文化》，第9期，頁33。

〔註40〕　〔魏〕王弼、韓康伯注；〔唐〕孔穎達正義：《周易正義》（臺北：藝文印書館，1989年1月，阮刻《十三經注疏》本），152～153。

草按上述程序推演，此為「二變」。二變之後，再取歸奇之數按上述程序推演，此為「三變」。三變之後，即得卦之一爻；而一卦有六爻，故十八變而得一卦。〔註41〕卦象形成後，再藉由卦象之分析，進而判斷吉凶。

　　就藉由某一「徵兆」（此「徵兆」，於卜辭為「兆象」、於《周易》為「卦象」，於讖則為「隱語」）以預決吉凶而言，「讖」與龜卜、蓍筮之說實無二致；然就獲得「徵兆」之「程序」而言，二者之間，即有明顯之差異。張衡曾經指出：

> 臣聞聖人明審律歷以定吉凶，重之以卜筮，雜之以九宮，經天驗道，本盡於此。或觀星辰逆順，寒燠所由，或察龜策之占，巫覡之言，其所因者，非一術也。立言於前，有徵於後，故智者貴焉，謂之讖書。……且律歷、卦候、九宮、風角，數有徵效，世莫肯學，而競稱不占之書。（《後漢書・張衡列傳》：頁1912）

如張衡所述，「讖」之所以為「驗」，與律歷、卜筮、九宮、龜策、卦候等「數有徵效」之「驗」，其實是不同的；差別在於：讖乃「不占之書」。然前文業已指出，就「藉由某一『徵兆』以預決吉凶」而言，「讖」與龜卜、蓍筮之說並無太大之差異；而此一步驟，依前引《說文》所釋，即名之曰「占」。那麼，張衡以「讖」為「不占之書」，究竟該如何解釋？衡諸前文所論，竊以為張衡所謂的「不占」，當指獲得「徵兆」之「程序」而言。倘此推論不誤，則「讖」與龜卜、蓍筮之說，其主要差別乃在於：龜卜、蓍筮之所以為「驗」，乃「先占後驗」；而「讖」之所以為「驗」，則為「不占之驗」。此即「讖」有別於其他占驗之說的「本質特徵」之所在。從另一角度來說，如果「徵兆」指的是「天意」的顯示，則「讖」與龜卜、蓍筮最大的差別，又在於：前者乃「直接代天立言」，無需藉由任何的「中介」程序，即可推知天意之所在；後者則「間接代天立言」，必須透過一定的「中介」程序，方能推知天意之所示。

　　漢初文獻，除賈誼〈鵬鳥賦〉所述外，另有「讖書」及「秦讖」之說。如《淮南子・說山》云：

> 六畜生多耳目者不祥，讖書著之。〔註42〕

〔註41〕說詳朱伯崑：《易學哲學史》（北京：華夏出版社，1995年1月），第1卷，頁4～7；宋祚胤等撰：《十三經今注今譯》（長沙：岳麓書社1994年1月），頁106。至於具體之演繹方法，另參高亨：《周易古經通說》（香港：中華書局，1963年1月），〈周易筮法新考〉，頁112～130。

〔註42〕〔漢〕劉安等撰；劉文典集解：《淮南鴻烈集解》（北京：中華書局，1989年5月），頁531。

依《淮南子》所言，所謂「讖書」，實指與眾庶生活有關之預言，與後世「圖讖」之說，亦非一事。至於「秦讖」之錄，《史記・趙世家》云：

> 趙簡子疾，五日不知人，大夫皆懼。醫扁鵲視之，出，董安于問扁鵲曰：「血脈治也，而何怪！在昔秦繆公嘗如此，七日而寤。寤之日，告公孫支與子輿曰：『我之帝所甚樂。吾所以久者，適有學也。帝告我：「晉國將大亂，五世不安；其後將霸，未老而死；霸者之子且令而國男女無別。」』公孫支書而藏之，秦讖於是出矣。（頁1786～1787）

秦穆公夢中所聞上帝之語，其後果應驗於晉獻公之亂、晉文公之霸及秦、晉殽之役；其為「驗」之一種，自無疑異。《史記》所載，若暫時擱置「言說年代」與「著述年代」之「時間差距」所可能引發的爭議〔註43〕，而僅就其內容加以分析，則所謂「秦讖」，其實仍是「不占之驗」。蓋如《史記》所錄，「晉國將大亂，五世不安」等預決吉凶之語，並非藉由一定之程序所推衍而來，而是逕稱「帝告我」，以「直接代天立言」的方式來呈現。這種預測方式與龜卜、蓍筮之說有別，實不言可喻。

賈生與《史記》將此類「不占之驗」名之曰「讖」，於此或可推論：在漢代以前，凡是必須藉由一定程序以探知天意之占驗方式，或名之曰卜、或名之曰筮、或名之曰占；此類占驗之說，可概括為「先占後驗」。然彼時尚有「不

〔註43〕 案：史公所錄，就其「言說年代」而言，自當歸入先秦；然先秦時期是否已經用「讖」來隸括類似之「隱語」，其實頗有可疑。蓋先秦典籍所錄「隱語」，大體上均稱之為「謠」，而非「讖」。例如：

1、《左傳・僖公五年》：「八月甲午，晉侯圍上陽，問於卜偃曰：『吾其濟乎？』對曰：『克之。』公曰：『何時？』對曰：『童謠云「丙之晨，龍尾伏辰，均服振振，取虢之旂。鶉之賁賁，天策焞焞，火中成軍，虢公其奔。」其九月十月之交乎？丙子旦，日在尾，月在策，鶉火中，必是時也。』冬十二月丙子朔，晉滅虢。」（頁208～209）

2、《左傳・昭公廿五年》：「有鸜鵒來巢，書所無也。師己曰：『異哉！吾聞文武之世，童謠有之曰：「鸜之鵒之，公出辱之。鸜鵒之羽，公在外野，往饋之馬。……鸜鵒鸜鵒，往歌來哭。」童謠有是，今鸜鵒來巢，其將及乎？』」（頁892～893）

其他例證尚多，茲不枚舉。詳參安居香山、中村璋八編：《緯書集成》（石家莊：河北人民出版社，1994年12月），〈歷代史書和筆記中的謠讖〉，頁1303～1308。近人明指「秦讖」之說為後世所增飾者，如陳槃以為：「〈趙世家〉此文，亦猶《左傳》豫言並著應驗之類，無疑為好事者所增飾。抑或由於家譜、世錄故意渲染，亦有可能。不可信《左傳》當時確有此等記錄。」（《古讖緯研討及其錄解題》：頁108）呂凱則云：「史之所載，推言後世愈詳，愈足取為『後世造作以應前事』之明證。」（《鄭玄之讖緯學》：頁111）

占之驗」者，此類占驗方式，漢代以前未有專名稱之；至漢初，乃漸以「讖」作爲概括之詞，來統攝「先占後驗」以外的占驗之說，並與卜、筮、占等占驗之說相區隔。讖之取義，或即緣此而來。

如上所述，「讖」有「世俗之讖」及「圖讖」之別，而「驗」有「不占之驗」及「先占後驗」之分。《說文》以「驗」釋「讖」，雖道出「讖」有「徵驗」之意旨，但卻無法據以釐清「讖」之所以爲「驗」的本質特徵之所在，以及「讖」在內涵上的區別。以此觀之，若僅以《說文》所釋爲基準來判定讖緯之名義，顯然無法釐清問題之眞相。

（二）《隋志》所論自相違礙

學界論及讖緯名義，除依字書所論爲據外，另一項重要之參考資料，就是《隋志》所錄「書目」及其相關「說解」。從文獻學的角度來說，因《後漢書》無〈藝文志〉或〈經籍志〉之編制、且六朝諸史亦付之闕如；因此，今欲管窺東漢典籍之存佚概況，《隋志》所錄，即成主要之參考依據。準此而言，論及讖緯名義而以《隋志》所載爲據，在方法上亦無可非議。然《隋志》將所錄「《河圖》二十卷、《河圖龍文》一卷、《易緯》八卷、《尚書緯》三卷、《尚書中候》五卷、《詩緯》十八卷、《禮緯》三卷、《禮記默房》二卷、《樂緯》三卷、《春秋災異》十五卷、《孝經勾命決》六卷、《孝經援神契》七卷、《孝經內事》一卷」等「十三部，九十二卷」讖緯文獻列入「經部」，且又將之總括爲「六藝經緯六百二十七部」(頁 947) 之林；以此觀之，此類著作當與「六藝」有關。然其說又云：「其書出於前漢，有《河圖》九篇、《洛書》六篇，云自黃帝至周文王所受本文。又別有三十篇，云自初起至於孔子，九聖之所增演，以廣其意。又有七經緯三十六篇，並云孔子所作，並前合爲八十一篇。而又有《尚書中候》、〈洛罪級〉、〈五行傳〉、〈詩推度災〉、〈汜曆樞〉、〈含神務〉、《孝經勾命決》、〈援神契〉、〈雜讖〉等書」，似乎又將上述「十三部」分成三部份：

> 緯　：七經緯三十六篇；
> 讖　：《河圖》等四十五篇；
> 其他：《尚書中候》、〈洛罪級〉、〈五行傳〉、〈詩推度災〉、〈汜曆樞〉、〈含神務〉、〈孝經勾命決〉、〈援神契〉、《雜讖》。

其中七經緯三十六篇、《河圖》等四十五篇，乃本漢儒「六藝四九、河洛五九」之說；至於「《雜讖》」，語義不明，疑即書目附注所錄「《尹公讖》」、「《劉

向讖》」之類的作品。然前述書目正文將《河圖》、《易緯》等「十三部」列入「六藝經緯」，此處又將「十三部」解釋成「體制」有別之三種內涵相異之作；二說之間，顯然自相違礙。再者，《孝經勾命決》、《孝經援神契》二種，前述書目正文亦列入「六藝經緯」之林；此處又將之別立於「緯」、「讖」之外，而與「《雜讖》」之說並列。二說之間，亦無法並存。〔註44〕既然《隋志》所錄「書目」與其相關「說解」之間，二者頗有差謬不合之處；則論及讖緯名義而僅以《隋志》所論爲據，於理實有未諦。

（三）讖緯互文之侷限

「讖緯互文」，此乃陳槃有關讖緯名義之重要論斷。其說所舉例證頗多，茲擇要引述如下：

1、《申鑒・俗嫌》云：「世稱：緯者，仲尼之作也。」《易是類謀》鄭注則云：「孔子所作讖書。」同一書，或曰孔子之「緯」，或曰孔子之「讖」。又《後漢書・荀爽列傳》云爽「作《公羊問》及《辨讖》。」同一事，《申鑒》以爲「緯」，而〈荀爽列傳〉以爲「讖」。是讖、緯一也。

2、《東觀漢記・郊祀志》曰：「謹按河洛讖書。」〈楊震碑〉曰：「明尚書歐陽，河洛圖緯。」《後漢書・儒林列傳・景鸞傳》曰：「兼受河洛圖緯。」王蕃〈渾天說〉曰：「末世之儒，增減河洛，竊作讖緯。」桓譚、王充則云「讖出河圖洛書」。同爲河洛，蕃以爲「讖緯」，譚、充以爲「讖」，一也。

3、《後漢書・蘇竟列傳》載竟「善圖緯」，然其與劉龔書則云：「圖讖之占，眾變之驗。」蘇氏既善「圖緯」，而作書乃引「圖讖」，是二者互文，同爲一事。

4、《後漢書・袁術列傳》曰：「少見讖書，言代漢者當塗高。」而《三國志・孫策傳》注則云：「世人多惑於圖緯而牽非類……。」袁氏所惑者一，然或以爲「讖書」，或以爲「圖緯」，是讖與圖緯互文無別。

5、《三國志・文帝紀》注云：「李伏表魏王曰：……神之所命，當合符讖。……魏王侍中劉廙、辛毗、劉曄……等言：臣伏讀左中郎將李伏上事，考圖緯之言，以效神明之應。」李伏上表言「符讖」，而劉、辛等則以爲「圖緯」，是「符讖」、「圖緯」一也。

〔註44〕以上所述，另參黃復山：《漢代尚書讖緯學述》，頁2。

6、《後漢書·張衡列傳》載「光武善讖」，續云：「中興以後，儒者爭學圖緯，兼附以訞言。衡以圖緯虛妄，非聖人之法。」〈張衡列傳〉以「讖」與「圖緯」互文，是讖與圖緯，一也。

7、《後漢書·鄭玄列傳》載玄〈戒子書〉曰：「時睹祕書緯術之奧。」又云：「既寤，以讖合之，知命當終。」鄭玄覃精「緯術」，而其占夢乃以「讖」，是讖、緯互辭也。

8、《後漢書·儒林列傳·薛漢傳》謂漢：「尤善說災異讖緯。……建武初為博士，受詔校定圖讖。」薛漢善說「讖緯」，而所校者乃曰「圖讖」，是緯與圖讖，一也。

9、《三國志·蜀書·先主傳》載太傅許靖、軍師諸葛亮等上書，「咸稱述符瑞圖讖明徵。……今上天告祥，群儒英俊並進，河洛、孔子讖記咸悉具至。……省考靈圖，啟發讖緯，神明之表，名諱昭著，宜即帝位。」同書又載劉豹、向舉等上言：「臣聞河圖、洛書、五經讖緯，孔子所甄，驗應自遠。」同為勸進一事，劉豹等引「河圖、洛書」、「五經讖緯」為證；而許靖、諸葛則以為「圖讖」、「讖記」、「讖緯」，是圖讖即讖記，亦即讖緯也。

10、所謂《春秋緯》者，其說多與《公羊傳》密合，是可云《公羊》善於緯矣；而鄭君〈六藝論〉乃曰：「《公羊》善於讖。」是《春秋緯》又名《春秋讖》也。

11、《後漢書·明帝本紀》云：「日食之變，其災尤大，《春秋》圖讖所為至譴。」明帝所指，意出《春秋緯》，而詔書乃以為《春秋》圖讖，是《春秋緯》又可以名圖讖也。

12、《續漢書·祭祀志上》引《河圖赤伏符》、《洛書甄曜度》、《孝經鉤命決》；其所謂「經讖」，蓋指《孝經鉤命決》。然光武及其群臣以〈鉤命決〉為讖，李賢卻以之為《孝經緯》。

13、《東觀漢記·明帝紀》云：「《尚書璇璣鈐》曰：有帝漢出，德洽，作樂名予。其改郊廟樂曰〈太予樂〉……，以應圖讖。」明帝詔以《尚書璇璣鈐》為圖讖，然李賢以之為《尚書緯》。

14、《禮記·檀弓下》疏引《鄭志》云：「張逸問：《禮注》曰『書說』，『書說』，何書也？答曰：《尚書緯》也。當為注時，時在文網中，嫌引祕書，故諸所牽圖讖，皆謂之『說』。」如《鄭志》，亦以《尚書緯》為

圖讖。

15、《後漢書・曹褒列傳》載章帝詔引《河圖》、《尙書璇璣鈐》、《尙書帝命驗》之說，然曹褒受命制禮，則云「雜以五經讖記」之文。是以《尙書緯》之〈璇璣鈐〉、〈帝命驗〉爲五經讖記之類也。

16、《三國志・魏書・文帝紀》注引《獻帝傳》載劉若等上書曰：「違經讖之明文，……非所以奉答天命。」然許芝上奏則「條魏代漢見讖緯於魏王」，並引《春秋漢含孳》、《春秋玉版讖》、《春秋佐助期》《孝經中黃讖》爲說。許芝以所引諸篇稱之爲「讖緯」，劉若則以之爲「經讖」，而李賢則以之爲《春秋緯》。

17、《三國志・蜀書・周群傳》載時人問：「《春秋讖》曰：代漢者，當塗高。……」所引《春秋讖》云云，文見《春秋佐助期》；是李賢以爲《春秋緯》，而周群乃以之爲《春秋讖》。

18、《春秋合誠圖》，亦所謂《春秋緯》也。然鄭注《易緯乾鑿度》「欲所按合誠」云：「《春秋讖》卷名也。」是李賢以爲《春秋緯》，而鄭玄乃以爲《春秋讖》。

19、《蔡中郎外集》卷 2〈曆數議〉載蔡邕引〈元命苞〉、〈乾鑿度〉、〈命曆序〉之說，續云：「讖雖無文，其數見存。」是蔡邕以〈元命苞〉、〈乾鑿度〉、〈命曆序〉爲讖。然〈元命苞〉、〈命曆序〉，李賢以之爲《春秋緯》；〈乾鑿度〉，李賢以之爲《易緯》。

20、《後漢書・張衡列傳》載衡上疏引《春秋元命苞》，續云：「宜收藏圖讖，一禁絕之。」則〈元命苞〉亦稱圖讖。〔註45〕

上引陳書所舉諸多例證，其中 2、4 兩條，係以東漢之史料與魏晉之說進行比對分析；5、9 兩條，乃逕以三國之說爲張本；而 10、11、12、13、16、17、18、19、20 等九條，則是以東漢或三國時期之史料，與唐代李賢之說進行比對分析。此類比對分析，竊以爲並不足以作爲「讖緯互文」之證據。蓋就方法論的角度而言，概念內涵之比對分析，必須置於同一時空背景之下，方有其「共時性」之理論意義。反之，若取不同時空背景之相關概念進行比對分析，最多只能從「歷時性」的角度，證明某一概念在發展過程中，出現內涵上的變化或用語上的改變；以「歷時性」之發展過程敘述取代「共時性」之內涵分析，恐難免於「時空錯置」之嫌。準此而言，則上述十三條例證，

〔註45〕以上詳見：《古讖緯研討及其書錄解題》，頁 149～160。

似乎僅能說明三國以降在相關「稱謂」的使用上出現變化，並不足以證明東漢中葉以前即有「讖緯互文」之情況。

其餘相關例證，其中第 7 條所引鄭玄〈戒子書〉之語，所謂「以讖合之，知命當終」云云，其所涉及者，乃「個人運數」之問題；其內涵當同於前引賈誼所謂「讖言其度」之「讖」，與「圖讖」之說，顯係二事。至於第 3 條所引《後漢書・蘇竟列傳》與第 8 條所引《後漢書・儒林列傳》之語，考光武宣布圖讖於天下以前，彼時所見以「讖」爲名之文字實皆與經義無涉。（說詳下文）是此處所謂「圖緯」、「讖緯」之「緯」，與後世「讖緯」之「緯」亦當分屬二事；以之作爲「讖緯互文」之證據，於義亦有未諦。此外，第 1 條所引《申鑒》之說，考《申鑒》成書於建安十年（205）〔註46〕；而鄭注「群緯」，依學者所論，約在桓帝延熹三年（160）以訖靈帝建寧四年（171）〔註47〕。是「讖緯互文」乃東漢末年之事，不能以偏概全。第 14 條所舉《鄭志》之說，亦復如此。

綜上所言，則陳書所舉例證，實僅第 6 條較能說明東漢中葉以前之情況。然如論者所云，東漢章帝時劉珍撰《東觀漢記》，書中所引讖文及篇名，絕無「緯書」之名；而《後漢書》雜引東漢詔策、奏疏，亦只稱《詩讖》、《禮讖》、《春秋圖讖》，無有「緯」名。且順帝以前之議曆文字，也只稱「讖文」、「圖讖」；而東漢早期著作，如《新論》、《白虎通義》、《論衡》等，也都不見「緯書」此一名稱。〔註48〕以此觀之，東漢中葉以前是否有「讖緯互文」之情況，實尚有可疑。

〔註46〕〔晉〕袁宏撰；周天游校注：《後漢紀校注》（天津：天津古籍出版社，1987 年 12 月），頁 824。

〔註47〕鄭玄注緯之時間，歷來之說略有不同。依鄭珍所論，鄭注群緯乃在黨禁前八、九年；而康成坐黨之時間，上自熹平四年（175），下訖中平元年（189）。〔清〕鄭珍撰：《鄭珍集》〔貴陽：貴州人民出版社，1991 年 1 月〕，〈鄭學錄〉，頁 274。）如鄭珍之說，則鄭注群緯當在桓帝延熹九年（166）或永康元年（167）。然依李雲光之說，鄭玄遭禁錮之時間，乃在建寧二年（169）以訖中平元年。（說見：《三禮鄭氏學發凡》〔臺北：嘉新水泥公司文化基金會，1966 年 12 月〕，頁 9。）以此爲基準上推八、九年，則鄭注群緯當在桓帝延熹三年（160）或延熹四年（161）。除此之外，王利器則將康成注緯繫於建寧四年（171）。（說見：《鄭康成年譜》〔濟南：齊魯書社，1983 年 3 月〕，頁 80。）綜合諸家所論，則康成注緯之時間，當在桓帝延熹三年至靈帝建寧四年之際。

〔註48〕以上所述，詳參黃復山：《漢代尚書讖緯學述》，頁 63〜65；王鐵：〈論緯書〉，頁 57。

　　如上所述，既然字書對於「讖」之解釋或有文獻上之疑義、或無法說明「讖」之本質特徵；而《隋志》「讖緯別立」之論又自相違礙，難以自圓其說。是「讖、緯名實有別」所持論據，實皆難以說明問題。準此，則「讖、緯名實有別」之說，顯然無法成立。至於「讖緯互文」之論，倘以光武所定「八十一卷」「圖讖」為基準，則此說或可適用於六朝以後之觀點，但並不足以證明東漢中期以前即有「讖緯互文」之情況。惟陳說又涉及「讖緯」之「讖」應如何「認定」之問題，茲一併分述如后。

三、讖緯名義立說基準的釐定

　　「讖緯」一詞，既合「讖」、「緯」二字以為義，則於理推之，本即含攝兩種不同之可能性——「讖」、「緯」相合而名之曰「讖緯」，抑或「讖」而名之曰「緯」，故有「讖緯」之名。前述「讖、緯名實有別」、「讖、緯名異實同」之論，實即分就這兩種可能性展開論述。然前文既已指出「讖、緯名實有別」之說無法成立，則所謂「讖緯」，或當以「讖」而名之曰「緯」之說為是。然問題在於，是否所有以「讖」為名之文字皆與經義有關？倘若不然，則與經義有關之「讖」究係何指？又，倘若與經義有關之「讖」有特定之指涉對象，則此類以「讖」為名之文字何時冠以「緯」名，而形成今日所稱之「讖緯」？此即涉及「讖」之「認定」及「史料」之「取捨」等問題。

（一）讖有廣、狹二義

　　同一概念「名稱」而有實質「內涵」之差異，此乃古代思想之「常態」，無足為奇。「讖」之為義，亦有此一情況。前引《說文》以「驗」釋「讖」，此乃「讖」最廣義之解釋。蓋如《說文》所釋，則凡與「驗」或「預言」有關之說皆可名之曰「讖」。然前文業已指出，同以「驗」為義，諸說之間又有「先占後驗」及「不占之驗」之區別；僅從「驗」的角度解釋「讖緯」之「讖」，其實並不合適。另就內容上來說，前文亦已指出，「讖」在文獻上之「最初意義」，主要指向「個人命運」或「世俗生活」，並未涉及「王者受命之徵驗」此一層次。檢諸史籍所載，「讖」與「王者受命」有關，其說當始於成帝之時。《漢書・李尋傳》云：

> 成帝時，齊人甘忠可詐造《天官曆包元太平經》十二卷，以言「漢家逢天地之大終，當更受命於天，天帝使真人赤精子，下教我此道。」忠可以教重平夏賀良、容丘丁廣世、東郡郭昌等。……哀帝初立，

司隷校尉解光亦以明經通災異得幸，白賀良等所挾忠可書。……時郭昌爲長安令，勸尋宜助賀良等。尋遂白賀良等皆待詔黃門，數召見，陳説「漢曆中衰，當更受命。成帝不應天命，故絕嗣。今陛下久疾，變異屢數，天所以譴告人也。宜急改元易號，乃得延年益壽，皇子生，災異息矣。……」（頁3192）

〈李尋傳〉所錄，雖未逕稱甘忠可所造之《天官曆包元太平經》爲「讖」，然如上引文所示，《天官曆包元太平經》實已具備「讖」之若干特點，故哀帝以降，即逕以「讖」稱之。如《漢書‧哀帝本紀》云：

（建平元年）待詔夏賀良等言赤精子之讖，漢家曆運中衰，當再受命，宜改元易號。（頁340）

夏賀良等所言之「赤精子之讖」，依上引〈李尋傳〉觀之，實即甘忠可所造之《天官曆包元太平經》。又因其說有「十二卷」，故亦名之曰「讖書」。如〈王莽傳〉云：「案其本事，甘忠可、夏賀良讖書臧蘭臺。」（頁4094）甘忠可所造之《天官曆包元太平經》（或者說「赤精子之讖」），就「讖」之發展而言，其義有三：

1、從形式上來說：

甘忠可所造之《天官曆包元太平經》，其說乃逕託於「天帝」所命（「大帝使眞人赤精子，下教我此道」），故就形式上來說，乃屬直接代天立言之例。與漢初以來讖言之表述方式，其形式特徵並無二致。

2、從內容上來說：

與漢初以來之讖言不同，甘忠可所造《天官曆包元太平經》，其說已由一般眾庶生活之預言，提昇至國家曆數之層次。與後世「圖讖」側重王者受命之徵驗，其實並無二致。其次，依夏賀良所陳「赤精子之讖」觀之，此讖除涉及王者受命之問題外，更援入災異之說，以遂其譴告之意。復次，從甘忠可所造「《天官曆包元太平經》」之取名來看，其說或已含攝「曆數」之說在內；若然，則讖在內容上又已增入星曆之說。災異與星曆之說的增益，此乃讖之內涵的一大轉變。

3、從政治層面來說：

甘忠可、夏賀良藉《天官曆包平太平經》陳述「當再受命」之意，二人後雖伏誅，然其說對彼時之政治局勢，實已造成某種程度之衝擊。故劉向第一時間即「奏忠可假鬼神罔上惑眾」，而劉歆更以爲「不合五經，不可施行」（《漢書‧李尋傳》；頁3192）；更重要的是，哀帝更據夏賀良等所言「赤精子之讖」，詔改

「建平二年爲太初元將元年，號曰陳聖劉太平皇帝。」（《漢書・哀帝本紀》，頁340）「讖」與政治問題緊密結合，殆自此始。

如上所述，「讖」在其發展過程中，除形式上仍保持「不占」之特性外，其內容則已由「個人命運」之層次，提昇至「王者受命」之範疇。其後王莽頒布「《符命》」，其說雖不以「讖」爲名；然其「內容」，又實與「赤精子之讖」無甚分別。《漢書・王莽傳》云：

> 秋，遣五威將王奇等十二人班《符命》四十二篇於天下。〈德祥〉五事，〈符命〉二十五，〈福應〉十二，凡四十二篇。其〈德祥〉言文、宣之世黃龍見於成紀、新都，高祖考王伯墓門梓柱生枝葉之屬；〈符命〉言井石、金匱之屬；〈福應〉言雌雞化爲雄之屬。其文爾雅依託，皆爲作說，大歸言莽當代漢有天下云。總而說之曰：「帝王受命，必有德祥之符瑞，協成五命，申以福應，然後能立巍巍之功，傳于子孫，永享無窮之祚。……」（頁4112）

如《漢書》所錄，所謂「《符命》」，主要係以王者受命之徵驗爲主；而黃龍、井石、金匱等「徵驗」，蓋亦假託天帝之意，無需藉由任何中介程序。是王莽所頒《符命》，實仍分屬「不占之驗」；與讖之形式特徵，可謂若合符節。成、哀之際所見讖言及王莽所頒《符命》，其說雖已具備後世所謂「讖緯」之若干特點；然就其「立說意旨」而言，這些說法本身實乃純爲政治目的而設，其初並無任何「學術」之動機。自莽末迄光武初立，此間所見讖言，其用意亦復如是。例如：

> （地皇二年）（王）況謂焉曰：「君姓李，李音徵，徵火也，當爲漢輔。」因爲焉作讖書。……會合十餘萬言。（《漢書・王莽傳》，頁4166）

> （地皇三年）宛人李通等以圖讖說光武云：「劉氏復起，李氏爲輔。」（《後漢書・光武本紀》，頁2）

> （地皇四年）（西門）君惠好天文讖記，爲涉言：「星孛掃宮室，劉氏當復興，國師公姓名是也。」（《漢書・王莽傳》，頁4184）

> 王莽末，光武嘗與兄伯升及晨俱之宛，與穰人蔡少公等讌語。少公頗學圖讖，言：「劉秀當爲天子。」（《後漢書・鄧晨列傳》，頁582）

> （建武元年）讖記曰：「劉秀發兵捕不道，卯金修德爲天子。」（《後漢書・光武本紀》，頁22）

以上所錄讖記、圖讖，其出於私意者有之，其強化光武受命之徵驗者有之；

然衡諸其意，實皆出於政治之目的，而無涉於學術之問題。然如上引文所示，此一階段除大量出現讖言讖語外，通曉、愛好讖記之人亦大爲增加。以此觀之，圖讖之說在西漢末年實已蔚爲潮流；然「讖」與學術問題（或者說「經學」）相關，其說當始於光武初年。

（二）光武所定圖讖始附經義

「讖」與「經義」有關，明清以降凡持「讖、緯名異實同」之說者，實皆寓此義；而持「讖、緯名實有別」之論者，除安居香山以外，大體上亦認爲讖與經義有關。只是諸說或出於「尊經」之義，故有「緯純讖駁」之分判。近人首揭「讖亦附經」之義者，其說當始於陳槃；而今人之論，則以黃復山所述最爲詳盡。〔註 49〕陳、黃二家所論，本文認爲已足資證明「讖」與「經義」絕非毫不相涉；下文所論，即以陳、黃二家所述爲本。

如眾所周知，光武之興，本有得於圖讖之助；故光武即位之初，即令尹敏、薛漢等「校定圖讖」。史云：

> 帝以敏博通經記，令校圖讖，使蠲去崔發所爲王莽著錄次比。（《後漢書·儒林列傳》；頁 2551）

> 漢少傳父業，尤善說災異讖緯，教授常數百人。建武初爲博士，受詔校定圖讖。（《後漢書，薛漢列傳》；頁 2573）

此一校定過程歷時約三十年，至光武建武卅二年，始正式「宣布圖讖於天下」（《後漢書·光武本紀》；頁 89）。至於此次所頒「圖讖」之內容、體式、卷帙等，〈本紀〉並未作進一步之說明。今所見較爲完整之紀錄，乃同年二月封禪所刻之泰山石文。《後漢書·祭祀志上》云：

> 三十二年正月，上齋，夜讀《河圖會昌符》，曰「赤劉之九，會命岱宗。不愼克用，何益於承。誠善用之，姦僞不萌」。感此文，乃詔松等復案索《河》《雒》讖文言九世封禪事者。松等列奏，乃許焉。二月，上至奉高，遣侍御史與蘭臺令史，將工先上山刻石。文曰：「……《河圖赤伏符》曰：『劉秀發兵捕不道，四夷雲集龍鬥野，四七之際火爲主。』《河圖會昌符》曰：『赤帝九世，巡省得中，治平則封，誠合帝道孔矩，則天文靈出，地祇瑞興。帝劉之九，會命岱宗，誠

〔註 49〕 說詳陳槃：《古讖緯研討及其書錄解題》，頁 164～167；黃復山：《漢代尚書讖緯學述》，頁 43～51。

善用之，姦偽不萌。赤漢德興，九世會昌，巡岱皆當。天地扶九，崇經之常。漢大興之，道在九世之主。封于泰山，刻石著紀，禪于梁父，退省考五。』《河圖合古篇》曰：『帝劉之秀，九名之世，帝行德，封刻政。』《河圖提劉予》曰：『九世之帝，方明聖，持衡拒，九州平，天下予。』《雒書甄曜度》曰：『赤三德，昌九世，會修符，合帝際，勉刻封。』《孝經鉤命決》曰：『予誰行，赤劉用帝，三建孝，九會修，專茲竭行封岱青。』」……皇帝唯慎《河圖》、《雒書》正文。……建武元年已前，文書散亡，舊典不具，不能明經文，以章句細微相況八十一卷，明者爲驗；又其十卷，皆不昭晰。（頁 3163～3166）

此文所記，涉及圖讖之「內容」、「卷帙」、「篇目」等層面；其中「卷帙」、「篇目」部份，下文另有詳述，此處先就圖讖之「內容」略作說明。

如〈祭祀志〉所引諸篇讖文所示，所謂「圖讖」，實皆與「王者受命之徵驗」有關；至於相關徵驗是藉由何種程序或方法所推知，讖文本身並未詳加交代。因此，從程序上來說，這些讖文仍屬「不占之驗」；與漢末以來之相關說法，並無二致。然而，光武所定圖讖是否僅及於「王者受命之徵驗」此一層次？依現有文獻觀之，光武校定圖讖，除政治之目的外；另一項重要意圖，就是使圖讖與「經義」相結合。其說有二：

1、尹敏受詔校定圖讖之初，曾明言「讖書非聖人所作」（《後漢書·儒林列傳》；頁 2551）；則圖讖尚未校定之前與經義無關，殆無庸置疑。然光武既命「博通經記」之尹敏及「章句著名」（《後漢書·薛漢列傳》；頁 2573）之薛漢校定圖讖，原其用意，自是希望藉由博通經義之士整合圖讖，並進一步使圖讖與經義相符。故圖讖編定之前與經義無涉，但圖讖經尹敏、薛漢「以章句細微相況」後，其中有「八十一卷」可與章句相互發明且言而有徵，故云「明者爲驗」。所謂「章句」，乃西漢中葉以後所逐漸興起之經典詮釋方法〔註50〕，圖讖之說既可與章句之學相互發明，則圖讖顯然已經涉及經義之問題，而不僅僅只是以王者受命之徵驗爲主題。

2、另一個明顯之事例，乃建武四年議立《左氏春秋》一事。依《後漢書·

〔註50〕詳參林慶彰：〈兩漢章句之學重探〉，收入氏編：《中國經學史論文選集》（臺北：文史哲出版社，1992 年 10 月），頁 277～297。

—38—

范升列傳》所載，光武初年尙書令韓歆疏請立《費氏易》及《左氏春秋》博士，帝乃詔下其議。建武四年 (28) 正月，朝中公卿、大夫、博士等會於雲臺，時陳元、范升對此頗有辯難；會後雖立《左氏》於學官，然旋又廢。嗣後，李育、賈逵於明帝永平中 (約 66 年) 追述此事，李育以爲「前世陳元、范升之徒更相非折，而多引圖讖，不據理體。」《後漢書・儒林列傳》；頁 2582) 賈逵則以爲：「至光武皇帝，興立《左氏》、《穀梁》，會二家先師不曉圖讖，故令中道而廢。」《後漢書・賈逵列傳》；頁 1237) 李、賈所述，一云「多引圖讖」，一云「不曉圖讖」；二說看似相反，但有一點是相同的：即二人都認爲陳元、范升曾據圖讖以辯難議立《左氏》一事。其具體說法爲何？史無明文，不擬妄議。然陳元、范升既曾「多引圖讖」以相辯難，則圖讖之說在建武初年或許無涉於「經義」，但絕對與「經學」有關。且李育之說又謂陳元、范升「不據理體」，是又以二氏所引圖讖與儒家經義不合。圖讖之說雖與儒家經義不合，然陳元、范升既引之以辯立《左氏》，則圖讖之說當已觸及「經義」之問題，只不過李育認爲圖讖所涉經義與儒家「理體」不合而已。

　　如上所述，光武校定圖讖之初雖或無「配經」之意圖，然圖讖在編定之初既已涉及「經學」之問題，且編定後之圖讖更可以與「章句」相互發明，則光武所定圖讖當與「經義」有關。因圖讖與經義有關，故乃名之曰「經讖」。〔註51〕自此以降，圖讖日隆；其與經義之關係，乃更加顯著。甚且後來居上，轉以圖讖「正五經章句」；而言五經者，更「憑讖爲說」《隋志》；頁 941) 以益其學。學者之間，如樊儵「以讖記正《五經》異說」《後漢書・樊儵列傳》；頁 1122)、劉輔「論集經、傳、圖讖，作《五經通論》」〔註52〕；而明帝更是垂意經學，「刪定擬議，稽合圖讖」《東觀漢記校注》；頁 59)。圖讖之學自此乃蔚爲大國，而成兩漢學術所不可忽視之一環。

〔註51〕　相關用例如：《後漢書・張純列傳》載張純「案七經讖」(頁 1196) 議辟雍之禮、
　　　　《後漢書・祭祀志上》云：「河雒命后，經讖所傳」(頁 3166)、《後漢書・律曆
　　　　志中》云章帝「考之經讖」(頁 3027)、《後漢書・劉瑜列傳》載桓帝詔劉瑜問災
　　　　咎之徵，「指事案經讖以對」(頁 1857) 等等。至於《後漢書・郅惲列傳》載郅
　　　　惲「據經讖」(頁 1025) 云云，同一事，《後漢紀》但作「猶以惲據正義」(頁 197)；
　　　　二書所錄有別，則王莽之際是否眞有「經讖」之稱，似仍有可疑。
〔註52〕　〔漢〕劉珍等撰；吳樹平校注：《東觀漢記校注》(鄭州：中州古籍出版社，
　　　　1987 年 3 月)，頁 235。

（三）緯之名緣於經而立

「經」、「緯」之稱，本皆與「絲帛」有關；故《說文》云：「經，織從絲也」（頁 650）、「緯，織衡絲也」（頁 651）。古人織布，必須先固定「經線」，然後再以「緯線」來回穿梭以織成布帛；因「經」、「緯」有程序上之先後關係，於是乃漸有「主」「從」、「本」「末」之分。又因「經」、「緯」必須相互配合才能織成布帛，緣此又生「相輔相成」之義。其後「緯」之內涵雖逐漸由「絲緯」轉變成「星緯」，又漸次演變為「經緯」；但「經」與「緯」所具有之「主從」、「相輔」關係，卻從未改變。除前引《說文》以「縱線」為「經」，「橫線」為「緯」外，其他如《淮南子・墜形》云：「東西為緯，南北為經。」（頁 139）此以「南北」為「經」，而「東西」為「緯」。又如《後漢書・張衡列傳》云：「二紀、五緯之綢繆遹皇。」注云：「二紀，日、月也；五緯，五星也。」（頁 1394、1396）此又以「日月」為「經」，而「五星」為「緯」。以此觀之，「緯」之名實乃緣於「經」而立，故「經」之內涵發生變化，「緯」之內涵亦隨之而有相應的轉變。

也正因為「經」、「緯」二字具有「連動」之關係，故當「經」字引申為「經典」之義，「緯」亦逐漸引申為「輔經」之「書」。於是而有四庫館臣所謂「伏生《尚書大傳》，董仲舒《春秋陰陽》，核其文體，即是緯書」及陳槃「漢武以後，始有緯稱」、安居香山「緯書名的出現，距漢武帝時代並不很遠」〔註 53〕等說法的出現。「緯」具有「輔翼經書」之內涵，此乃不爭之事實。問題是，「緯」具有「輔翼經書」之內涵，與「經」字引申為「經典」之義，二者是否具有「同時性」之關係？又能否僅以「經」、「緯」具有邏輯上之先後關係，便以此推斷「有經（書）必有緯（書）」之結論？依黃復山所考，先秦、兩漢之經傳、子書、史籍所見「經緯」等用法，其義絕無指稱「緯書」者；現存緯書佚文所見用例，亦復如此。〔註 54〕如黃氏文所言，則「有經（書）必有緯（書）」之結論顯然不能成立。就先秦、西漢、現存緯書佚文、東漢前期、以及鄭玄之後這幾個階段而言，本文認為黃說當可成立。問題在於，以「緯」名「讖」是否即肇端於鄭玄？殷善培以為黃文「恐須再議」者，其原即出乎此。

本文認為，光武宣布圖讖於天下之前，彼時以「讖」為名之文字既與經

〔註 53〕陳說見：《古讖緯研討及其書錄解題》，頁 107；安居之說見：《緯書の成立とその開展》，頁 281。
〔註 54〕《漢代尚書讖緯學述》，頁 56～65。

義無關，自無所謂「讖」而名之曰「緯」之問題。換言之，光武宣布圖讖於天下之前所見「經緯」、「圖緯」等概念，實皆與「配經之緯」無涉。而鄭玄既已指稱「圖讖」爲「緯」，則鄭玄以後所出現之「經緯」、「圖緯」等概念，實皆可納入「讖」而名之曰「緯」此一脈絡之下，從中獲得相應的理解。因此，問題的關鍵實在於光武宣布圖讖於天下之後，迄鄭玄以緯名讖之前，此百餘年間所出現之「圖緯」等概念，究竟該如何「理解」此一層面上。

依照黃復山的說法，此百餘年間所見「圖緯」等相關概念，實皆出於范書所「追述」，故不得以之作爲「讖」而名之曰「緯」早於鄭玄之論據。從詮釋學的角度來說，既然史書皆爲後人所撰，則撰者依撰作之時所習稱之語彙、概念以「敘述」前代之事，自亦理所必然。準此而言，「追述」之說實亦言之成理。然而，倘黃文所據以認定爲「直接史料」之標準——即詔令所示、奏疏所引——可以成立，則黃文所賴以論證讖緯名義之基本前提——即光武所定八十一卷圖讖——即難脫非「直接史料」之嫌。蓋所謂光武「宣布圖讖於天下」及「八十一卷」之說，並未見於光武所頒詔令；而群臣奏疏，亦未論及「宣布圖讖於天下」等說法。是所謂「八十一卷圖讖」云云，若依黃文之標準，實當歸入史家「追述之辭」，而非「直接史料」。然黃文不曾懷疑「光武宣布圖讖於天下」及「八十一卷圖讖」之「眞實性」，此又何故？再者，黃文以范書所錄「詔書」爲「直接史料」，衡諸其意，殆或以爲史書所錄「詔書」乃帝王頒布時之「原文」，故有此一說。然范書所錄「詔書」是否眞爲帝王頒布時之「原文」？其實頗有可疑。以《後漢書》、《後漢紀》所錄光武所頒詔書爲例，二書所錄詔書要旨雖無二致，然其「文字」，卻頗有出入。茲略舉數則比對說明如下：

史籍 詔書 時間	後漢書	後漢紀
二年三月詔	頃獄多冤人，用刑深刻，朕甚愍之。孔子云：「刑罰不中，則民無所措手足。」（頁29）	惟酷吏殘賊，用刑深刻，獄多寃人，朕甚愍之。孔子不云乎：「刑罰不中，則民無所措手足。」（頁85）
六年十二月詔	頃者師旅未解，用度不足，故行十一之稅。今軍士屯田，糧儲甘積。其令郡國收見田租三十稅一，如舊制。（頁50）	間者以軍旅未解，用度不足，故行十一之稅。今往往屯田，其令郡國田租三十稅一，如舊制焉。（頁141）

七年春正月詔	世以厚葬爲德，薄終爲鄙，至于富者奢僭，貧者單財，法令不能禁，禮義不能止，倉卒乃知其咎。其布告天下，令知忠臣、孝子、慈兄、悌弟薄葬送終之義。(頁51)	世俗不以厚葬爲鄙陋，富者過奢，貧者殫財，刑法不能禁，禮義不能止，倉卒以來，乃知其咎。布告天下，令知忠臣、孝子、薄葬送終之義。(頁145)
七年三月詔	吾德薄致災，謫見日月，戰慄恐懼，夫何言哉！今方念怨，庶消厥咎。其令有司各修職任，奉遵法度，惠茲元元。百僚各上封事，無有所諱。其上書者，不得言聖。(頁52)	陰陽錯謬，日月薄蝕。百姓有過，在予一人，其赦天下。公卿百寮，各上封事，無有所諱，舉賢良方正各一人。(頁145)

就理論上而言，帝王所下詔書既形諸文字而布之於天下，則無論後世撰作者爲誰，彼等所見詔書理當「全同」，不應有「文字之異」。然如上引諸例所示，事實顯然並非如此。二書所錄詔書之所以略有出入，細究其因，當不外以下三者：

1、二書所錄皆本於同一資料來源，然范、袁二家於撰作之際，並未「照錄」詔書「原文」，而是依循史家之筆，另有擇取；

2、二書所錄實皆出於「追述」，惟作者「記憶」有別，故所引文字略有出入；

3、二書之間必有某書所錄非詔書「原文」，然袁書時代在前，或當以袁書所錄爲是。

無論上述三種可能性那一種可以成立，都足資證明范書所錄詔書並非光武所頒之「原文」。因此，從方法論的角度來說，所謂「直接史料」與「間接史料」之區隔，恐係黃文爲證成「以緯名讖始於鄭玄」所定之「設準」；就史料本身或詮釋者的角度而言，此一區隔並無實質意義。既然如此，則以緯名讖是否眞以鄭玄爲伊始，的確有「再議」之必要。

　　檢諸史籍所錄，光武宣布圖讖於天下之後，迄鄭玄以緯名讖之前，此百餘年間所見與「緯」有關之概念，除黃文所舉與「配經之緯」無關之例證外，其他依范書所錄可判定在鄭玄之前者，約有以下數則：

初，光武善讖，及顯宗、肅宗因祖述焉。自中興之後，儒者爭學圖緯，兼復附以訞言。衡以圖緯虛妄，非聖人之法。(《後漢書・張衡列傳》：頁1911)

會融集諸生考論圖緯，聞玄善筭，乃召見於樓上，玄因從質諸疑義，

問畢辭歸。(《後漢書・鄭玄列傳》：頁1207)

翟酺字子超，廣漢雒人也。四世傳《詩》。酺好老子，尤善圖緯、天文、歷筭。(《後漢書・翟酺列傳》：頁1602)

樊英字季齊，南陽魯陽人也。少受業三輔，習《京氏易》，兼明五經。又善風角、星筭、河洛七緯，推步災異。(《後漢書・方術列傳・樊英傳》：頁2721)

初，英著《易》章句，世名樊氏學，以圖緯教授。(《後漢書・方術列傳・樊英傳》：頁2724)

李固，……學五經，積十餘年。博覽古今，明於風角、星算、河圖、讖緯，仰察俯占，窮神知變。(《謝承書・李固傳》：頁110)

廖扶字文起，汝南平輿人也。習《韓詩》、歐陽《尚書》，教授常數百人……專精經典，尤明天文、讖緯、風角、推步之術。(《後漢書・方術列傳・廖扶傳》：頁2719)

以上所引數則，其中第一則所謂「圖緯」，乃以「自中興之後」爲敘述起點；然如前所述，光武中興之初圖讖尚未與經義緊密結合，此處之「緯」是否指「配經之緯」，因范書語義不明，實難據以爲斷。至於其他數則所見「緯」名，則有一共同之現象，即：善「圖緯」或「讖緯」者，皆精通儒家「經典」以及「天文」、「歷算」、「風角」之術。就一般「歷史閱讀」來說，范曄之說或許並無不妥；然就「讖緯名義」而言，此種敘述方式即極易引發解釋上的「歧異」。蓋就天文歷算的角度而言，「緯」既具有「星緯」之義，而上述諸家又精通天文歷算，則「圖緯」、「讖緯」之「緯」，似不能排除指向「星緯」之可能。然而，倘若「圖緯」、「讖緯」之「緯」乃就「星緯」而言，則范曄但云諸家明「天文、歷算」即可，又何必拈出「圖緯」、「讖緯」之名，徒增後人理解上之困擾？以此觀之，「圖緯」、「讖緯」之用法，或當另所有所指。

　　本文認爲，既然范書將儒家經典、天文歷算與「圖緯」、「讖緯」並列而舉，則此三者之性質自當有別。而「圖緯」、「讖緯」之稱，似不能排除指向光武所定「圖讖」之可能。蓋如前所述，光武校定圖讖之初，圖讖或許與經義無涉；然自光武宣布圖讖於天下之後，圖讖與經義之關係乃愈見深刻，甚至可與「章句」相互發明。「圖讖」既可與「章句」相提並論，則視圖讖爲「章

句」之一種，且以之爲「輔翼經書」之作，緣此而名之曰「緯」，於理而言似無不可。此一可能性，尚可由圖讖「地位」之轉變略窺端倪。蓋如前所述，光武宣布圖讖於天下以迄明、章之際，此時圖讖之地位已漸次高於儒家經典，所以才有以「圖讖」正五經章句，及言五經皆憑「讖」爲說的情況出現。其後歷經百餘年，而有鄭玄遍注群緯。鄭注群緯，學者或以爲乃提高圖讖之地位，實則不然。蓋圖讖宣布之後，其地位本已漸次凌駕於五經之上，又何需「提高」？且如前所述，「緯」之名乃相對於「經」而言，二者之間雖有相輔相成之意，但仍有本末、主從之別。是鄭玄稱「圖讖」爲「緯」，實乃將「圖讖」與儒家經典之地位加以翻轉，使原本地位高於儒家經典之圖讖，轉而附屬於儒家經典之下。換言之，在圖讖與經典之間，鄭玄雖未摒棄圖讖，但最終還是以儒家經典爲主體。從官方的立場來說，圖讖由高於經典轉而附屬於經典，此乃學術之「革命」。然官方對此默然接受，學者對此亦無異議；以此觀之，此一轉變當經歷某種「折衷」之過程。「圖緯」、「讖緯」之稱，疑即此一轉變過程之產物。倘此推論不致過謬，則彼時學者實已試圖調和圖讖與經典之間的矛盾對立〔註 55〕；而其解決之法，即是將圖讖附屬於經典之下——一方面維持經典崇高無尙之地位，另一方面亦附予圖讖以「傳記」之功能，故二者乃得以並行不悖。此一調和過程至東漢末年漸趨成熟，在時勢所趨下，鄭玄於是提出「讖」、「緯」之異稱，並以圖讖爲「配經之緯」；圖讖自此亦歸附於經典之下，成爲輔翼經典之著作。

　　如上所述，本文認爲鄭玄「以緯名讖」實乃時之所趨，在此之前類似之觀點當早已存在——換言之，「緯」作爲「配經」之義，當在東漢中期已經出現——只是彼時說者並未將此觀點具現化、或無力將經典與圖讖融合爲一。迄鄭玄以「括囊大典，網羅眾家」的姿態出現，一方面調和今、古文經之爭；另一方面又引緯注經，使圖讖與經典融合爲一。「圖讖」而傳以「緯」名，並合稱爲「讖緯」，自此乃成學界習稱之用法。

〔註55〕　「圖讖」與「經典」的對立，在東漢初年即已略見端倪。如桓譚極言「讖之非經」（《後漢書·桓譚列傳》：頁 961）、尹敏言「讖書非聖人所作」（《後漢書·尹敏列傳》：頁 2558）等等。更有甚者，則主張「收藏圖讖」。如《後漢紀》引華嶠之說云：「是以通儒賈逵、馬融、張衡、朱穆、崔寔、荀爽之徒，忿其若此，奏皆以爲虛妄不經，宜悉收藏之。」（頁 504）

第二節　讖緯之起源及其文本的形成

如前所述，讖緯之學在東漢時期曾蔚爲顯學；不僅帝王好之，學士大夫更是爭學圖緯內學。然此盛極一時之學術思潮究竟「起源」於何時，則眾說紛紜，莫衷一是。另一方面，讖緯之所以風靡一時，除帝王所好有以致之外；就學術層面而言，則必有其賴以立論之基礎。此即涉及讖緯文獻之問題。而論及讖緯文獻，最簡要之法，莫過於從其「篇目」切入，藉以論其文本之大要。今觀學界有關緯書篇目之考訂，雖就總體上來說已有初步之共識；然在細節上仍有不少爭議，尚待進一步釐清。以下試就管見所及，略爲分述如后：

一、讖緯之起源及其問題

讖緯「起源」於何時，歷來之說異見頗多。據鍾肇鵬所論，計有以下十二種：

（一）起源於《河圖》、《洛書》，如劉勰、胡應麟、孫瑴、蔣清翊等。

（二）起源於《易經》，如胡寅、胡玉縉、姜忠奎等。

（三）起源於古之太史，如俞正燮。

（四）起源於太古，如劉師培。

（五）起源於周代，如任道容。

（六）起源於春秋，如孫瑴、顧炎武、全祖望、迮鶴壽等。

（七）起源於孔子，如漢儒之說。

（八）起源於七十子之徒，如錢大昕、王鳴盛、趙在翰、張惠言等。

（九）起源於戰國之末，如胡渭、朱彝尊、汪繼培、姚振宗等。

（十）起源於秦朝，如張九韶、王鳴盛等。

（十一）起源於鄒衍，如金鶚、劉師培、陳槃等。

（十二）起源於西漢之末，如桓譚、張衡等。〔註56〕

以上諸說，或言之邈邈，難以徵信；或以偏概全，難盡其實；或但憑假託，難符其情。諸說之非是，鍾文已駁之甚詳，茲不贅述。然本文認爲，學界持「起源」之說者，蓋或執著於線性邏輯，以爲凡任何思想之產生，必有其最初之根源，而後才發展成今日所見之思想風貌。此一觀點看似合理，實則不然。蓋任何思想體系之形成，必有其「融受」與「創發」之一面：其創

〔註56〕《讖緯論略》，頁 12～26。

發者，固爲某一思想體系成就之所在；而其所融受者，則不宜將此思想體系「割裂」，而後云「某出於某」。讖緯研究，亦復如此。

今觀歷來所述，以讖緯起源於《河圖》、《洛書》者，其說殆以緯書中有《河圖》、《洛書》，而河洛之說又來源甚古，故乃衍爲讖緯起源於《河圖》、《洛書》之議；而以讖緯起源於《易經》者，則著眼於二者皆有「預示吉凶」之效；以讖緯起源於太古者，則著眼於讖緯有「符應」之言；以讖緯起源於春秋（或戰國、秦朝）者，則側重於「讖語」淵源甚古；以讖緯起源於鄒衍者，則強調讖緯中多有陰陽五行之語及天人感應之論。此非將讖緯之說加以「割裂」，而後云「某出於某」乎？此種論證方式，實皆難脫「以偏概全」之蔽，恐不足取。以現存緯書佚文觀之，讖緯具有「驗」之內涵，此乃不爭之事實；而推究「驗」之根源，其說遠可推至太古卜筮之術，近可溯源至殷商甲骨卜辭。然是否可以逕據此類說法，得出讖緯起源於殷商甚或太古之結論？顯然不能。蓋如前所述，並非所有以「驗」爲目的之文字皆可名之曰「讖」；且今日所習稱之「讖緯」，「驗」只是其中一項內容而已，不能一概而論。同理，《河圖》、《洛書》、「祥瑞符應」、「陰陽五行」等，亦皆爲讖緯之組成要素，同爲構成讖緯思想所不可或缺之內容；然「部分」並不等同於「全體」，云讖緯具有上述內容則可，以讖緯源於其中之一，恐難與實際情況相符！

本文認爲，既然讖緯乃彙合各種來源有別之說而成，與其將焦點置於讖緯「起源」於何時，不如將重心移置於今日所見讖緯之思想型態，其「訴求重點」、「主要觀念」與「文本內容」，究竟「形成」於那一時期，或許更有助於說明問題。就讖緯之訴求重點而言，考圖讖之興，原爲論證光武受命之合法性而設；故其論述主軸，乃在於「王者受命之徵驗」此一論題上。而如前所述，「讖」與「王者受命之徵驗」有關，其說乃肇端於成、哀之際；就此而言，可謂讖緯形成於西漢末年。張衡所謂「則知圖讖成於哀平之際也」（《後漢書・張衡列傳》；頁 1912），即是就此立論。而就讖緯之主要觀念而言，以與王命論述有關之說法爲例，讖緯之說乃合「帝王感生」、「聖王異表」、「五德三統」與「祥瑞符命」等各種觀念而成。（說詳本文第五章）這些觀念，皆肇始於漢代以前。而五德之說、祥瑞符命等，更與鄒衍之說密切相關。陳槃以爲讖緯之說源於鄒衍，實即緣此而論。然鄒衍之說以「相勝」立體，讖緯所論則以「相生」爲義；立說基準有別，又如何能說讖緯起源於鄒衍？徐興無不以陳說爲然，並

認為讖緯與鄒衍之說無涉者〔註 57〕，其緣即出乎此。考漢儒依「五德相生」以言「王者受命」之根據，其說最早始於劉向父子「閏統」之論；而如本文第五章所述，此一論述基調，大體而言亦形成於成、哀之際。讖緯之「訴求重點」與「主要觀念」皆「形成」於成、哀之際，是就「理論傳承」的角度而言，或許可謂「讖緯形成於西漢末年」。然就「讖」而名之曰「緯」故有「讖緯」之名的角度來看，此一論斷尚有未諦。蓋「讖」與「經義」有關，其說乃肇始於光武所定「圖讖」；是就「讖緯」與「經義」有關而言，則讖緯之「形成」，又當以光武所定「圖讖」為檢核基準。此即涉及讖緯文獻的形成及其篇目、卷帙等問題。

二、緯書的形成及其篇卷

任何思想體系的形成，除了建構此一思想體系之方法與概念系統外，最重要的，當然就是思想體系所賴以形塑之「文本」。與一般專家之說不同，讖緯文獻因無主名，在認定上本即缺乏明確的判斷基準；再加上讖緯之說久佚，以及學界有關讖緯之義界有別，使得讖緯文獻在認定上又更加困難。然前文業已指出，所謂「讖緯」，實取「讖」而名之曰「緯」之義而來；而名之曰「緯」之「讖」，實即光武所定圖讖。故以下即以光武所定圖讖為基準，對緯書之形成及其篇卷等問題略作說明。

（一）緯書文本主體的形成

檢諸史籍所錄，最早將某些文本裒輯為一，而有今日所謂「讖緯」之「名」及其「實質內涵」者，其說當始於光武建武卅二年（56；或作「中平元年」）。《後漢書‧光武本紀》云：

> 是歲，初起明堂、靈臺、辟雍，及北郊兆域。宣布圖讖於天下。（頁
84）

至於光武所頒圖讖之「卷帙」，前引《後漢書‧祭祀志上》云：

> 皇帝唯慎《河圖》、《雒書》正文。……建武元年已前，文書散亡，舊典不具，不能明經文，以章句細微相況八十一卷，明者為驗；又其十卷，皆不昭晰。

如〈祭祀志〉所言，光武所頒「圖讖」，實分成兩大部份：一是指能與「章句」

〔註57〕說詳徐興無：《讖緯文獻與漢代文化構建》，頁 166～168。

互相發明且有效驗者，此部份含《河圖》、《洛書》正文在內，凡「八十一卷」；一是不能與章句相互發明者，此部份則有「十卷」。以此觀之，光武所定「圖讖」當有「九十一卷」；然後世所論，大體皆以能與章句相互發明者爲主，故習稱「八十一卷」。此「八十一卷」，即後世所謂「緯書（或「讖緯文獻」）」之「主體」。至於此「八十一卷」之確切內容爲何？因原帙已佚，歷來之說間有不同。且相關說法又涉及「篇」、「卷」之問題，致使問題又更加複雜。

（二）緯書之篇卷及其相關問題

如前所述，光武宣布圖讖於天下時，彼時圖讖能與章句相互發明者，凡「八十一卷」。此「八十一卷」，乃就整體而言；若細分之，又有「卷（篇）數」及「篇目」之問題。有關「篇目」之問題，下文另有專節討論，此處先就「卷（篇）數」問題略作說明。

所謂「八十一卷」，東漢中葉以降，又有「河洛五九，六藝四九」之說。蓋謂《河圖》、《洛書》「四十五篇」，六經緯「三十六篇」，合爲「八十一篇」。《後漢書・張衡列傳》云：

> 漢世大禍，八十篇何爲不戒？則知圖讖成於哀平之際也。且河洛六藝，篇錄已定，後人皮傅，無所容竄。（頁1912）

張衡所謂「八十篇」之「河洛六藝」，李賢注引張衡〈上事〉云：「河洛五九，六藝四九，謂八十一篇也。」（頁1913）依李注之意，張衡所謂「八十篇」，殆舉其「整數」而言，實指「八十一篇」。此後論及「八十一卷」者，大體上均以「八十一篇」爲說。如荀悅云：「世稱緯書，仲尼之作也。……然則可謂八十一首，非仲尼之作矣！」〔註58〕《文心雕龍・正緯》云：「有命自天，迺稱符讖，而八十一篇，皆託於孔子。」〔註59〕至《隋志》，乃又衍爲「《河圖》九篇、《洛書》六篇」、「又別有三十篇」、「又有七經緯三十六篇」（頁941）之論。然檢諸前引泰山刻石文、及現存緯書佚文之相關記載，所謂「河洛五九，六藝四九」之「八十一卷」讖緯文獻，在解釋上仍存有若干問題，有待進一步之探討。

就「河洛五九」而言，建武卅二年二月泰山刻石文已明引《河圖赤伏符》、《河圖會昌符》、《河圖合古篇》、《河圖提劉予》、《洛書甄曜度》等篇；則《河

〔註58〕〔漢〕荀悅撰：《申鑒》（臺北：世界書局，1967年9月），頁18。

〔註59〕〔梁〕劉勰撰；周振甫校注：《文心雕龍校注》（臺北：里仁書局，1984年5月），頁49。

圖》、《洛書》在「八十一卷」之中，實毋庸置疑。然《春秋說題辭》云：「《河圖》有九篇，《洛書》有六篇。」〔註60〕是依緯書作者之意，《河圖》、《洛書》但有「十五篇」；與「四十五篇」之數，實相去甚遠。《隋志》或有感於「十五」之數不合「河洛五九」之說，故又別出己意，撰爲「又別有三十篇」之論，以合「四十五篇」之數。這兩種說法，一出於張衡〈上事〉，一出於緯書本文；前者時代去建武卅二年未遠，後者則出於緯書作者所述。取捨之間，恐難有絕對之定論。

　　至於「六藝四九」，其所涉問題又更爲複雜。所謂「六藝」，本指「六經」而言。是依張衡之說，實僅「六經」有「緯」，而其篇數爲「三十六」。鄭注《易乾鑿度》所謂：「言孔子將此應之，而作讖三十六卷。」(頁44) 亦是此義。以此觀之，所謂「《孝經緯》」，似不在「六藝四九」之列。〔註61〕故《孝經右契》云：

　　　　告備於天曰：《孝經》四卷，《春秋》、《河》《洛》凡八十一卷，謹已
　　　　備。」(頁1001)

其說將《孝經》「四卷」與《河圖》、《洛書》等「八十一卷」並列而論，是依緯書作者之意，「《孝經緯》四卷」顯然獨立於光武所定「八十一卷」之外。然前引封禪刻石已明載「《孝經鉤命決》」之文，是依范書所錄，《孝經緯》又當在光武所定圖讖之列。問題是，倘若《孝經緯》已含攝於光武所定圖讖之內，又如何僅言「六藝四九」？而《孝經右契》又何以將《孝經緯》獨立於八十一卷之外？李賢之說或即有感於此，故又撰爲「七緯」之論。其注《後漢書·方術列傳》云：

　　　　七緯者，《易緯》：〈稽覽圖〉、〈乾鑿度〉、〈坤靈圖〉、〈通卦驗〉、〈是
　　　　類謀〉、〈辨終備〉也；《書緯》：〈琁機鈐〉、〈考靈耀〉、〈刑德放〉、〈帝
　　　　命驗〉、〈運期授〉也；《詩緯》：〈推度災〉、〈記歷樞〉、〈含神務〉也；
　　　　《禮緯》：〈含文嘉〉、〈稽命徵〉、〈斗威儀〉也；《樂緯》：〈動聲儀〉、
　　　　〈稽耀嘉〉、〈汁圖徵〉也；《孝經緯》：〈援神契〉、〈鉤命決〉也；《春

〔註60〕安居香山、中村璋八等輯：《緯書集成》，頁861。案：原文缺「河」、「洛」二字，今據《周易正義》補正。(頁157) 下引緯書佚文，若未特別標明出處者，均據此本。

〔註61〕《漢書·李尋傳》注云：「孟康曰：『六緯，五經與《樂緯》也。』張晏曰：『六緯，五經就《孝經緯》也。』師古曰：『六緯者，五經之緯及《樂緯》也。孟說是也。』」(頁3179～3180)

秋緯》：〈演孔圖〉、〈元命苞〉、〈文耀鉤〉、〈運斗樞〉、〈感精符〉、〈合誠圖〉、〈考異郵〉、〈保乾圖〉、〈漢含孳〉、〈佑助期〉、〈握誠圖〉、〈潛潭巴〉、〈說題辭〉也。（頁 2721～2722）

如李注所云，則「七緯」篇目似已斑斑可考，毋庸再議。考《後漢書·張純列傳》有「七經讖」（頁 1196）之稱，「七緯」之說，或即緣此而來。然經典有「六」，緯名有「七」，於理顯有未諦。李注所云，似有藉「七緯」以含攝「六藝四九」之意。然「六藝」有「三十六篇」，「七緯」則僅「三十五篇」，這又作何解釋？又，《後漢書·黨錮列傳》李賢注云：「孔子作《春秋緯》十二篇。」（頁 2201）然上引《春秋緯》明有「十三篇」，此又何故？再者，《後漢書·張衡列傳》李賢注又引「《春秋內事》」（見頁 1903）；則此篇是否亦為《春秋緯》之一？而《後漢書·律曆志中》載東漢末年論曆之事，諸家所述又屢引《春秋命曆序》之說（見頁 3033、3038～3039），是〈命曆序〉亦當為古緯之一；然李賢注〈方術列傳〉未引此篇，原因何在？

除此之外，其他如《論語讖》八卷、《尚書中候》十八篇等，這些篇目又當如何解釋？是《論語讖》、《尚書中候》亦內含在「八十一卷」之中？抑或《論語讖》、《尚書中候》乃張衡所謂「後人皮傳」者？又或者《論語讖》、《尚書中候》乃出於〈祭祀志〉所謂「不昭晰」之「十卷」？還是當如王應麟所云，「《尚書中候》、《論語讖》，皆在七緯之外。」〔註 62〕然《白虎通》已徵引《論語讖》及《尚書中候》之文〔註 63〕，而《尚書緯》又明指「孔子求書，得黃帝玄孫帝魁之書，迄秦穆公，凡三千二百四十篇。斷遠取近，定可以為世法者百二十篇。以百二篇為《尚書》，十八篇為《中候》。」（頁 390）是《論語讖》、《尚書中候》又不全是後出之書。此外，所謂「《尚書中候》十八篇」，此「十八篇」究竟是獨立之十八篇，抑或是《尚書緯》別有十八篇名之曰「中候」？

以上種種疑問，黃復山以為係後世將官定「八十一卷」傅會為「八十一篇」所致；並進一步指出：「讖緯原本以卷數為準，每卷所含篇數不定，而篇數的多寡，在東漢時期並無實質意義。」〔註 64〕檢諸史籍所錄，古籍之中確

〔註 62〕〔宋〕王應麟撰：《困學紀聞》（瀋陽：遼寧教育出版社，1998 年 3 月），卷 8，頁 189。

〔註 63〕〔漢〕班固撰；〔清〕陳立疏證：《白虎通疏證》（北京：中華書局，1994 年 8 月），卷 6，〈辟雍〉，頁 255；卷 1，〈爵〉，頁 30。

〔註 64〕說詳黃復山：〈讖緯文獻學方法論〉，收入周彥文主編：《文獻學研究的回顧與

有一卷之內包含若干篇的例子。如《漢志》云：「《爾雅》三卷，二十篇。」（頁1718）以此觀之，黃文所述似言之成理。然而，光武之所以盛重其事將圖讖宣布於天下，除政治上之目的外，另一項重要因素，即是希望能將圖讖與經義結合，使天下學者皆以圖讖為依歸。此一企圖雖未獲實現，然於理而言，倘光武所定圖讖「每卷所含篇數不定」，則學者論學又當何所依循？從此一角度來說，黃文所論，似仍有待斟酌。且如張舜徽所云，古人在「還沒有發明人工造紙術以前，最初記載語言文字的工具，是採用竹簡和木板。……古代所用木版，一般只施用於彼此通訊的信札。至於書寫，便專用竹簡。所以『篇』、『簡』等字，都是從竹。《說文》：『簡，牒也。』『篇，書也。』這樣，便是一塊竹片稱『簡』，許多竹簡編攏來才稱『篇』。後來人事日繁，感到竹簡上不能寫多少字，於是兼用縑帛。一直到漢代，還是竹帛並行。由於縑帛寫書，可以收捲，較竹簡易保存，於是漢代以後漸廢簡編而行卷軸。『卷』的名稱，取舒卷之義。『卷』和『篇』最初是區別不大的。」〔註65〕既然「篇」、「卷」於漢代並無實質之差別，則「八十一卷」實即「八十一篇」；故才有張衡所謂「河洛五九，六藝四九，謂八十一篇也」之論。因此，問題的關鍵恐不在於「篇」、「卷」之別，而在於光武宣布圖讖於天下之後，後人究竟「增益」了那些內容？蓋如《隋志》所云：「漢時，又詔東平王蒼，正五經章句，皆命從讖。俗儒趨時，益為其學，篇卷第目，轉加增廣。」（頁941）然光武所定「八十一卷」原帙已佚，今所見篇卷第目及後世所輯佚文，究竟那些是官定「原本」，那些是後人「增益」？恐難有一定之檢證標準。而鄭玄所注群緯是否僅依官定「原本」？就目前所能掌握之資料而言，恐亦難有定論。

　　以上乃就官定圖讖而言，至於今日所見緯書篇卷，則不能排除因某緯文字較多，而將一卷析分為若干篇之可能。以《易緯》為例，《七錄》云「梁有九卷」，然《隋志》僅錄「八卷」；此一卷之差，或可歸因於古籍散佚所使然。然兩《唐志》錄《易緯》「九卷」，卷帙竟合於《七錄》所錄（以上諸書所錄篇卷，說詳〈附錄二〉）；是《隋志》所短少之一卷乃「失而復得」？抑或宋人所見《易緯》，其分合已與唐人所見有別？文獻有闕，難以稽考；但「分合有別」，當

展望——第三屆中國文獻學學術研討會論文集》（臺北：臺灣學生書局，2002年3月），頁569～570。

〔註65〕張舜徽：《中國古代史籍校讀法》（臺北：里仁書局，1988年10月），頁30。類似論點，另參昌彼得：〈目錄學的體制〉，收入吳福助編：《國學方法論文集》（臺北：文史哲出版社，1984年10月），頁228～229。

是主要原因之一。

　　至於《孝經緯》、《論語讖》與《尚書中候》之問題，本文認爲此數種原已內含於光武所定圖讖之中；然東漢中期以後，圖讖因漸涉及經義，但此三種因無「經」可配〔註66〕，故乃於「配經之緯」之外另成系統。《孝經緯》、《論語讖》與《尚書中候》，或許就在「無經可配」的情況下，逐漸成爲「六緯」以外之「單行本」。也正因爲此數種別本單行，故又衍爲「《孝經緯》四卷」、「《論語讖》八卷」、「《尚書中候》十八篇」之說。當然，這只是本文之「推測」而已；實際情況是否如此，仍有待進一步之探討。

第三節　歷來所見緯書篇目考略

　　讖緯之學，其說久佚。明清以來，在前輩學人鍥而不捨的蒐羅之下，讖緯文獻方得以「較完整」之形態復見於世。〔註67〕然而，雖說明清以來讖緯輯佚之作不斷，所輯佚文亦漸次增多；惟諸家所輯，篇目間有不同；所收佚文，歸屬亦或有別；取捨之間，頗有難以兼得之憾。然思想研究首重史料之「甄別」，如何以「眞實」之史料探究先哲思想之底蘊，更是從事思想研究者所必堅持之信念。因此，今欲以讖緯爲研究對象，則讖緯文獻之考訂，實乃不可或缺之要務。就讖緯研究而言，所謂「文獻考訂」，主要包含兩方面：「佚文之考辨」與「篇目之釐定」。前者所涉及之層面太廣，實非筆者能力之所及，擬留待日後進一步探討。至於篇目之釐定，民國以來，學界在此一論題上已累積了大量的研究成果，其中用力最勤且成績斐然者，首推陳槃；其說今已裒集成冊，名曰《古讖緯研討及其書錄解題》。除此之外，在近人之相關研究中，日本學者安居香山、中村璋八二氏，以其整理讖緯文獻之所得，於《緯書集成》〈解說〉一文，在緯書篇目之考述上亦頗有所見；鍾肇鵬《讖緯論略》

〔註66〕《論語》、《孝經》在漢代乃屬「傳記」之類，故《論語讖》、《孝經緯》「無經可配」，此乃不爭之事實。至於《尚書中候》，如前引《尚書緯》所云，此十八篇乃孔子「斷遠取近」所定下之篇目，原非用以解釋《尚書》；故《尚書中候》亦本非配《尚書》之「緯」。

〔註67〕有關明清以來讖緯文獻輯佚之介紹與探討，請參閱鍾肇鵬：《讖緯論略》，第十一章，〈讖緯的輯佚和研究〉，頁246～280；李梅訓、莊大鈞：〈讖緯文獻的禁毀和輯佚〉，《山東大學學報》，2002年第1期（2002年1月），頁41～44；李梅訓：〈讖緯文獻輯本研究〉，收入周彥文主編：《文獻學研究的回顧與展望──第三屆中國文獻學學術研討會論文集》，頁165～184。

對此亦有不少精闢之見解；而殷善培《讖緯思想研究》在此一論題上雖以陳、鍾二氏爲本，然所論亦迭出新意，語多可探。此諸家所論，皆爲本文重要之取資對象。

　　爲便下文討論，本文已根據朱彝尊《經義考》、中村璋八〈現存緯書篇目一覽表〉、安居香山等《緯書集成》所輯篇目、明清諸家輯本所錄、以及近代學者所論略作整理，列〈歷來所見緯書篇目一覽表〉於〈附錄二〉，以爲分析、考述之基準。如〈附錄二〉所示，歷來所見緯書篇目計三四二種，其中《論語讖》八種，主要見於唐人著作之引述；因此「八種」正符《七錄》所錄宋均注「八卷」，歷來對此均無二辭。本文所見無出前人之右，茲不贅述。其餘緯書篇目，茲參酌前賢所論，略爲考述如後：

一、易緯

　　如〈附錄二〉所示，歷來所見《易緯》篇目凡七十三種。其中序次 047～073 等廿七種，見《易緯》〈乾坤鑿度〉及鄭注說引。然據歷代學者考證，《易緯》〈乾坤鑿度〉應爲宋人輯綴而成，並非古緯之舊。〔註68〕既然〈乾坤鑿度〉並非古緯之舊，則其所列篇目，亦恐非古緯所有。除此廿七種及〈乾坤鑿度〉外，其餘四十五種，〈乾鑿度〉、〈稽覽圖〉、〈是類謀〉、〈辨終備〉、〈通卦驗〉、〈坤靈圖〉等，其說或見後漢典籍徵引，且書目紀錄相當完整；而《後漢書・方術列傳》李注所引《易緯》篇目亦正是此六種，其爲古緯之舊，殆無問題。其餘卅九種，茲分述如下：

（一）乾元序制記〈（附錄二〉；序次 008）

　　〈乾元序制記〉一種，《四庫全書總目》云：「疑本古緯所無，而後人於各緯中，分析以成此書。」（頁70）今據學者考證，此篇應出宋人之手，而非古緯原貌。〔註69〕雖然如此，學界仍有主張〈乾元序制記〉爲古緯之舊者。如

〔註68〕說詳鄭瑞全、王冠英編：《中國僞書綜考》（合肥：黃山書社，1998 年 7 月），頁 46～49。雖然如此，學界仍有主張〈乾坤鑿度〉爲古緯之舊者。如冷熙德認爲：「辨其文體，雖聱牙不易曉亦近古人，多言象數神話，適合乎緯書思想體系。」（說見：《超越神話──緯書政治神話研究》〔北京：東方出版社，1996 年 5 月〕，頁 64。）今案：該書從文辭與內容的角度切入，認爲〈乾坤鑿度〉合於緯書之思想體系。然文辭與內容之判斷缺乏明確的檢驗標準，能否據此斷定〈乾坤鑿度〉之眞僞，似有待商榷。今仍從學界一般之說法。

〔註69〕說詳鄭瑞全、王冠英：《中國僞書綜考》，頁 60。

李學勤〈論《易緯‧乾元序制記》〉一文即持此義。其說涉及版本源流、文獻徵引、文本組織及成書年代等四大層面，茲擇要引述如下：

1、版本源流：《玉海》所錄《易緯》鄭注有不同傳本，其中一種當有〈乾元序制記〉。

2、文獻徵引：孔穎達《詩經正義》引〈筮類謀〉：「文王比隆興，始霸、伐崇、作靈臺。受赤雀丹書，稱王制命，示王意。注云：入戊午蔀二十九年，時赤雀銜丹書而命之」云云，今見〈乾元序制記〉，惟文字稍異，足證〈乾元序制記〉之文曾爲唐人所見。

3、文本組織：〈乾元序制記〉有嚴謹的組織結構，並非分析各緯或以殘本合編而成。

4、成書年代：〈乾元序制記〉體現了孟喜之說，然未受京房之學的影響，故其成書年代較早。〔註70〕

以上四點，是該文證成〈乾元序制記〉「不僞」的主要論據。然細覈其說，似仍有論據不足之憾：

（1）就版本源流而言：該文所論僅以《玉海》所錄爲據，然於隋唐諸《志》未錄〈乾元序制記〉一事卻避而不談。如此截斷眾流之處理方式，又如何能證明〈乾元序制記〉爲古緯之舊？在〈乾元序制記〉之版本源流尚未釐清前，似不宜驟然下此判斷。

（2）就文獻徵引而言：《詩經正義》所引「文王比隆興，始霸，伐崇，作靈臺，受赤雀丹書，稱王制命，示王意」一節，其文明作「〈筮類謀〉」語；是唐人所見爲〈筮類謀〉，而非〈乾元序制記〉。該文據此論定唐人曾見〈乾元序制記〉，顯有「偷換篇題」之嫌，不足據信。

（3）就文本組織而言：現存緯書佚文大體斷簡殘篇，〈乾元序制記〉之版本源流不詳，但卻有嚴謹的組織架構，相對於書目紀錄完整但組織架構不是那麼嚴謹的《易緯》諸篇而言，則〈乾元序制記〉的「嚴謹」，適足以啓人疑竇。

（4）就成書年代而言：該文以爲〈乾元序制記〉未受京房影響，故其成書年代應該較早。然京房學說未影響〈乾元序制記〉，最多僅能證

〔註70〕說詳：〈論《易緯‧乾元序制記》〉，收入唐元明編：《當代學者自選文庫》（合肥：安徽教育出版社，1995 年 5 月），〈李學勤卷〉，頁 566。

明〈乾元序制記〉之內容與京房有異；是否足以證明其成書年代早於京房，則恐流於主觀認定，難以盡從。

如上所述，李文之說雖別開生面，然該文所提論據，似乎仍不足以證明〈乾元序制記〉為古緯之舊。在未有確切證據之前，似不宜驟然將之列入古緯之林。

（二）易傳、易內傳、易內篇 （〈附錄二〉；序次 009～011）

以上三種，《易傳》、《易內傳》見《後漢書‧郎顗列傳》說引；至於《易內篇》，明清諸家僅喬松年據《天中記》所引輯得佚文一則。〔註71〕

今案：《後漢書‧郎顗列傳》引《易傳》、《易內傳》之說各四則。其引《易傳》云：

> 有貌無實，佞人也；有實無貌，道人也。（頁 1059）

> 公能其事，序賢進士，後必有喜。（頁 1064）

> 當雷不雷，太陽弱也。（頁 1072）

> 陽無德則旱，陰潛陽亦旱。（頁 1074）

又引《易內傳》曰：

> 凡災異所生，各以其政。變之則除，消之亦除。（頁 1054）

> 久陰不雨，亂氣也，蒙之比也。蒙者，君臣上下相冒亂也。（頁 1055）

> 欲德不用，厥異常陰。（頁 1055）

> 人君奢侈，多飾宮室，其時旱，其災火。（頁 1058）

〈郎顗列傳〉所引《易傳》，其中第一則與第三則又見《易稽覽圖》（見頁 136、122）；而所引《易內傳》，其中第一則，李賢注引《易稽覽圖》云：

> 凡異所生、災所起，各以其政。變之則除，其不可變，施之亦除。（頁 1054）

依李注所引觀之，〈郎顗列傳〉所引《易內傳》，當與《易稽覽圖》有某種程度之關連性。〈郎顗列傳〉所引《易傳》、《易內傳》，其中三則明顯與《易稽覽圖》有關；職是之故，歷來之說或有以此三種為「異名同實」者。如錢大昕云：

> 此書首言甲子卦氣起中孚。……漢人引此書者，或稱《中孚經》、或

〔註71〕〔清〕喬松年輯：《緯攟》，收入上海古籍出版社編：《緯書集成》（上海：上海古籍出版社，1994 年 6 月影印光緒四年強恕堂初刊本），頁 1416。

稱《中孚傳》、或稱《易內傳》、或稱《易傳》。〔註72〕
除錢大昕外，近代學者則認爲《易傳》、《易內傳》、《易內篇》當爲泛引《易緯》之文。如陳槃以爲，「《易傳》」、「《易讖》」、「《易緯》」之涵義並無不同，皆爲泛引《易緯》之文。〔註73〕鍾肇鵬亦指出，漢代稱緯書爲「內學」，故引《易緯》稱爲「《內傳》」、「《內篇》」；此乃泛引《易緯》之文，非別有一書專名爲「《內傳》」、「《內篇》」者。〔註74〕依陳、鍾二氏所論，則此三種當爲泛引《易緯》之文，而非緯書篇目。〔註75〕

如上所述，《易傳》、《易內傳》、《易內篇》三種，或爲《易稽覽圖》之別稱，或爲泛引《易緯》之文，以之爲緯書篇目，恐難盡從。

（三）易中孚傳（〈附錄二〉；序次 012）

《易中孚傳》一種，明清諸家或據《後漢書‧郎顗列傳》所引「《易中孚傳》：『陽感天，不旋日。』」（頁 1058）之說輯錄。

今案：《後漢書‧郎顗列傳》所引《易中孚傳》，王先謙《後漢書集解》引錢大昕曰：「此《易稽覽圖》之文也。其書首言甲子卦氣起中孚，故漢儒謂之《中孚傳》。」（頁 375）王氏所引錢大昕語，與前文所錄當是一事；惟詳略有別，疑王氏僅舉其大意而已。又，《後漢書‧郎顗列傳》所引《易中孚傳》，相同文字，《後漢書‧周舉列傳》（見頁 2026），蔡邕〈對詔問災異〉、〈對策問旱災〉及《資治通鑑》等均引作「《易傳》」曰。〔註76〕《資治通鑑》所謂「《易傳》」，胡省三注云：「《易稽覽圖中孚傳》曰……。」此外，《後漢書‧楊賜列傳》引《中孚經》曰：「兌之比，無德以色親。」（頁 1780）李賢注云：「《易稽覽圖中孚經》之文也。」（頁 1781）李賢注以「〈稽覽圖〉」與「《中孚經》」並稱，

〔註72〕 〔清〕錢大昕撰：《潛研堂文集》（臺北：臺灣商務印書館，1979 年 11 月，《四部叢刊正編》本），卷 24，〈易稽覽圖序〉，頁 214。

〔註73〕 《古讖緯研討及其書錄解題》，頁 548。

〔註74〕 《讖緯論略》，頁 64。

〔註75〕 除此之外，洪春音則認爲東漢之世的《易緯》，其書名及內容，部份仍處在流動狀態：彼時《易稽覽圖》名稱不定，或爲《易內傳》、或爲《易中孚傳》。（說詳：《緯書與兩漢經學關係之研究》，頁 285。）洪氏所論，就《易稽覽圖》之名甚爲「晚起」這點而言（如〈附錄二〉所示，「《易稽覽圖》」之名，最早見於《北史‧王劭傳》），其說亦言之成理。

〔註76〕 〔清〕嚴可均輯：《全上古三代秦漢三國六朝文》（北京：中華書局，1995 年 1 月），《全後漢文》，頁 856、797；〔宋〕司馬光主撰：《資治通鑑》（臺北：西南書局，1982 年 9 月），頁 1674。

胡注則以「《易稽覽圖中孚傳》」釋「《易傳》」；若參照前文所論，則《易中孚傳》亦當是〈稽覽圖〉之別稱，非《易緯》中別有一篇名為「《易中孚傳》」者。〔註77〕

（四）易九厄讖（〈附錄二〉；序次013）

《易九厄讖》一種，明清諸家僅《古微書》輯得佚文四則。除此之外，《經義考》卷263〈毖緯一〉引王應麟曰：「〈三統曆〉引《易九厄》。」並據以著錄，亦題為「《易九厄讖》」。（見頁1358）孫氏所輯《易九厄讖》佚文，為便討論，茲引錄如下：

> 聰明蔽塞，政在臣下。婚戚干朝，君不覺悟，虹蜺貫日。

> 君舒怠，臣下有倦，白黑不別，賢不肖並，不能憂民急，氣為之舒緩，草不搖。

> 主失禮煩苛，則旱之，魚螺變為蝗蟲。

> 三統是為元歲，元歲之閏，陰陽災。……〔註78〕

以上四則，其中第一則係《後漢書‧五行志》劉昭注引「易讖」之文（見頁3373～3374）；而二、三兩則乃《後漢書‧五行志》劉昭注引「讖曰」之語（見3292、3318）。以此觀之，孫氏所輯，恐有妄題之嫌。且如上文所述，所謂「易讖」，實乃泛引《易緯》之文，非謂《易緯》中別有一篇名為「〈易讖〉」者。而「讖曰」之說，義當同此。至於第四則，其文見《漢書‧律曆志》說引。然今檢《漢書‧律曆志》，其文明作「易九戹曰」（見頁984），並無「讖」字。孫氏所錄，亦有妄增之嫌。又，《漢書‧律曆志》所謂「易九戹曰：初入元，百六，陽九。……」云云，孟康注曰：「《易傳》也。所謂陽九之戹，百六之會者也。」（頁986）《文選》卷6〈魏都賦〉注引《漢書》則云：「陽九厄曰：初入，百六，陽九。」又引《一切經音義》云：「《易傳》所謂陽九之厄。」（頁96）如孟康及李善注所云，則《漢書‧律曆志》所謂「易九戹」，在解釋上似存有兩種不同之可能性：

1、《文選》注引《漢書》作「陽九厄」，則今本作「易九」，似有脫誤。
蓋「陽」古字作「昜」，《說文》云：「昜，開也。」段注：「此陰陽正

〔註77〕　另參鍾肇鵬：《讖緯論略》，頁64。

〔註78〕　〔明〕孫瑴輯：《古微書》，收入上海古籍出版社編：《緯書集成》（上海：上海古籍出版社，1994年6月影印《文淵閣四庫全書》本），頁247。

字也。陰陽行而盦易廢矣！」（頁 458）今本作「易」，或因字形相近而訛。「陽九」者，蓋喻遭遇厄運、劫難。〔註79〕亦即孫瑴所謂「數積九六而必窮，故天地有劫災，世運有屯厄」（頁247）之義。而《漢書·律曆志》所謂：「初入元，百六，陽九。……經歲四千五百六十，災歲五十七」之說，正與此義相合。從此一角度來說，李注所引，似非無據。喬松年《緯攟》則以為：「『九厄』是班孟堅之語，謂《易》所言九厄云爾，非篇名也。孫氏以為篇名且增一讖字，誤而妄矣。」（頁1542～1543）喬氏所論，就《漢書·律曆志》前後文意觀之，亦可備一說，茲附誌於此。

2、《漢書·律曆志》所謂「易九厄」，孟康及《一切經音義》均以「《易傳》」作解。然今本《易傳》並無「初入元，百六，陽九」之文，則孟康等所謂之「《易傳》」，當或另有所指。而如前所述，漢儒引《易稽覽圖》，或稱《中孚經》、或稱《中孚傳》、或稱《易傳》；而〈稽覽圖〉所述以節候應徵及推軌之術為主，又與「易九厄」「次三百七十四，陰九；四百八十，陽九……」之說若合符節。以此觀之，所謂「易九厄」，或許亦是《易稽覽圖》之別稱。

如上所述，《漢書·律曆志》所謂「易九厄」云云，雖說文獻有闕，難以詳論；然就現有之些許線索來看，其說或指遭遇厄運，或為〈稽覽圖〉之別稱，或乃泛引《易緯》之文，以之為《易緯》篇目，恐難盡從。

（五）易天人應（〈附錄二〉；序次014）

《易天人應》一種，明清諸家或據《後漢書·郎顗列傳》所引「《易天人應》曰：『君子不思遵利，茲謂無澤，厥災孽火燒其宮。』又曰：『君高臺府，犯陰侵陽，厥災火。』又曰：『上不儉，下不節，炎火並作燒君室。』」（頁1054）之說輯錄。

今案：《後漢書·郎顗列傳》所載郎顗有關災異之論，其說首引《易內傳》，次引《易天人應》，其餘依次援引《易內傳》、《易中孚傳》與《易傳》，藉此闡述天人相應之理。然如前所云，漢儒引《易稽覽圖》，或稱《中孚經》、或

〔註79〕 如《漢書·食貨志》云：「莽恥為政所致，乃下詔曰：『予遭陽九之厄，百六之會，枯旱霜蝗，饑饉荐臻，蠻夷猾夏，寇賊姦軌，百姓流離。予甚悼之，害氣將究矣。』」（頁1145）〈王莽傳〉則云：「惟陽九之厄，與害氣會，究于去年。」（頁4175）此皆以「陽九」為遭遇劫難之意。

稱《中孚傳》、或稱《易傳》；以此觀之，則郎顗所論，似皆以〈稽覽圖〉爲依歸。既然郎顗於《易天人應》之前後俱引〈稽覽圖〉之說，且所引不逕稱〈稽覽圖〉而用其「異稱」；則廁於其間之《易天人應》，或許亦是〈稽覽圖〉之別稱。蓋〈稽覽圖〉所論以天人相應爲基調，由此而取其別稱爲「〈天人應〉」，似乎不無可能。惟文獻有闕，茲暫存之。〔註80〕

（六）易大傳〈〈附錄二〉；序次 015〉

《易大傳》一種，明清諸家僅《古書拾遺》據《漢書・郊祀志》所引「《易大傳》曰：『誣神者殃及三世』」之說採摭。〔註81〕

今案：漢儒習稱〈繫辭〉爲《易大傳》。如《史記・太史公自序》云：「《易大傳》曰：『天下一致而百慮，同歸而殊塗。』」（頁 3288）然〈郊祀志〉所引「誣神者殃及三世」（見頁 1258），並未見於今本《易傳》；以此觀之，〈郊祀志〉所引「《易大傳》」與今本〈繫辭〉當爲二事。李心傳云：「司馬談〈論六經要指〉引『天下殊塗而同歸，一致而百慮』，謂之《易大傳》；此今〈繫辭〉下傳中語也，故相承以〈繫辭傳〉爲《大傳》。然劉向〈封事〉引《易大傳》曰：『誣神者殃及三世。』此豈〈繫辭傳〉中語乎？意者秦漢諸儒自爲《易大傳》，如伏生《尚書大傳》之比，其間引〈繫辭〉之文，而談不考詳，誤以爲《大傳》耳。」〔註82〕其說亦不無可能，惟文獻有闕，無法詳作論斷。又，《文獻通考・經籍考》云：「《漢書》所引〈泰誓〉云：『誣神者殃及三世』。」（頁 1530）似又認爲「誣神者殃及三世」之說出於《尚書・泰誓》，然今本《尚書》亦無此文，不知來源爲何。文獻有闕，茲附誌於此！

（七）易傳太初篇〈〈附錄二〉；序次 016〉

《易傳太初篇》一種，明清諸家僅喬松年《緯攟》輯得佚文一則，云出《後漢書・祭祀志》。（見頁 1416）今檢《後漢書》，其說見劉昭注引，並非《後漢書》本文；喬氏所錄，當屬誤記。《緯書集成》據《緯攟》輯錄，但仍沿喬說之誤而未加改正，實失之粗略；且又將「《易傳太初篇》」改爲「《易緯・太

〔註80〕　案：殷善培以爲《易天人應》應是《易緯》八種之一。（《讖緯思想研究》，頁 66）
　　　　　然所論未詳述理據，似難以盡從。

〔註81〕　〔清〕林春溥輯：《古書拾遺》（臺北：世界書局，1963 年 4 月，《竹柏山房箚記》本），卷 3，頁 37。

〔註82〕　〔宋〕李心傳撰：《丙子學易編》（臺北：臺灣商務印書館，1986 年 3 月，《文淵閣四庫全書》本），第 17 冊，頁 789。

初篇》」,亦失之過當。又,歷來之說鮮有論及《易傳太初篇》之歸屬問題者,然《易傳太初篇》已見引於蔡邕〈明堂論〉〔註83〕,而《後漢書・祭祀志》劉昭注亦曾徵引該篇之文,則此篇爲後漢典籍,應無疑問。《經義考》卷 263〈惎緯一〉以爲此篇「當亦是緯書」〔見頁 1330〕,然未詳述理據。文獻有闕,茲暫存之。

(八)易通統圖、易通流圖 (〈附錄二〉;序次 017、018)

《太平御覽》卷 18、21、24、26〈時序部〉引《易通統圖》云:「日行東方青道曰東陸,日行南方赤道曰南陸,日行西方白道曰西陸,日行北方黑道曰北陸。」〔註84〕明清諸家據以採摭,然篇題或作「《易緯》」(如孫瑴、喬松年),蓋或以之爲泛引《易緯》之文。《經義考》卷 263〈惎緯一〉亦據以著錄,然同書卷 13〈經部〉「易類」,朱彝尊又錄「《易通統圖》」〔見頁 84〕一種。前者以《易通統圖》爲「緯」,後者以《易通統圖》爲「經」,二說相去甚遠。《經義考》此種「同書互見」之情況,楊果霖認爲原因有五:1、書名接近;2、作者姓氏接近;3、卷帙判定不同;4、性質難定;5、書名繁簡不同。〔註85〕該文雖未指出《易通統圖》之所以互見的原因,然衡諸該文所述,竊以爲當與朱彝尊對《易通統圖》之「性質」的判斷有所疑慮有關。然《隋志》將《易通統圖》列入「五行類」而非「讖緯類」,則《易通統圖》是否爲緯書,實不無疑問。〔註86〕又,新美寬引「春日,日行東方青道曰東陸;夏日,日行南方赤道曰南陸;秋日,日行西方白道曰西陸;冬日,日行北方黑道曰北陸」云云,題爲「《易通流圖》」。〔註87〕今觀佚文內容,實與前引《太平御覽》之說相同,僅文字略有小異;且「流」、「統」字形相近,疑因輾轉傳鈔而訛。

〔註83〕《全後漢文》,頁 902。

〔註84〕〔宋〕李昉等輯:《太平御覽》(北京:中華書局,1960 年 2 月),頁 221、230、243、251。

〔註85〕楊果霖:《朱彝尊經義考研究》(臺北:私立中國文化大學中國文學研究所博士論文,1990 年 6 月),頁 376~377。

〔註86〕殷善培認爲,今存《易通統圖》佚文,其說與《禮記・月令》鄭注所謂:「日之行,春東從青道,發生萬物,月爲之佐」、「日之行,夏南從赤道,長育萬物,月爲之佐」、「日之行,秋西從白道,成熟萬物,月爲之佐」、「日之行,冬北從黑道,閉塞萬物,月爲之佐」頗爲類似,當同屬「卦氣記曆」一類之著作。說詳:《讖緯思想研究》,頁 70。

〔註87〕〔日〕新美寬編、鈴木隆一補:《本邦殘存典籍による輯佚資料集成》(京都:京都大學人文科學研究所,1968 年 3 月),頁 82。

（九）易卦氣圖（〈附錄二〉；序次 019）

《易卦氣圖》一種，明清諸家僅朱彝尊《經義考》卷 263〈毖緯一〉引張行成曰：「楊子雲《太玄》，其法本於《易緯・卦氣圖》。卦氣圖之用，出於孟喜章句。」（頁 1330）並據以著錄。殷善培則認為，張行成所謂「《易緯・卦氣圖》」，應指《易緯》中的「卦氣圖」──即〈通卦驗〉，而非另有一篇名為〈卦氣圖〉者。〔註 88〕

今案：就朱氏所引張行成語觀之，張說本已明云「卦氣圖之用，出於孟喜章句」；是所謂「卦氣圖」，本就理論架構而言──蓋指《易緯》中之「卦氣圖」。朱氏以之為《易緯》篇名，顯然誤解張說之意。至於殷氏所論，檢諸兩漢卦氣理論之發展，其說可從。蓋《易緯》所論，原以孟喜、京房之說為本；而《太玄》所述，又本之於孟喜〔註 89〕；且就《太玄》所建構之「擬日卦星節候圖」觀之，其說又與孟喜「卦氣圖」、〈通卦驗〉「卦氣圖」有著「結構」上的一致性。〔註 90〕既然《太玄》所論與孟喜、〈通卦驗〉有關，以張行成所謂「卦氣圖」為〈通卦驗〉，實亦言之成理。

（十）易神靈圖（〈附錄二〉；序次 020）

《易神靈圖》一種，明清諸家僅王仁俊據《稽瑞》所引「王者德至時，五星若連珠」及「至德之朝，日月連璧，朔望最密。日月如合璧，五星如連珠」之說採摭。〔註 91〕然今檢《稽瑞》本文，前者作「《易坤靈圖》」，後者作「《易神靈圖》」。〔註 92〕就前者而言，王氏顯屬誤記；就後者而言，鍾肇鵬以為「神」、「坤」字形相近，當為展轉傳鈔而訛。〔註 93〕其說甚是。

〔註 88〕《讖緯思想研究》，頁 80。

〔註 89〕說詳朱伯崑：《易學哲學史》，第 1 卷，頁 161～162；鍾肇鵬：《讖緯論略》，頁 173～174；鄭萬耕：《揚雄及其太玄》（臺北：藍燈文化事業股份有限公司，1992 年 9 月），頁 76。

〔註 90〕相關圖表請參閱鄭萬耕：《揚雄及其太玄》，頁 78、72；冷熙德：《超越神話》，附錄四，〈卦氣說及其神話特徵〉，頁 328。

〔註 91〕〔清〕王仁俊輯：《玉函山房輯佚書續編》（上海：上海古籍出版社，1989 年 1 月影印上海圖書館藏本），頁 75。

〔註 92〕〔唐〕劉賡輯：《稽瑞》（北京：中華書局，1987 年，《叢書集成初編》本），頁 67、92。

〔註 93〕《讖緯論略》，頁 63。

（十一）易統驗玄圖、易通卦驗玄圖、易統通卦驗玄圖（《附錄二》；序
　　　　　　次 021～023）

以上三種，歷來之說異解頗多。茲分述如下：

1、就《易統驗玄圖》與《易統通卦驗玄圖》而言：

《太平御覽》卷 1000〈百卉部〉引《易統驗玄圖》云：「荔挺不出，則國多火災。」（頁4556）同類佚文，又見今輯佚所得之《易通卦驗》（見頁249），而《顏氏家訓・書證》引此文，篇題則作「《易統通卦驗玄圖》」。〔註94〕佚文相同，而諸書所引篇題有別；則《易統驗玄圖》與《易統通卦驗玄圖》或當爲繁簡不同之稱謂。篇題有別，其實則一。

2、就《易通卦驗玄圖》與《易統通卦驗玄圖》而言：

《顏氏家訓・書證》引《易統通卦驗玄圖》：「苦荬生於寒秋，更多歷春，得夏乃成。」（頁377）然據王利器《集解》所云，相同佚文，《爾雅・釋草》、《釋文》、《重修政和經史證類備用本草》、《離騷草木疏》引均無「統」字（見頁377）；《日知錄》卷 10 引該文亦同。〔註95〕據此而言，《易通卦驗玄圖》與《易統通卦驗玄圖》當爲同一篇目之不同稱謂。

3、綜上所述，既然《易通卦驗玄圖》與《易統通卦驗玄圖》爲同一篇目之不同稱謂，且此二篇所見佚文又同於《易統驗玄圖》；準此而言，則《易統通卦驗玄圖》、《易通卦驗玄圖》、《易統驗玄圖》當爲繁簡不同之稱謂；篇題有異，實則無別。

此外，前引《易統驗玄圖》佚文又見《易通卦驗》；此一情況，若依《易統通卦驗玄圖》＝《易通卦驗玄圖》＝《易統驗玄圖》之例，則《易通卦驗》與此三種或亦當是繁簡不同之稱謂。〔註96〕然而，《易通卦驗》與上述三種果真毫無差別嗎？單以「篇題」而論，以上三種均以「玄圖」爲名，與「通卦驗」之稱明顯有別；以之爲同一篇目之不同稱謂，似有推求太過之虞。此外，安居香山曾指出，《易統通卦驗玄圖》於日本《通憲入道藏書目錄》中記爲「《易通統卦驗玄圖》」；其中「通統」二字可能爲「緯通」之誤鈔，而其內容當與

〔註94〕〔北齊〕顏之推撰：王利器集解：《顏氏家訓集解》（上海：上海古籍出版社，1983 年 12 月），頁 384。
〔註95〕〔清〕顧炎武撰：《日知錄》（臺北：文史哲出版，1979 年 4 月），頁 219。
〔註96〕殷善培即有此一說法。說詳：《讖緯思想研究》，頁 80。

《易緯》相異，和〈通卦驗〉不同。〔註97〕依安居之意，《易通統卦驗玄圖》應即是《易通卦驗玄圖》，而其內容有別於《易通卦驗》。倘安居之說屬實，則《易通卦驗》與上述三種是否異名同實，似有待進一步之檢證。在無確切證據的情況下，茲從安居之說。

又，孫啟治、陳建華以爲，《顏氏家訓》、《釋文》引〈通卦驗玄圖〉，「通」或作「統」；而《太平御覽》又引〈通統圖〉，疑皆爲〈通卦驗〉之文。〔註98〕依孫、陳二氏所云，則〈通統圖〉與前述三種似皆爲〈通卦驗〉之異稱。然《隋志》錄《易通統圖》二卷（又一卷），入「五行類」（見頁1306）；由此可見，《易通統圖》之「性質」當與〈通卦驗〉有異，故《隋志》不入「經部」，而改入「子部」。既然〈通統圖〉之性質異於〈通卦驗〉，則以二者爲一，顯然過於牽強。

綜上所述，《易統驗玄圖》、《易通卦驗玄圖》、《易通統卦驗玄圖》當爲同一篇目之不同稱謂；然此三種與〈通卦驗〉、〈通統圖〉實爲性質相異之作，不應混而爲一。

（十二）易流演通卦驗（〈附錄二〉；序次024）

《易流演通卦》一種，明清諸家均未輯錄，今據陳槃說補。〔註99〕

今案：《易流演通卦驗》之名，首見《玉海》所引。該書於《易稽覽圖》下錄有「《易流演通卦驗》一卷」，並注云：「未知作者。」〔註100〕《宋史·藝文志》所錄亦同〔註101〕，蓋或本諸《玉海》之論。竊意以爲，《易流演通卦驗》不見錄於《隋志》與兩《唐志》；《玉海》首次著錄，將之歸入「易緯類」，然又云「未知作者」，則此書或爲宋人綴輯而成，並非古緯之舊。

（十三）易運期（〈附錄二〉；序次025）

《易運期》一種，現存佚文二則，俱見《魏書·文帝紀》注引。其文云：「言居東，西有午……」、「鬼在山，禾女連，王天下。」〔註102〕今觀佚文內

〔註97〕　《緯書集成》〈解說〉，頁20。

〔註98〕　孫啟治、陳建華編：《古佚書輯本目錄》（北京：中華書局，1997年8月），頁120。

〔註99〕　《古讖緯研討及其書錄解題》，頁535。

〔註100〕　〔宋〕王應麟撰：《玉海》（臺北：大化書局，1977年12月），頁715。

〔註101〕　〔元〕脫脫等撰：《宋史》（北京：中華書局，1985年6月），頁5041。

〔註102〕　〔晉〕陳壽撰：《三國志》（北京：中華書局，1959年12月），頁64。

容，此篇應是曹丕篡漢時所造之讖言，而非古緯之舊。〔註103〕

（十四）易萌氣樞（〈附錄二〉：序次026）

《易萌氣樞》一種，明清諸家或據《晉書・五行志》所引採摭〔註104〕；惟喬松年另據《魏志》注及《宋書・符瑞志》輯得佚文四則。《緯書集成》踵繼喬說，又於《宋書・符瑞志》輯得佚文二則（其中一則與喬氏所輯僅有繁簡之別）；此外又據《開元占經》輯得佚文七則。然檢諸古籍所引，除《晉書》及《開元占經》所錄明作「〈萌氣樞〉」外，其餘「聖人受命而王，黃龍以戊己日見」、「黃龍見，天災將至，聖人出。黃龍以戊己日見，五色文章皆具，聖人得天受命。黃龍以戊寅見，此帝王受命之符瑞最著明者也」〔註105〕、「聖人清靜行中正，賢人至，民從命，厥應麒麟來」、「上下流通聖賢昌，厥應帝德鳳皇翔，萬民喜樂無咎殃」、「聖人受命，厥應鳳皇下，天子虜」等五則，《魏書・文帝紀》注（見頁63）及《宋書・符瑞志》均作「《易傳》曰」（見頁778）。喬松年將之輯入〈萌氣樞〉，殊嫌無據；《緯書集成》未加檢證即照錄其說，亦失之過當。

至於《晉書》及《開元占經》所引，其中《開元占經》卷9所引「昭明蔽塞，政在臣下，親戚干朝，君不覺悟，即雜氣失，以星奔日蝕為咎」〔註106〕一則，其文與《後漢書・五行志》劉昭注引《易讖》曰：「聰明蔽塞，政在臣下，親戚干朝，君不覺悟，虹蚖貫日」（見頁3373～3374）之說頗為類似，疑即斥取此說而來。至於其他數則，雖《晉書》、《開元占經》明作「《易萌氣樞》曰」，然此二書成於唐人之手，能否逕據二書所錄，即斷之為古《易緯》八種之一〔註107〕，實不能無疑。文獻有闕，茲暫存之。

（十五）易河圖數（〈附錄二〉：序次027）

《易河圖數》一種，明清諸家僅《古微書》輯得佚文四則，然未詳列出處。（見頁234）今檢《續修四庫全書總目提要》〈易河圖數提要〉云：

> 考孫氏所輯四則，其「一與六共宗，二與七同道，三與八為朋，四

〔註103〕另參殷善培：《讖緯思想研究》，頁70。

〔註104〕〔唐〕房玄齡等撰：《晉書》（北京：中華書局，1974年11月），頁890。

〔註105〕案：本段文字自「聖人出」以降，疑為《晉書》撰者之辭，並非《易傳》之文。

〔註106〕〔唐〕瞿曇悉達撰：《開元占經》（臺北：臺灣商務印書館，1986年3月，《文淵閣四庫全書》本），第807冊，頁246。

〔註107〕學界以《易萌氣樞》為「《易緯》八種」之一者，如王利器：〈讖緯五論〉，《讖緯思想の綜合研究》，頁387～388；殷善培：《讖緯思想研究》，頁66。

與九爲友，五與十同途」一則，係説明《河圖》方位，未知其所本
外；其「龜取生數一三五七九，筮取成數二四六八十」一則，其文
見楊愼《丹鉛錄》二十二，乃升庵之語，謂《河圖》之意如此，非
引《河圖》之文。孫氏乃造一「《易河圖數》」之名，而此條以實之，
妄甚。又「東方、南方生長之方，故七爲少陽，八爲少陰；西方、
北方成熟之方，故九爲老陽，六爲老陰」一則，亦見《鉛丹錄》，亦
是升庵解説《河圖》之語。又孫氏末一則所引「五運皆起於月初，
天氣之先至，乾知大始也。六氣皆起於月中，地氣之後應，坤作成
物也」，其文亦見《鉛丹錄》。〔註108〕

如《續修四庫全總目提要》所云，則「《易河圖數》」實爲孫氏所妄增，並非
古緯所有。又，孫氏所輯「一與六共宗」一則，疑乃孫氏敷衍《太玄》「一與
六共宗，二與七共明，三與八成友，四與九同道，五與五相守」〔註109〕之文
而成。然文獻有闕，未敢妄斷，茲暫存之。

（十六）易内戒、易狀圖（《附錄二》；序次028、029）

以上二種，明清以來僅《經義考》卷263〈毖緯一〉分別據《抱朴子》及
《歷代名畫記》著錄。（見頁1330）今檢《抱朴子》云：「按《易内戒》及《赤松
子經》及《河圖記命符》皆云⋯⋯。」〔註110〕朱氏將《易内戒》視爲《易緯》
篇目，應是受到《抱朴子》又引「《河圖記命符》」的影響。惟就《抱朴子》
所引觀之，《易内戒》、《赤松子經》、《河圖記命符》未必有所關連；以之爲緯
書篇目，似乏明證。而《易狀圖》一種，朱説以爲「當亦緯書也」，亦純屬臆
測，難以爲憑。

（十七）易雄雌祕歷（《附錄二》；序次030）

《易雄雌祕歷》一種，明清諸家均未輯錄，今據陳槃説補。〔註111〕今檢
《後漢書·郎顗列傳》云：「於《易雄雌祕歷》，今值困乏。九二困者，眾小
人欲共困害君子也。」（頁1065）就此隻字片語觀之，則《易雄雌祕歷》或當與

〔註108〕中國科學院圖書館整理：《續修四庫全書總目提要》（北京：中華書局，1993
　　　　年7月），頁188。此篇〈提要〉之作者爲尚秉和。

〔註109〕〔漢〕揚雄撰；鄭萬耕校釋：《太玄校釋》（北京：北京師範大學出版社，1989
　　　　年2月），頁359。

〔註110〕〔晉〕葛洪撰；王明校釋：《抱朴子内篇校釋》（北京：中華書局，1985年3
　　　　月），頁125。

〔註111〕《古讖緯研討及其書錄解題》，頁537。案：陳書誤作「《易雌雄祕歷》」。

卦氣記曆之說有關。如《後漢書集解》引惠棟云：「《易雄雌祕歷》者，推卦氣陰陽之書也。謂之雌雄者，雄生酉仲太初，是雌生戌仲太始，是二者爲氣形之始，易所由生也。」（頁 377）依惠棟之說，則《易雄雌秘歷》似乎著重於透過卦氣的推闡，藉以探究宇宙的生成變化。此外，洪邁《容齋三筆》卷 11 引虞喜《天文論》云：「歲雄在於逢，雌在攝提格。」又云：「『甲歲雄也，畢月雄也，陬月雌也。』大抵以十干爲歲陽，故謂之雄；十二支爲歲陰，故謂之雌。」〔註 112〕《易雄雌祕歷》之具體推闡方法，不知是否類似「天干配陽，地支配陰」之說。文獻有闕，茲附誌於此。

（十八）易禮觀書、易緯紀、易緯紀表、易緯決象（〈附錄二〉；序次 031 ～034）

以上四種，明清諸家均未輯錄，今據《緯書集成》列補。〔註 113〕然而，《緯書集成》雖錄有此四種之部份佚文，惟安居香山又謂此四種之「性質」無法判斷。〔註 114〕言下之意，似又對此四種之「眞實性」持存疑之態度。

今案：《天文要錄》所引《易禮觀書》「五禮修備，則五諸侯星正行，光明不相陵侵五木，五木應以大豐，天下大治，養不息」〔註 115〕一則，同類佚文又見今輯佚所得之《禮含文嘉》，惟文字間有小異。（見頁 498）又，《天文要錄》所引《易緯表紀》「太白暈尾五色，不出三年，石季龍將劉寧寇沒狄道」（頁 105）一則，考《晉書·天文志》云：「康帝建元元年八月丁未，太白犯歲星，在軫。占曰：『有大兵。』是年石季龍將劉寧寇沒狄道。」（頁 353）以此觀之，此二種或爲六朝時人裒輯前人諸書且又略爲增益而成，並非古緯之舊。《易緯紀》、《易緯決象》，疑亦如此。

（十九）易通系（〈附錄二〉；序次 035）

《易通系》一種，明清諸家均未輯錄，今據陳槃說補。〔註 116〕陳氏所錄，主要根據《文選理學權輿》所引〈緯候圖讖目錄〉。然今檢《文選理學權輿》，

〔註112〕〔宋〕洪邁撰：《容齋三筆》（臺北：臺灣商務印書館，1979 年 11 月，《四部叢刊正編》本），第 27 冊，頁 259。
〔註113〕《緯書集成》，頁 325～328。
〔註114〕《緯書集成》〈解說〉，頁 23。
〔註115〕〔唐〕李鳳撰：《天文要錄》，收入任繼愈主編：《中國科學技術典籍通彙》（鄭州：河南教育出版社，1993 年），卷 41，頁 239。
〔註116〕《古讖緯研討及其書錄解題》，頁 534。

其文明作「《易通系卦》」〔註117〕；且《文選》卷 62〈夏夜從兄散騎車長沙〉
李善注（見頁 1203）、《太平御覽》卷 949〈蟋蟀條〉（見頁 4344）所引亦作「《易通系
卦》」。陳文所列，蓋或校正偶失之故。

（二十）易通統軌圖（〈附錄二〉；序次 036）

《易通統軌圖》一種，明清諸家均未輯錄，今據陳槃說補。〔註118〕除此
之外，《新唐書・曆志》亦曾徵引《易通統軌圖》之說。其言云：

> 十二月卦出於孟氏章句，其說易本於氣，而後以人事明之。……自
> 〈乾象曆〉以降，皆因京氏。惟〈天保曆〉依《易通統軌圖》。自八
> 十有二節、五卦、初爻，相次用事，及上爻而與中氣偕終，非京氏
> 本旨及《七略》所傳。（頁 598～599）

如《新唐書》所錄，則《易通統軌圖》似仍以述卦氣爲主，而異於京房之說；
且其言明云《易通統軌圖》「非京氏本旨及《七略》所傳」，則此書是否爲古
緯之舊，恐不無疑問。今附誌於此，以資參考。

（廿一）易緯河圖、易緯河圖符、易緯河圖災異占、京氏易緯災異
　　　　占、京房易緯（〈附錄二〉；序次 037～041）

以上五種，明清諸家均未輯錄，今據陳槃說補。〔註119〕其中《易緯河圖》
見《竹書統箋》；《易緯河圖符》、《易緯河圖災異占》、《京氏易緯災異占》等
見《天文要錄》；而《京房易緯》則見《鐵橋漫稿》。以上所列，除「《易緯河
圖符》」未見外，其餘四種，茲分述如下：

1、《易緯河圖》

《竹書統箋》卷 1、卷 4 引《易緯河圖》云：

> 女節生白帝朱宣。宋均曰：朱宣，少昊字也。
>
> 日月五星同道起。牽牛、女、虛、危、室、壁、奎、婁、胃、昂，
> 皆行其南九尺。畢北七尺，觜、參北一丈三尺，貫東井，出鬼南六
> 尺、柳北六尺，出星、張北一丈三尺，軫北三尺，貫角亢，出氐南
> 二尺，出房左右股間，出心北四尺，出尾北九尺，出箕北六尺，貫

〔註117〕〔清〕汪師韓著、孫志祖輯：《文選理學權輿》（臺北：廣文書局，1966 年），
　　　　卷 2，頁 9。
〔註118〕《古讖緯研討及其書錄解題》，頁 534。
〔註119〕《古讖緯研討及其書錄解題》，頁 536～537。

南斗，復至牛。此日月五星所行之常道也。〔註120〕

除《竹書統箋》所引外，《易緯河圖》之說又見徐氏《禹貢會箋》及《管城碩記》。《禹貢會箋》卷25引《易緯河圖》云：

> 九州殊題，水泉剛柔各異。青、徐：泉酸以鹹；荊、揚：泉酸以苦；
>
> 梁州：泉苦以辛；兗、豫：泉甘以苦；雍、冀，泉辛以鹹。〔註121〕

而《管城碩記》卷25則引《易緯河圖》云：

> 黃帝曰：凡人生一日，天帝賜算三萬六千。〔註122〕

今案：《竹書統箋》卷1所引《易緯河圖》，其文與《河圖》「女節氣（或作「意」）感，生白帝朱宣。（宋均注曰：『朱宣，少昊氏也。』）」類似，疑為徐氏櫽括《河圖》之說，而妄題「《易緯河圖》」。蓋《竹書統箋》卷1除引《易緯河圖》之文外，又引宋注之說；然宋均所注，有《易緯》、有《河圖》，未聞曾注《易緯河圖》。且《玉海》卷35引《中興館閣書目》云：「《易緯》：案《隋志》八卷鄭玄注（原注：梁九卷）、《舊唐志》宋均注（原注：《唐志》宋衷注、《崇文總目》九卷）。康成或引以解經，今篇次具存，宋注不傳。」（頁715）依《玉海》所述，則《易緯》宋注當已亡於宋代。是徐氏所見「宋均注曰」云云，不可能是宋注《易緯》之文。既然徐氏所引非宋注《易緯》之文，且其文又類於《河圖》之說，則所謂「《易緯河圖》」云云，其中「《易緯》」二字恐為徐氏所妄加。而卷4所引《易緯河圖》，其文又見《開元占經》卷5〈日占〉、及卷11〈月占〉，僅文字略有小異；然《開元占經》所引但作「《河圖》曰」（見頁207、267），並無「易緯」二字。由此可見，「易緯」二字應為徐氏妄增；且其說當歸屬《河圖》，而非《易緯》。

至於《禹貢會箋》及《管城碩記》所引《易緯河圖》之說，其中《禹貢會箋》所引「九州殊題」一則，同類佚文，《太平御覽》卷157〈州郡部〉引作「《河圖》曰」。其文云：「九州殊題，水泉剛柔各異。青徐角羽集，寬舒遲，人聲緩，其泉鹹以酸。荊楊角徵會，氣漂輕，人聲急，其泉酸以苦。梁州商徵接，剛勇漂，人聲塞，其泉苦以辛。兗豫宮徵合，平靜有慮，人聲端，其

〔註120〕〔清〕徐文靖輯：《竹書統箋》（臺北：臺灣商務印書館，1986年3月，《文淵閣四庫全書》本），第303冊，頁67、97。

〔註121〕〔清〕徐文靖輯：《禹貢會箋》（臺北：臺灣商務印書館，1986年3月，《文淵閣四庫全書》本），第86冊，頁312。

〔註122〕〔清〕徐文靖輯：《管城碩記》（臺北：臺灣商務印書館，1986年3月，《文淵閣四庫全書》本），第861冊，頁346。

泉甘以苦。雍異〔冀〕合商羽，端馱烈，人聲捷，其泉辛以鹹。」（見頁 890）又《本草綱目》卷 5 引《河圖括地象》云：「九州殊題，水泉剛柔各異。青州角徵會，其氣慄輕，人聲急，其泉酸以苦。梁州商徵接，其氣剛勇，人聲塞，其泉苦以辛。兗豫宮徵會，其氣平靜，人聲端，其泉甘以苦。雍冀商羽合，其氣快烈，人聲捷，其泉鹹以辛。」〔註123〕今輯佚所得之《河圖括地象》則云：「九州殊題，水泉剛柔名（案：當作「各」）異。青州角徵會，其氣剛塞，人聲塞，其泉苦以辛。兗豫宮徵會，其氣平靜，人聲端，其泉苦以甘。雍冀商羽會，其氣馱烈，人聲捷，其泉鹹以辛。」（頁 1905）諸書所引，文字間有小異，疑皆本諸《河圖括地象》；而《太平御覽》所引，蓋或但舉緯名而略其篇目。至於《管城碩記》所引「凡人生一日」一節，相同佚文，《太平御覽》卷 401〈人事部〉但引作「《河圖》曰」（見頁 1983），亦無「易緯」二字。以此觀之，徐氏所引實皆為《河圖》之文；「易緯」二字，當為徐氏所妄增。

2、易緯河圖災異占

　　《易緯河圖災異占》一種，《天文要錄》引錄其說凡廿四則。（見卷 4；頁 40、42）惟細檢所引諸文，其中頗有斥取《京房易傳》、《京房易占》、六朝史籍與其他星象占驗之說者。例如：

（1）《易緯河圖災異占》云：「日中有黑氣，二人不順，茲謂逆，厥異。」此段文字，語焉不詳。今檢《晉書·天文志》云：「（永康元年）十二月庚戌，日中有黑氣。《京房易傳》曰：『祭天不順，茲謂逆，厥異日中有黑氣。』」（頁 342）今觀《晉書》所錄，可知其說殆本諸《京房易傳》。

（2）《易緯河圖災異占》云：「日中有黑子，黑者陰也，臣不掩君惡，令下見，百姓惡君，則有此變。」又云：「日中有黑子，臣有蔽主明者。」今檢《晉書·天文志》云：「永寧元年九月甲申，日中有黑子。《京房易占》曰：『黑者陰也，臣不掩君惡，令下見，百姓惡君，

〔註123〕〔明〕李時珍撰；劉衡如點校：《本草綱目》（北京：人民衛生出版社，19895年 5 月），頁 399。同書卷 52〈人部〉又云：「九州殊題，水泉各異；風聲氣習，剛柔不同。青州：其音角羽，其泉鹹以酸，其氣舒遲，其人聲緩。荊揚：其音角徵，其泉酸以苦，其氣慄輕，其人聲急。梁州：其音商徵，其泉苦以辛，其氣剛勇，其人聲塞。兗豫：其音宮徵，其泉甘以苦，其氣平靜，其人聲端。雍冀：其音商羽，其泉辛以鹹，其氣馱烈，其人聲捷。徐州：其音角宮，其泉酸以甘，其氣悍勁，其人聲雄。」（頁 2969）

則有此變。』又曰：『臣有蔽主明者。』」(頁342) 如《晉書》所錄，可知其說殆本諸《京房易占》。

（3）《易緯河圖災異占》云：「日中有若飛燕者，數日乃消。王隱以爲愍懷廢死之徵。」今檢《晉書・天文志》云：「(惠帝元康) 九年正月，日中有若飛鵲者，數日乃消。王隱以爲愍懷廢死之徵。」(頁342) 二說如出一轍，可知此段文字全襲《晉書》。

（4）《易緯河圖災異占》云：「五色氣冠日，從卯至酉，君失正理民，人飢死。」今檢《晉書・天文志》云：「太康元年正月己丑朔，五色氣冠日，自卯至酉。占曰：『君道失明。』……」(頁342) 二說雖略有差異，然所謂「五色氣冠日，從卯至酉」者，實即襲取《晉書》之說而來。

（5）《易緯河圖災異占》云：「黃黑氣掩日，所照皆黃。陰氣盛，掩日光，女后有喪。」今檢《晉書・天文志》云：「懷帝永嘉元年十一月乙亥，黃黑氣掩日，所照皆黃。……說曰：「時陰氣盛，掩日光也。」(頁343) 比觀二說，可知此段文字實乃論者裒輯《晉書》所錄且又略爲增益而成。

（6）《易緯河圖災異占》云：「日中烏見，其君有咎，殃期八十日。」又云：「日中雙烏見，相逆，軍大鬥，相去，其君走。烏者，飢，水旱不時，天下貴人多止。」今檢《開元占經》卷6引《太公陰秘》云：「日中烏見者，君咎；雙烏見者，將相逆；入鬥者，主出走；烏動者，大饑，水旱不時，人民流在他鄉。」(頁219) 如《開元占經》所錄，可知其說殆本諸《太公陰秘》。

如上引諸條所示，所謂「《易緯河圖災異占》」，疑乃論者裒輯、增益前人之說而成，並非古緯之舊。

3、京氏易緯災異占

《京氏易緯災異占》一種，《天文要錄》引錄其說凡十四則。(見卷4；頁40~41) 惟細檢所引諸文，其中頗有本諸六朝史籍者。例如：

（1）《京氏易緯災異占》云：「白虹貫日，蒼黃，暈五重，近臣爲亂，天下有兵，國破亡。」《晉書・天文志》則云：「(懷帝永嘉二年) 二月癸卯，白虹貫日，青黃，暈五重。占曰：『白虹貫日，近臣爲亂，不則諸侯有反者。暈五重，有國者受其祥，天下有兵，破亡其地。』」(頁

343）

（2）《京氏易緯災異占》云：「日散，光如血，下流，所照皆赤，諸侯有變者，期三年。」《宋書·五行志》則云：「日散，光如血，下流，所照皆赤，日中若有飛鴑。」（頁1018）

（3）《京氏易緯災異占》云：「白虹貫日，史官不見，桂陽太守以印逆死。」《晉書·天文志》則云：「（明帝太寧元年）十一月丙子，白虹貫日。史官不見，桂陽太守華包以聞。」（頁344）

（4）《京氏易緯災異占》云：「白虹貫日。自後庚（案：當作「庾」）氏專政，由后族而貴，婦人擅國之義，故頻年虹貫日。」《晉書·天文志》則云：「（咸康）二年七月，白虹貫日。自後庾氏專政，由后族而貴，蓋亦婦人擅國之義，故頻年白虹貫日。」（頁344）

（5）《京氏易緯災異占》云：「日中有黑子，不出三年，夏，帝崩。」《晉書·天文志》則云：「（咸康）八年正月壬申，日中有黑子，丙子乃滅。夏，帝崩。」（頁344）

（6）《京氏易緯災異占》云：「日中有黑子，大如雞卵，不出一年，武帝崩。」《晉書·天文志》云：「升平三年十月丙午，日中有黑子，大如雞卵。少時而帝崩。」（頁344）

（7）《京氏易緯災異占》云：「日在東井，有白虹十餘丈在南干日。災秦分野，亡。」《晉書·天文志》則云：「日在東井，有白虹十餘丈在南干日。災在秦分，秦亡之象。」（頁345）

如上引諸條所示，所謂「《京氏易緯災異占》」，疑乃論者裒輯六朝史籍之說而成，並非古緯之舊。

4、《京房易緯》

《京房易緯》一種，陳書云出《鐵橋漫稿》卷5〈京氏易敘〉；然今檢《鐵橋漫稿》本文，並無「《京房易緯》」之稱〔註124〕，陳氏所列，恐屬誤記。雖然如此，文獻上確有《京房易緯》之記載。如《太平御覽》卷931〈鱗介部〉引《京房易緯》云：「靈蓍四十九莖，下有千歲神龜守之。」（見頁4269）然此書是否為古緯之舊，僅憑此隻字片語，似難驟下論斷。文獻有闕，茲暫存之。

〔註124〕〔清〕嚴可均撰：《鐵橋漫稿》（臺北：新文豐出版公司，1989年7月，《叢書集成續編》本），第158冊，頁47。

（廿二）京房易鈔（〈附錄二〉；序次 042）

《京房易鈔》一種，明清諸家均未輯錄，歷代史志僅《通志‧藝文略》錄有「《京房易鈔》」一卷。〔註 125〕又，同書卷 71〈亡書出於民間論〉云：「《京房易鈔》一卷，今世之所傳者，皆出吳氏。」（頁 833）以此觀之，《通志》所錄，實本諸「吳氏」所藏。然此篇不見錄於隋、唐諸《志》，能否據以列入《易緯》之林，似仍有待檢證。文獻有闕，存之可也。

（廿三）易說（〈附錄二〉；序次 043）

《易說》一種，明清諸家均未輯錄，今據陳槃說補。〔註 126〕今檢《禮記‧檀弓下》孔疏云：「《易說》者，鄭引云《易緯》也。凡鄭云『說』者，皆緯候也。時禁緯候，故轉『緯』爲『說』也。故《鄭志》：『張逸問：《禮》注曰《書說》，《書說》何書也？』答曰：『《尙書緯》也。當爲注時，時在文網中，嫌引祕書，故諸所牽圖讖，皆謂之「說」云。』」（頁 193）又，《困學紀聞》卷 8〈經說〉云：「鄭康成注二《禮》，引《易說》、《書說》、《樂說》、《春秋說》、《禮家說》、《孝經說》，皆緯候也。」（頁 189）如《鄭志》及《困學紀聞》所述，則所謂「《易說》」者，實乃泛引《易緯》之文，而非緯書篇目。

（廿四）易讖（〈附錄二〉；序次 044）

《易讖》一種，明清諸家或據《後漢書‧五行志》劉昭注引採摭。然前引陳槃之說以爲，《易傳》、《易讖》、《易緯》，涵義無別；則《易讖》者，亦當是泛引《易緯》之說，不當列入緯書篇目。〔註 127〕

（廿五）易經備（〈附錄二〉；序次 045）

《易經備》一種，明清諸家僅王仁俊《玉函山房輯佚書續編》據《稽瑞》輯得佚文一則。（見頁 75）孫啓治、陳建華以爲，《稽瑞》引《易經備》一節，與《古微書》所引〈辨終備〉文雷同，是亦同引一篇而名稱小異。〔註 128〕今檢

〔註 125〕〔宋〕鄭樵撰：《通志》（臺北：臺灣商務印書館，1987 年 12 月），頁 756。〔明〕焦竑所錄亦同。見氏著：《國史經籍志》（北京：中華書局，1987 年，《叢書集成初編》本），頁 12。然《國史經籍志》「多抄錄前代書目，彙聚成編」（說詳劉兆祐：《中國目錄學》〔臺北：五南圖書出版有限公司，1998 年 7 月〕，頁 205。），焦氏是否親見其書，實甚可疑。

〔註 126〕《古讖緯研討及其書錄解題》，頁 534。

〔註 127〕諸書所輯，有所謂「《詩讖》」、「《禮讖》」、「《論語讖》」、「《孝經讖》」者，其義當亦同此，下文不再贅述。

〔註 128〕《古佚書輯本目錄》，頁 120。

《稽瑞》引《易經備》云：「日之再中，鳥連嬉也，人君仁聖則出之。」（頁85）確實與〈辨終備〉「日再中，鳥連嬉。……」類似。然佚文相似是否表示篇目相同，實不無疑問。今暫存之。

（廿六）易中備（〈附錄二〉；序次046）

《易中備》一種，明清諸家僅見錄於顧觀光《七緯拾遺》及林春溥《古書拾遺》。顧氏於《易中備》條下原注云：「釋湛然《輔行記》六之二云：『孔子有三備卜經，上知天文，中知人事，下知地理。』《正義》所引，蓋出於此；在《易緯》六種之外，故另列之。」（頁1027）今檢《易三備》云：

> 三備者：〈上備〉，天也；〈中備〉，筮人中宅吉凶也；〈下備〉，筮□
> 盤石深淺吉凶安葬也。〔註129〕

以此觀之，顧氏所引釋湛然所謂之「三備」，應即是敦煌殘本之《易三備》，而《易中備》僅是其中之一。至於《易三備》之「性質」，今檢歷代史志，《隋志》、兩《唐志》、《宋志》均錄有三卷，然或入「五行類」，或入「蓍龜類」；《宋志》注更云：「題孔子師徒所述，蓋依託也。」（頁5265）如上所述，歷代史志均將《易三備》視爲「術數類」，而非「讖緯類」；準此而言，則《易三備》是否爲古緯之舊，實不無疑問。

二、尚書緯

如〈附錄二〉所示，歷來所見《尚書緯》篇目凡十一種。其中〈璇璣鈐〉、〈考靈曜〉、〈帝命驗〉、〈刑德放〉、〈運期授〉等五種，其說俱見後漢典籍徵引，而《後漢書・方術列傳》李注所列《尚書緯》篇目亦即此五種，其爲古緯之舊，殆無疑問。其餘六種，茲分述如下：

（一）尚書帝驗期（〈附錄二〉；序次079）

《尚書帝驗期》一種，因現存佚文均與西王母、崑崙山之傳說有關；殷善培據此以爲，此篇應是《穆天子傳》一類之小說家所言，並非古緯所有。〔註130〕殷氏所云，未可盡從。其說有二：

1、崑崙傳說（或廣義之神話傳說），現存緯書佚文不乏相關記載（如《春秋命歷序》、《河圖括地象》、《河圖玉版》等）；而燭龍、西王母、湘夫人等傳說中之人物，

〔註129〕引文據陳槃：〈敦煌鈔本《三備》殘卷附校記〉，《古讖緯研討及其書錄解題》，頁562。
〔註130〕《讖緯思想研究》，頁72。

亦散見於《易緯》及《春秋緯》。由此觀之，崑崙神話本爲讖緯文獻所含攝之內容；今僅以《尚書帝驗期》之內容與西王母、崑崙山傳說有關而否定之，論據顯有未足。

2、在現今所見漢代之神話、祥瑞畫像中，「西王母」是最常見的主題之一〔註131〕；是就漢人而言，西王母實爲普遍之信仰。〔註132〕既然西王母爲漢人普遍之信仰，則在讖緯中出現相關說法，實亦無足爲怪。以此作爲否定之證據，於義恐有未諦。

雖然殷說不足以證明《尚書帝驗期》之眞僞，然此篇不見引於兩漢典籍，歷代史志亦未曾著錄，則此篇是否爲古緯之舊，似不無疑問。〔註133〕

（二）尚書鉤命決、尚書洛罪級（〈附錄二〉；序次080、081）

以上二種，明清以來僅見錄於《經義考》卷265〈讖緯三〉，且出處不詳。（見頁1338）殷善培以爲，〈鉤命決〉爲《孝經緯》，〈洛罪級〉爲《洛書讖》，不當列於《尚書緯》。〔註134〕殷氏所論雖未詳所出，然衡諸其意，當是認爲「〈鉤命決〉」之「稱謂」屬《孝經緯》，而「〈洛罪級〉」之「稱謂」屬《洛書讖》，故《尚書緯》中不當再有此稱謂。然《隋志》云：

> 孔子既敘六經，以明天人之道，知後世不能稽同其意，乃別立緯及讖。……又有《尚書中候》、〈洛罪級〉、〈五行傳〉……等書。（頁941）

《隋志》將〈洛罪級〉廁於《尚書中候》與《尚書五行傳》之間，則依撰者之意，〈洛罪級〉或當與《尚書緯》有關；以之爲《洛書讖》專屬篇名，似有

〔註131〕說參楊愛國：《不爲觀賞的畫作——漢畫像石和畫像磚》（成都：四川教育出版社，1998年7月），頁144～149。

〔註132〕西漢末年，甚至因爲西王母之信仰，而引發類似「義和團」之變。《漢書・五行志》云：「哀帝建平四年正月，民驚走，持稿或掫一枚，傳相付與，曰行詔籌。道中相過逢多至千數，……經歷郡國二十六，至京師。其夏，京師郡國民聚會里巷，設張（祭）博具，歌舞祠西王母。又傳書曰：『母告百姓，佩此書者不死。不信我言，視門樞下，當有白髮。』至秋止。」（頁1476）足見西王母之信仰頗爲風行。杜鄴甚至視之爲「災異」。其言云：「西王母，婦人之稱。……今外家丁、傅並侍帷幄，布於列位，有罪惡者不坐辜罰，……《春秋》所譏，亡以甚此。」（頁1476）

〔註133〕《續修四庫全書總目提要》〈尚書帝驗期提要〉以爲：「前此《說郛》輯《尚書緯》，尚未及此」；又云：「趙在翰、黃奭輯《尚書帝命驗》，……蓋混〈帝驗期〉爲一書，非也。」（頁295）言下之意，殆以爲《尚書帝驗期》之篇不妄。然就現有之證據而言，此一論斷，似判之過早。

〔註134〕《讖緯思想研究》，頁71。

待商榷。且今觀現存緯書篇目,篇名互見之情況所在多有,如《河圖稽命徵》與《禮緯稽命徵》;《河圖考曜文》與《春秋考曜文》;《春秋元命苞》與《孝經元命苞》;《春秋內事》與《孝經內事》等。以此觀之,緯書篇名互見實非特例,以某篇名專屬某緯,恐難盡從。然朱氏未列出處,確實啓人疑竇。鍾肇鵬以爲此二種乃朱彝尊誤列〔註135〕,其說或然。

(三)尚書五行傳(〈附錄二〉;序次 082)

　　《尚書五行傳》一種,明清諸家僅《古微書》據伏生《尚書大傳》所引輯錄,並云:「此篇伏生《大傳》引以傳〈洪範〉,班固〈五行志〉因祖之以徵五行。溯其來自緯書,則大禹之文也,緯書獨此爲完簡耳。」(頁170) 孫瑴所云,可議者三:

1、伏生乃景帝時人,以伏生所傳爲緯書之說,則緯書之起必早於漢初,故伏生乃得以據引。然讖緯之興在西漢末年,伏生之時不太可能有緯書文本之流傳,此可議者一。

2、漢儒有〈洪範〉爲《洛書》,八卦爲《河圖》之說。如《漢書・五行志》云:「『初一曰五行……。』凡此六十五字,皆《雒書》本文,所謂天乃錫禹大法九章常事所次者也。」(頁1316) 又云:「劉歆以爲,虑羲氏繼天而王,受《河圖》,則而畫之,八卦是也;禹治洪水,賜《雒書》,法而陳之,〈洪範〉是也。」(頁1315) 又,《周易正義》云:「孔安國以爲《河圖》則八卦是也,《洛書》則九疇是也。」(頁157) 其中「以八卦爲《河圖》」之說,因與本論題無涉,茲不贅述。就「以〈洪範〉爲《雒書》」這點而言,竊以爲孫瑴所謂「則大禹之文也」云云,當受孔安國、劉歆之說的影響,故以伏生《大傳》所傳爲緯書之文。然今輯佚所得之緯書佚文,均未見以〈洪範〉爲《洛書》之說。是《尚書大傳》所傳是否爲緯書之文,實甚可疑。然論者又會以爲,既然現存緯書之文乃輯佚所得,又焉知緯書原文無「以〈洪範〉爲《洛書》」之說?此一質疑自有其理。然而,倘使緯書原文有此一說,則〈洪範〉屬《洛書》,何以傳〈洪範〉之文卻又歸屬《尚書緯》?此可議者二。

3、《尚書五行傳》乃藉五事以言災異,而漢儒言災異者甚眾,如董仲舒、夏侯始昌、眭孟、夏侯勝……等;以此觀之,《尚書五行傳》當爲彼

〔註135〕《讖緯論略》,頁 64。

時思想潮流下之產物，與緯書之說，未必有直接之關連。此可議者三也。

如上所述，《尚書五行傳》當係兩漢災異思潮下之產物，與緯書之說或有相通之處，然以之為緯書之一，實難盡從！〔註136〕

（四）尚書洪範記、洪範緯 （〈附錄二〉；序次 083、084）

以上二種，明清諸家僅孫瑴、喬松年等據《後漢書‧郎顗列傳》所引「《尚書洪範記》曰：月行中道，移節應期；德厚受福，重華留之」（頁 1073）之說採撶。惟孫瑴題為「《洪範緯》」，顯有妄改之嫌。然所謂「記」者，依兩漢注書之例〔註137〕，當為訓解《尚書‧洪範》之作，而非緯書篇目。

三、尚書中候

如〈附錄二〉所示，歷來所見《尚書中候》篇目凡廿四種。其中〈考河命〉、〈題期〉、〈立象〉三種，說見《後漢書‧曹褒列傳》注引宋均之語，其為古緯之舊，當無問題。而《南齊書‧符瑞志》所引〈儀明篇〉〔註138〕及《五經正義》所引諸篇，其為古緯之舊，歷來之說亦無二辭。其餘數種，茲略述如下：

（一）中候摘洛戒、中候摘洛貳、中候擿洛戒 （〈附錄二〉；序次 089～091）

以上三種，陳槃以為「摘」、「擿」音義並同，而「戒」或作「貳」。〔註139〕依陳說，則《中候摘洛戒》、《中候摘洛貳》、《中候擿洛戒》當為一種。中村璋八〈現存緯書篇目一覽表〉所列亦同。〔註140〕

（二）中候日角、中候宣甫 （〈附錄二〉；序次 105、106）

以上二種，明清諸家僅馬國翰各輯得佚文一則。〔註141〕其中〈日角〉引

〔註136〕另參喬松年：《緯攟》，頁 1538；《續修四庫全書總目提要》〈尚書五行傳提要〉，頁 295。

〔註137〕兩漢注書，名目頗多。相關研究，說詳楊權：〈論章句與章句之學〉，《中山大學學報》，2002 年第 4 期（2002 年 4 月），頁 81～89。

〔註138〕〔梁〕蕭子顯撰：《南齊書》（北京：中華書局，1972 年 1 月），頁 350。

〔註139〕《古讖緯研討及其書錄解題》，頁 326。

〔註140〕中村璋八：〈現存緯書篇目一覽表〉，《緯書の基礎的研究》，頁 359。

〔註141〕〔清〕馬國翰輯：《玉函山房輯佚書》（上海：上海古籍出版社，1990 年 12 月），頁 2011。

自《公羊傳‧哀公十四年》注，然何注但曰「圖錄」〔註142〕，並未詳列篇名；〈宣甫〉則引自《詩小雅譜》疏，然孔疏但作「〈中候〉」〔註143〕，亦未題緯名。馬氏所輯，實有妄增之嫌。又，〈宣甫〉所見「昌受命，發行誅，旦弘道」云云，其文又見〈稷起〉；黃復山以爲，〈稷起〉與〈宣甫〉皆記周建業之初，而有相同之指義；故〈宣甫〉所見「昌受命，發行誅，旦弘道」九字，當爲〈稷起〉之文。〔註144〕依黃說，則〈宣甫〉或當爲〈稷起〉之另稱；篇題有別，其實則一。

（三）中候赤雀命（〈附錄二〉；序次 107）

《中候赤雀命》一種，今僅存「崇孽首」三字；且相同佚文又見〈我應〉，則〈赤雀命〉是否爲古緯之舊，實頗有可疑。故安居香山以爲，將〈赤雀命〉視爲《尚書中候》之篇名，缺乏明確的證據。〔註145〕其說甚是。

（四）中候雜篇（〈附錄二〉；序次 108）

《中候雜篇》一種，歷來之說僅中村璋八〈現存緯書篇目一覽表〉據《古微書》所列著錄。（見頁 360）然《古微書》所謂「雜篇」，乃統合〈運行〉、〈洛予命〉、〈擿洛戒〉、〈義明〉、〈敕省圖〉、〈稷起〉、〈準讖哲〉、〈洪範緯〉等諸篇而言，非《尚書中候》另有一篇名爲「《中候雜篇》」者。中村璋八以之爲《中候》篇目，顯屬誤判！〔註146〕至於《緯書集成》所輯四則《中候雜篇》佚文，其中「堯子丹誅不肖」、「堯長子監明早死」又見〈握河紀〉；而第三則僅存「四海」二字，黃復山以爲可以併入〈合符后〉；第四則「星房悖，四邦災」，黃復山以爲近似於〈摘洛戒〉。〔註147〕是《緯書集成》所錄《中候雜篇》，實亦屬泛引《尚書中候》之類，不能列屬緯書篇目。

如上所述，《尚書中候》之篇目，若扣除〈日角〉、〈宣甫〉、〈赤雀命〉及〈中候雜篇〉四種，又併合〈摘洛貳〉、〈摘洛戒〉二種，實得十八種。此十

〔註142〕〔漢〕何休注；〔唐〕徐彥疏：《春秋公羊傳注疏》（臺北：藝文印書館，1989年 1 月，阮刻《十三經注疏》本），頁 356。
〔註143〕〔漢〕鄭玄箋；〔唐〕孔穎達正義：《毛詩正義》（臺北：藝文印書館，1989年 1 月，阮刻《十三經注疏》本），頁 309。
〔註144〕《漢代尚書讖緯學述》，頁 247、297。
〔註145〕《緯書集成》〈解說〉，頁 37。
〔註146〕除《古微書》外，《玉函山房輯佚書》亦錄有「雜篇」一目。然馬氏所謂「雜篇」，乃統合〈日角〉、〈宣甫〉等諸篇而言，亦非別有一篇名爲「雜篇」者。
〔註147〕《漢代尚書讖緯學述》，頁 97。

八種，正符《尚書緯》所謂：「孔子求書，……定可以爲世法者百二十篇。以百二篇爲《尚書》，十八篇爲《中候》」（頁 390）之論。其爲古緯之舊，應無疑問。

四、詩緯

如〈附錄二〉所示，歷來所見《詩緯》篇目僅有五種，其中〈氾歷樞〉見引於《後漢書・郎顗列傳》，其爲古緯之舊，殆無疑異。此外，〈含神霧〉與〈推度災〉則見於《後漢書・方術列傳》李賢注引，其爲《詩緯》篇目，歷來之說亦無二辭。其餘二種，《詩緯圖》見於《歷代名畫記》，爲《經義考》所著錄；然此篇有目無文，是否爲古緯之舊，尚待進一步探討。至於〈含文侯〉一種，明清諸家僅陸明睿依《路史後紀》輯得「大禹之興，黑風會紀……」一則。〔註 148〕然《太平御覽》卷 82〈皇王部〉引該佚文作「《詩含神霧》曰……」（頁 510）。以此觀之，陸氏所輯，實不無可疑。陳喬樅云：「近世陸明睿增訂殷元正《集緯》，於三篇外，列〈含文候〉之目，而復不知《路史注》所引，即爲〈含神霧〉之訛。」〔註 149〕依《太平御覽》所引觀之，或當以陳說爲是。

五、禮緯

如〈附錄二〉所示，歷來所見《禮緯》篇目凡十種。其中〈含文嘉〉、〈稽命徵〉已見後漢典籍徵引，其爲古緯之舊，應無疑異；而〈斗威儀〉見《後漢書・方術列傳》李賢注引，其爲《禮緯》篇目，歷來之說亦無二辭。其餘五種，茲分述如下：

（一）禮稽命曜（〈附錄二〉；序次 118）

《禮稽命曜》一種，明清以來僅見錄於《經義考》卷 265〈毖緯三〉。朱氏注云：「見《太平御覽》」（頁 1341）。今檢《太平御覽》卷 528〈禮儀部〉引《禮稽命曜》曰：「三年一祫，五年一禘，以衣服想見其容色。……」（頁 2525）朱氏所云，當即指此。又，《太平御覽》卷 528〈禮儀部〉引《禮稽命徵》曰：「三年一祫，五年一禘，經記所論禘祫與時祭，其言詳矣！」（頁 2527）《太平御覽》所引「三年一祫，五年一禘」一節，或作〈稽命徵〉，或作〈稽命曜〉；歷來

〔註 148〕〔清〕殷元正輯、陸明睿增訂：《緯書》，收入上海古籍出版社編：《緯書集成》（上海：上海古籍出版社，1994 年 6 月影印上海圖書館藏本），頁 751。此書學界通稱「《集緯》」，本文所引此書，亦從學界之說，以免混淆。

〔註 149〕〔清〕陳喬樅：《詩緯集證・序》，收入上海古籍出版社編：《緯書集成》（上海：上海古籍出版社，1994 年 6 月影印道光二十六年刊本），頁 1129。

所引此文，所題篇目亦間有不同。例如：

1、《後漢書，張純列傳》作「禮：三年一祫，五年一禘。」(頁1195)

2、《南齊書・禮志》作「《禮緯・稽命徵》……。」(頁118)

3、《尚書・盤庚》疏〔註150〕、《禮記・王制》疏〔註151〕、《通典》〔註152〕、《資治通鑑》(頁7648)、《舊唐書・禮儀志》(頁996)、《宋史・禮志》(頁2583)等，均作「《禮緯》……。」

4、《北堂書鈔》卷90〈禘祫條〉作「〈稽命曜〉……。」〔註153〕

5、《初學記》卷13作「〈稽命潛〉……。」〔註154〕

6、《新唐書・禮樂志》作「禮曰……。」(頁343)

今案：「三年一祫，五年一禘」，其說首見上引《後漢書・張純列傳》。如〈張純列傳〉所引，所謂「三年一祫，五年一禘」，其說殆出自於「禮」。今檢《說文》云：「周禮曰：三歲一祫。」(頁6)然今本《周禮》並無此文。段注云：「云周禮者，以別於夏殷之禮。」依段注，則「周禮」當指周代之禮，而非典籍之稱。張純所謂之「禮」，義當同此。其後《南齊書・禮志》王儉引作「《禮緯・稽命徵》」之語，當是光武之時將此說編入《禮稽命徵》之中，故王儉乃得以據引。而《尚書・盤庚》孔疏等均引作「《禮緯》」，蓋或但舉緯名而略其篇目，其說亦當出於〈稽命徵〉。至於《初學記》、《太平廣記》、《北堂書鈔》所引，恐皆為〈稽命徵〉之訛。姚振宗以為，「〈稽命曜〉」疑即「〈稽命徵〉」。〔註155〕其說可從。

（二）禮元命苞 (〈附錄二〉；序次119)

《禮元命苞》一種，明清以來僅朱彝尊《經義考》卷265〈毖緯三〉據《通典》所引著錄。(見頁1341)《通典》云：「鄭玄按《禮緯・元命苞》云：『天子五

〔註150〕〔漢〕孔安國傳；〔唐〕孔穎達正義：《尚書正義》(臺北：藝文印書館，1989年1月，阮刻《十三經注疏》本)，頁129。

〔註151〕〔漢〕鄭玄注；〔唐〕孔穎達正義：《禮記正義》(臺北：藝文印書館，1989年1月，阮刻《十三經注疏》本)，頁244。

〔註152〕〔唐〕杜佑撰：《通典》(北京：中華書局，1988年12月)，頁1397。

〔註153〕〔唐〕虞世南撰；〔清〕孔廣陶校注：《北堂書鈔》(天津：天津古籍出版社，1988年12月)，頁327。

〔註154〕〔唐〕徐堅輯：《初學記》(臺北：臺灣商務印書館，1986年3月，《文淵閣四庫全書》本)，第890冊，頁221。

〔註155〕〔清〕姚振宗撰：《隋書經籍志考證》(北京：中華書局，1986年6月，《二十五史補編》本)，頁5193～5194。

廟，二昭二穆，與始祖而爲五。』」又云：「按玄注〈王制〉據《禮緯元命苞》云：『唐虞五廟，殷六廟，周七廟。』」（頁1298、1299）然相同佚文，喬松年輯入《春秋元命苞》（見頁1450）；馬國翰《玉函山房輯佚書》則輯入《禮稽命徵》，並云：「考〈元命苞〉是《春秋緯》，以《正義》正之，是〈稽命徵〉之誤也。」（頁2047）今檢《禮記・王制》疏云：「《禮緯・稽命徵》云：『唐虞五廟，親廟四，始祖廟一；夏四廟，至子孫五；殷五廟，至子孫六。』〈鉤命決〉云：『唐堯五廟，親廟四，與始祖五；禹四廟，至子孫五；殷五廟，至子孫六；周六廟，至子孫七。』鄭據此爲說，故謂七廟周制也。」（頁241）馬氏所云，其說本此。如孔疏所云，則鄭玄所據者，實爲《禮稽命徵》與《孝經鉤命決》，而非《禮元命苞》。以此觀之，《通典》所云殆屬誤記，應以馬說爲是。

（三）禮瑞命記（〈附錄二〉；序次120）

《禮瑞命記》一種，明清以來僅見錄於《經義考》卷265〈毖緯三〉。其言云：「見王充《論衡》、蔡邕〈明堂論〉。其詮「鳳」云：『雄曰鳳，雌曰凰；雄鳴曰即即，雌鳴曰足足。』」（頁1341）今檢《論衡・講瑞》，其文明作「《禮記・瑞命篇》。」〔註156〕朱氏所錄，恐屬誤記。至於此〈瑞命篇〉之內容，黃暉注云：「《大戴逸禮》篇名。」鍾肇鵬以爲當是《大戴禮記》逸篇，殷善培則以爲當係釋禮之作，而非《禮緯》。〔註157〕然而，朱氏所錄篇名雖有誤記之嫌，但文獻上確有「《禮瑞命記》」之記載。如《文選》卷35〈七命八首〉注引《禮瑞命記》云：「黃帝服黃服，戴黃冠，齋於宮，鳳乃蔽日而來。……」（頁1613）除此之外，古籍所錄，另有《古瑞命記》。如《文選》卷6〈魏都賦〉注引《古瑞命記》曰：「王者慈仁，則芝草生。」（頁286）《全三國文・神芝贊》則云：「《古瑞命記》曰：『王者慈仁則芝生。』」（頁1266）相同文字亦見《藝文類聚》卷98〈祥瑞部上〉（頁1703）及《太平御覽》卷989〈藥部三〉（頁4498）。可見《瑞命記》之說來源甚古。

（四）禮記默房（〈附錄二〉；序次121）

《禮記默房》一種，明清諸家均未輯錄。姚振宗《隋書經籍志考證》以爲：「范書〈方術列傳注〉言七緯篇目止於三十有五，尚缺其一，疑即此《默

〔註156〕〔漢〕王充撰；黃暉校釋：《論衡校釋》（北京：中華書局，1990年2月），頁733。
〔註157〕鍾說見：《讖緯論略》，頁65；殷說見：《讖緯思想研究》，頁73。

房》也。」(頁 5194) 然《隋志》所錄篇目爲李賢注所未引，而歷來以之爲緯書者多矣；何以李注所未列之一篇，非以《禮記默房》當之不可？以此觀之，姚說實不可從。惟《隋志》云「《禮記默房》二卷，宋均注」；原注又云「梁有三卷，鄭玄注，亡。」(頁 940) 準此而言，則《禮記默房》或當爲古緯之舊。

（五）禮瑞應圖 （〈附錄二〉；序次 122）

《禮瑞應圖》一種，明清諸家均未輯錄，今據陳槃說補〔註 158〕。陳氏所云，蓋據《太平御覽》卷 872 所引《禮瑞應圖》云：「昔太清之治世也，昭明於日月」一節所錄，並據以解題。依陳氏之意，《禮瑞應圖》或爲《禮緯》篇目之一；然疑有未詳，茲附誌於此。

六、樂緯

如〈附錄二〉所示，歷來所見《樂緯》篇目僅有四種，其中〈動聲儀〉、〈稽耀嘉〉已見《白虎通》徵引，其爲古緯之舊，殆無疑問；而〈叶圖徵〉則見《後漢書‧方術列傳》李賢注引，其爲《樂緯》篇目，亦無問題。此外尚有〈五鳥圖〉一種，茲略述如下。

（一）樂五鳥圖 （〈附錄二〉；序次 128）

《樂五鳥圖》一種，明清諸家僅《經義考》卷 265〈彙緯三〉據《隋志》所引著錄。(見頁 1341～1342) 其說以爲：「〈五行志〉引〈叶圖徵〉文曰：『似鳳有四，並爲妖：一曰鷫鵊，鳩啄，圓目，身義戴信嬰禮膺仁負智，至則旱役之感也；二曰發明，鳥啄，大頭，大翼，大脛，身仁戴智嬰義膺信負禮，至則兵喪之感也；三曰焦明，長啄，疏翼，圓尾，身義戴信嬰仁膺智負禮，至則水之感也；四曰幽昌，兌目，小頭，大身，細足，脛苔鱗葉，身智戴信負禮膺仁，至則旱之感也。』考《樂緯》別有〈五鳥圖〉，後一條疑即〈五鳥圖〉文。」(頁 1342) 除朱氏所論外，近代學者亦有持此說者。如殷善培認爲，〈五鳥圖〉或許即是敦煌文獻 P2683 號《瑞應圖》所云：「發鳴：狀似鳳皇，鳥啄、大瑪、羽翼、大足 (案：此處「足」字疑衍) 脛，身仁戴智嬰義應信負禮，至則丘□之威。□□：狀似鳳皇，銳啄、小頭、大身、細足，脛翼若郊葉，身□戴義嬰信膺仁負禮，至則旱之感也。……」之類的文獻。〔註 159〕二說立論基礎雖

〔註 158〕《古讖緯研討及其書錄解題》，頁 301。
〔註 159〕《讖緯思想研究》，頁 73。案：殷氏所引頗有脫誤，今據黃永武編：《敦煌古籍敘錄新編》(臺北：新文豐出版公司，1986 年)，第 8 冊，頁 319～320。

或有別，然要旨並無二致。

今案：就《樂五鳥圖》之「篇題」而言，既然其說與「五鳥」有關，則上述推論似言之成理；然鍾肇鵬以爲，劉昭注明引作〈叶圖徵〉，朱氏見有五鳳即判爲〈五鳥圖〉，未免臆測。〔註160〕今檢敦煌文獻所錄《瑞應圖》，其中一幅之下錄有「汁啇徵」三字（見頁321）；據此可知，《瑞應圖》所錄之文當屬〈叶圖徵〉，而與〈五鳥圖〉無涉。諸說之間，當以鍾說爲是。

七、春秋緯

如〈附錄二〉所示，歷來所見《春秋緯》篇目凡四十五種。其中〈演孔圖〉、〈元命苞〉、〈文曜鉤〉、〈運斗樞〉、〈感精符〉、〈保乾圖〉、〈潛潭巴〉等七種，俱見後漢典籍徵引；其爲古緯之舊，殆無庸置疑。而〈說題辭〉、〈合誠圖〉、〈考異郵〉、〈漢含孳〉、〈佐助期〉、〈握誠圖〉、〈命曆序〉等，則見《後漢書・方術列傳》李賢注引；此七種爲《春秋緯》篇目，當無疑異。除此之外，〈內事〉、〈包命〉、〈秘事〉見《隋志》注引，〈孔錄法〉、〈春秋錄圖〉見《文選》李善注引，〈少陽篇〉見《論語》疏引，此六種爲《春秋緯》篇目，歷來之說亦無二辭。其餘數種，其說雖或見引於後漢以至唐人著述，然歷來之說頗有異辭；而上述二十種《春秋緯》篇目，雖可信其爲古緯之舊，然在細節上仍有爭議。今一併附論於後。

（一）春秋合讖圖（〈附錄二〉；序次 135）

《春秋合讖圖》一種，明清諸家僅王仁俊《玉函山房輯佚書續編》據《稽瑞》所引「堯坐中舟，與太尉舜臨觀鳳凰負圖，以赤玉爲匣，長三尺，廣八寸，厚一寸。……」之說採摭。（見頁 9）然「讖」、「誠」字形相近，且類似佚文又見《春秋合誠圖》；以此觀之，「〈合讖圖〉」應即是「〈合誠圖〉」；《稽瑞》作〈合讖圖〉，殆或展轉傳鈔而訛。

（二）春秋考異圖（〈附錄二〉；序次 137）

《春秋考異圖》一種，明清諸家僅王仁俊《玉函山房輯佚書續編》據《稽瑞》所引「麟，蓋玄枵之陰精也，亦曰歲星。……」之說採摭。（頁 9）相同佚文，《緯書集成》輯入《春秋考郵異》；或以此二種爲同一篇目之不同稱謂。然文獻有闕，茲暫存之。

〔註160〕《讖緯論略》，頁 66。

（三）春秋保乾圖、春秋寶乾圖（〈附錄二〉；序次 138、139）

《春秋保乾圖》一種，《經義考》卷 266〈毖緯四〉於篇題下注云：「保或作寶」（頁 1345）。殷善培則以爲，〈寶乾圖〉篇目只見《古書拾遺》，未見他書徵引。〔註 161〕言下之意，似認爲「〈寶乾圖〉」之篇頗爲可疑。

今案：《春秋保乾圖》之文首見《後漢書・陳寵列傳》說引。其文曰：「《春秋保乾圖》云：『王者三百年一蠲法。』」（頁 1554）《晉書・刑法志》（頁 920）、《太平御覽》卷 304〈兵部〉（頁 1528）、《太平御覽》卷 637〈刑法部〉（頁 2984）、《文獻通考》卷 164〈刑制〉（頁 1421）等所引亦同。然今檢《北史・崔仲方傳》曰：「《春秋寶乾圖》云：『王者三百年一蠲法』。」〔註 162〕「保」、「寶」讀音相同，當屬同音假借之例；以此觀之，朱說不誤。

（四）春秋佐助期（〈附錄二〉；序次 141）

《春秋佐助期》一種，說見《後漢書・張衡列傳》注引（見頁 1925）；其爲古緯之舊，當無問題。惟現存佚文，頗有後人孱入者。如《魏書・文帝紀》注引《春秋佐助期》曰：「漢以許昌失天下」、「漢以蒙孫亡。」（頁 64）今觀佚文內容，其說顯爲曹丕篡漢之際所造，並非古緯之舊。

（五）春秋握成圖（〈附錄二〉；序次 142）

《春秋握成圖》一種，侯康以爲，此篇當與〈合誠圖〉爲同一篇目之異名；而諸書所引《春秋命歷序》應爲《春秋緯》十三篇之一。〔註 163〕

今案：侯氏所云，但屬臆測，不足爲憑。蓋〈合誠圖〉與〈握誠圖〉俱見《後漢書・方術列傳》李賢注引，可知唐代所見《春秋緯》即爲兩篇並行，侯氏所云，恐難盡從。

（六）春秋內事（〈附錄二〉；序次 146）

《春秋內事》一種，侯康以爲：「《古微書》謂宋均有《春秋內事注》，則又在十三篇之外者。然亦疑《春秋內事》是讖書，在雜讖二十九卷中，非七經緯所有也。」〔註 164〕

〔註 161〕《讖緯思想研究》，頁 74。
〔註 162〕〔唐〕李延壽等撰：《北史》（北京：中華書局，1974 年 11 月），頁 1177。此外，《尚書・禹貢》孔疏亦曾徵引《春秋寶乾圖》之文。其文曰：「《春秋緯・寶乾圖》云：『移河爲界，在齊呂塡閼八流以相廣。』」（頁 80）。
〔註 163〕《補後漢書藝文志》，《二十五史補編》，頁 2174。
〔註 164〕《補三國藝文志》，《二十五史補編》，頁 3216。

今案：侯氏所云，殆以「讖」、「緯」有別之分立論；然《春秋內事》已見《後漢書・張衡列傳》注引（見頁1903），且《隋志》云：梁有「《春秋內事》四卷」（見頁940）。則《春秋內事》為古緯之舊，實無疑問。

（七）春秋錄運法（〈附錄二〉；序次148）

《春秋錄運法》一種，明清諸家僅喬松年據《後漢書・公孫述列傳》所引輯錄。（見頁1483）然今檢《後漢書・公孫述列傳》本文，其說但謂「〈錄運法〉曰：『廢昌帝，立公孫』（見頁538），並無「春秋」二字。且李注明云：「〈錄運法〉、〈括地象〉並《河圖》篇名。」以此觀之，〈錄運法〉實乃《河圖》篇目，並非《春秋緯》所有。喬氏所輯，有妄增之嫌；《緯書集成》未加辨正即據以採摭，亦失之過當。

（八）春秋璇璣樞（〈附錄二〉；序次150）

《春秋璇璣樞》一種，說見《儀禮・有司徹》疏引。其文云：「魚無足翼，紂如魚，乃討之。」（頁601）明清諸家或據以採摭。然相同文字又見《尚書璇璣樞》，殷善培據此以為，《春秋璇璣樞》當即《尚書璇璣樞》之訛。〔註165〕今檢《尚書中候》注引《春秋璇璣樞》云：「魚無足翼，紂如魚，乃討之。」（頁420）由此觀之，東漢末年當有《春秋璇璣樞》之文本流傳，故鄭玄乃得以援引此文；殷氏所云，似待商榷。然《春秋璇璣樞》今僅存佚文一則，恐難藉此判其真偽。文獻有闕，茲暫存之。

（九）春秋撰命篇（〈附錄二〉；序次151）

《春秋撰命篇》一種，明清以來僅《經義考》卷266〈毖緯四〉據《公羊傳・哀公十四年》徐彥疏引著錄。（頁1364）今檢徐疏，其說但謂：「〈揆命篇〉云：『孔子年七十歲，知圖書，作《春秋》』。」（頁357）朱氏作「撰」，顯係誤記。又，徐疏所引並無緯名，朱氏所錄，亦有妄增之嫌。鍾肇鵬則以為，《春秋揆命篇》乃《河圖揆命篇》之訛。〔註166〕然徐疏明作「〈揆命篇〉」，朱氏妄加「春秋」二字固屬非是，鍾氏又改「春秋」為「河圖」，同樣有增字解經之嫌，亦不足為憑。文獻有闕，茲暫存之。

（十）春秋河圖揆命篇（〈附錄二〉；序次152）

《春秋河圖揆命篇》一種，說見《文選》卷52〈王命論〉及卷53〈運命

〔註165〕《讖緯思想研究》，頁74。
〔註166〕《讖緯論略》，頁68。

論〉注引。其文云:「倉、戲、農、黃,三陽翼天德聖明。」(見頁2264、2295)鍾肇鵬以爲,《春秋河圖揆命篇》之「春秋」乃衍文,應爲《河圖揆命篇》之訛。〔註167〕然《文選注》「兩引」《春秋河圖揆命篇》,「春秋」二字是否爲衍文,實不無可疑。蓋李善《文選注》引書弘富,駱鴻凱據汪師韓《文學理學權輿》卷2〈注引群書目錄〉所列,計得一千六百八十九種。〔註168〕以此觀之,兩漢典籍雖經魏晉之難而飽受摧殘;然唐時所見,仍屬豐碩。又考李善與李賢同時,其上《文選注》於高宗顯慶六年(661)正月廿七日〔註169〕;而李賢注《後漢書》,依《新唐書‧李公謹傳》所云,則在高宗「上元」(674~676)年間。(見頁3765)此二書之成書年代相近,則二公所見舊籍,當亦相去不遠。因此,今以李賢注引緯書篇目爲古緯所有;則李善注所引緯書篇目,當亦別有所本。除此之外,《路史》引該佚文,篇題亦作「《春秋河圖揆命篇》」,惟「翼」作「翊」。〔註170〕以此觀之,以《春秋河圖揆命篇》之「春秋」二字爲衍文,殊爲無據。《緯書集成》分別輯入《河圖揆命篇》與《春秋河圖揆命篇》,當是折衷之見。

(十一)春秋瑞應傳 (〈附錄二〉;序次153)

《春秋瑞應傳》一種,明清諸家僅喬松年據《白虎通‧三正》所引輯錄。(見頁361)然所謂「傳」者,依兩漢注疏體裁觀之,則此篇或爲解釋《春秋緯》有關「瑞應」之說,並非緯書篇目。

(十二)春秋玉版讖 (〈附錄二〉;序次154)

《春秋玉版讖》現存佚文一則,說見《魏書‧文帝紀》注引。其文云:「代赤者,魏公子。……」(頁64)今觀佚文內容,此讖顯係曹丕篡漢之際所造,並非古緯之舊。

(十三)春秋考曜文、春秋考靈曜 (〈附錄二〉;序次155、156)

《春秋考曜文》一種,明清諸家僅《經義考》卷266〈毖緯四〉據《藝文類聚》卷11〈帝王部〉所引「《春秋考曜文》曰:『王者往也,神所輸向。……』」

〔註167〕《讖緯論略》,頁67。

〔註168〕駱鴻凱:《文選學》(臺北:漢京文化事業有限公司,1982年10月),頁62。

〔註169〕〔宋〕王溥撰:《唐會要》(北京:中華書局,1987年,《叢書集成初篇》本),頁657。

〔註170〕〔宋〕羅泌撰:《路史》(臺北:臺灣商務印書館,1986年3月,《文淵閣四庫全書》本),卷32,頁453~454。

之說著錄。(見頁1345) 然同類文字又見《春秋文曜鉤》及《春秋元命苞》；而《淵鑒類函》卷40〈帝王部〉引該佚文，篇題則作「《春秋考靈曜》」。〔註171〕「靈曜」、「曜文」，其義皆與天文星象有關，不知是否爲同一篇目之不同稱謂。《緯書集成》將上述佚文輯入《春秋考靈曜》，或即持此義。〔註172〕此外，《緯書集成》據《玉海》所引「分寸之暑」云云，亦歸之《春秋考靈曜》；然相同佚文又見《尚書考靈曜》；殷善培據此以爲，《春秋考靈曜》疑即《尚書考靈曜》之訛。〔註173〕

今案：《玉海》所引「分寸之暑」云云，其說最早見於《晉書·天文志》所引，只是文字略有小異。其言曰：「〈考靈曜〉云：『分寸之暑，代天氣生，以制方員。方員以成，參以規矩。昏明主時，乃命中星觀玉儀之游。』」(頁284) 今觀《晉書》所引，其文但作「〈考靈曜〉」，並無緯名；且佚文互見是否代表篇題相同，實不無可疑。今並存之。

（十四）春秋鉤命訣 (〈附錄二〉；序次157)

《春秋鉤命訣》一種，明清以來僅殷元正 (或陸明睿增訂) 據《路史後紀》注引及《通鑑綱目》、《淵鑒類函》等輯得佚文四則。〔註174〕其中《路史後紀》注引僅有「名軌」、「任姒」四字；而「名軌」二字又見《孝經鉤命訣》注，「仕姒」二字又見《帝王世紀》(《史記正義》說引；頁4)。而《通鑑綱目》所引，其文見《後漢書，天文志》注，然無「春秋」二字；至於《淵鑒類函》所引，於《佩文韻府》引亦無「春秋」之文。以此觀之，《春秋緯》是否眞有〈鉤命訣〉之篇，實甚可疑。

（十五）春秋包命 (〈附錄二〉；序次158)

《春秋包命》一種，明清以來僅《經義考》卷266〈毖緯四〉據《隋志》注引著錄。並云：「《隋志》注有〈包命〉二卷，疑即〈元命苞〉。」(頁1344) 然其說缺乏明證，難以盡從。

〔註171〕〔唐〕張英等撰：《淵鑒類函》(臺北：臺灣商務印書館，1986年3月，《文淵閣四庫全書》本)，第983冊，頁2。

〔註172〕《緯書集成》，頁898。

〔註173〕《讖緯思想研究》，頁74。

〔註174〕案：上海古籍出版社所編之《緯書集成》，《集緯》一書缺《孝經緯》及《論語讖》；而《春秋緯》雖列目廿四種，然實際所見僅有二種，實非善本。今據《緯讖候圖校輯》(北京：書目文獻出版社，1998年2月，《北京圖書館古籍珍本叢刊》本)，頁602～603。

（十六）春秋含文嘉（〈附錄二〉；序次 159）

《春秋含文嘉》一種，明清諸家僅《經義考》卷 266〈毖緯四〉據《白虎通》所引著錄。（見頁 1346）鍾肇鵬則以爲，《春秋含文嘉》應爲《春秋大義》輾轉傳鈔之訛，而《春秋大義》並非緯書。〔註 175〕

　　今案：《白虎通·崩薨》云：「〈含文嘉〉（案：《白虎通》舊本於「〈含文嘉〉」之上有「《春秋》二字」）曰：『天子墳高三仞，樹以松。……』」（頁 599；文中案語即本陳立疏證之說）《白虎通》所引〈含文嘉〉之文，《周禮·冢人》疏引作「《春秋緯》」（見頁 334）；《太平御覽》引此文，於「天子」之上則有「《白虎通》曰：《春秋》之義」八字（見頁 2653）。就《太平御覽》所引觀之，「天子墳高三仞，樹以松」之說，當與《春秋》有關；據此，《白虎通》舊本作「《春秋含文嘉》」，似亦有跡可尋，並非全然無據。鍾說以爲《春秋含文嘉》乃《春秋大義》之輾轉誤鈔，然《春秋大義》不見錄於《隋志》及兩《唐志》，則東漢是否存有其書，實甚可疑；且《通典》所引「《春秋大義》」，北宋本、傅校本、明刻本、王暘本、明抄本俱作「《春秋文義》」〔註 176〕；以此觀之，今本《通典》作「《春秋大義》」，反有訛誤之嫌。既然如此，則鍾氏所引《通典》「《春秋大義》」云云，恐不足爲據。陳立《白虎通疏證》以爲當是《禮緯》、《春秋緯》並有其文（見頁 559），其說或然。

（十七）春秋括地象（〈附錄二〉；序次 160）

《春秋括地象》一種，明清以來僅《經義考》卷 266〈毖緯四〉據《編珠》所引著錄。（見頁 1364）

　　今案：《春秋括地象》除見《編珠》所引外，《唐律疏義》亦曾言及該篇之文。惟其說以爲：「《春秋括地象》云『地有三千六百軸、十角』者，此皆形容隋將亡、唐未興之時天下大亂也。」（頁 10）依《唐律疏義》所云，則《春秋括地象》當爲隋末唐初之際所造，並非古緯之舊。鍾肇鵬則以爲，《春秋括地象》當爲《河圖括地象》之訛。〔註 177〕然緯書篇目互見者所在多有，能否以此爲據，似仍有待商榷。

〔註 175〕《讖緯論略》，頁 67。
〔註 176〕參王文錦等點校：《通典》，頁 1275。
〔註 177〕《讖緯論略》，頁 67。

（十八）春秋文義（〈附錄二〉；序次 161）

《春秋文義》一種，明清以來僅《經義考》卷 266〈毖緯四〉據《白虎通》所引著錄。（頁1364）

今案：《白虎通・社稷》引《春秋文義》曰：「天子之社稷廣五丈，諸侯半之。」（頁91）相同佚文，《通典》引作「《春秋大義》」；鍾肇鵬據此以爲，《春秋文義》應爲《春秋大義》之誤，並非緯書。〔註178〕然如前所述，《通典》所引「《春秋大義》」，北宋本、傅校本、明刻本、王晫本、明抄本俱作「《春秋文義》」；以此觀之，鍾氏所引《通典》「《春秋大義》」云云，實不足爲據。又，上引《春秋文義》之文，《太平御覽》卷 532〈禮儀部〉引作「《尚書》逸篇曰」（頁2542）。佚文相同，而諸書所引出處有異，則此說當爲漢儒論禮之通義。倘此推論不誤，則所謂「《春秋文義》」，當爲漢儒推衍《春秋》之作，不應列入緯書篇目。

（十九）春秋聖洽符（〈附錄二〉；序次 164）

《春秋聖洽符》一種，明清諸家僅殷元正據《觀象玩占》輯得佚文四則（見頁603）；然相同文字又見《開元占經》，惟《開元占經》引作「《河圖聖洽符》」。中村璋八據此以爲，「《春秋聖洽符》」當爲「《河圖聖洽符》」之訛。〔註179〕今檢《開元占經》，此書除引《河圖聖洽符》外，於卷 89〈彗星占〉又引《春秋聖洽符》曰：「彗星牽牛，北夷驕奢，治將爲亂。」（頁 828～829）依四庫本，則瞿曇悉達所見，似有《春秋聖洽符》一篇。然據大德本，其文但作：「〈聖洽符〉曰：『北夷驕奢，治將爲亂。』」〔註180〕四庫本所錄，似有誤鈔之嫌。今從中村之說。

（二十）春秋感應圖（〈附錄二〉；序次 165）

《春秋感應圖》一種，明清諸家僅《集緯》據《淵鑒類函》卷 40〈帝王部〉所引「黃河千年一清，丹野千年一焚，焚則聖人出」之說輯錄。（見頁25）

今案：古人以「河清」爲瑞應，如《後漢書・襄楷列傳》引《京房易傳》曰：「河水清，天下平。」（頁1080）但兩漢典籍未聞「黃河千年一清」之說。今所見者，則《太平御覽》卷 26〈祥瑞部〉引《拾遺記》云：「黃河千年一清，

〔註178〕《讖緯論略》，頁 67。
〔註179〕《緯書の基礎的研究》，頁 452。
〔註180〕收入任繼愈主編：《中國科學技術典籍通彙》（鄭州：河南教育出版社，1993年），卷 89，頁 761。

聖王之大瑞也。」（頁422）又，《全唐文》卷2〈賜秦王獲寶建德手詔〉云：「吾聞黃河千年一清，乃當今日，汝功一也。」〔註181〕李白〈西岳臺雲歌送丹丘子〉云：「黃河萬里觸山動，盤渦轂轉秦地雷。榮光休氣紛五采，千年一清聖人在。」〔註182〕以此觀之，「黃河千年一清」之說，恐爲魏晉以後之觀念；殷元正輯之以爲緯書篇目，似難以盡從。

（廿一）春秋災異（〈附錄二〉；序次166）

《春秋災異》一種，《隋志》云：「漢末，郎中郗萌集圖緯讖雜占爲五十篇，謂之《春秋災異》。」（頁941）《古微書》則云：「漢郎中郗萌集圖緯讖雜占爲五十篇，於七經緯各自爲篇部。至宋均始合而集之，得三十卷，總名曰《春秋災異》，而言緯者始主《春秋》，諸書徵引殊不別，疏皆曰《春秋緯》。」（頁111）是《春秋災異》乃集緯之作，並非緯書篇目。

（廿二）春秋災異應錄（〈附錄二〉；序次167）

《春秋災異應錄》一種，明清諸家均未輯錄，今據《通志》所錄列補。（見頁756）

今案：《春秋災異應錄》於《隋志》、兩《唐志》未見其目，《通志》首次著錄，但未注明來源。除此之外，《經義考》卷192〈春秋廿五〉亦錄有《春秋災異應錄》一種。（見頁990）然《通志》入「讖緯類」，《經義考》則錄之以爲「春秋類」，二說相去甚遠。既然《春秋災異應錄》出處不詳，且前賢所論有別；則此篇是否爲古緯之舊，實不無疑問。

（廿三）春秋符（〈附錄二〉；序次168）

《春秋符》一種，明清諸家僅陶宗儀輯「王者政令苛，則夏降霜；誅伐不行，則多霜不殺草」云云，題爲「《春秋符》」。〔註183〕除此之外，《唐律疏議》亦曾徵引《春秋符》之說。其文曰：「霜者，刑罰之表也。春秋始降，鷹隼擊。王者順天行誅，成肅殺之威。」〔註184〕今檢《初學記》卷2引《春秋

〔註181〕〔清〕董誥等編：《全唐文》（上海：上海古籍出版社，1990年12月），頁6。
〔註182〕〔唐〕李白撰：《李太白文集》（臺北：臺灣商務印書館，1986年11月，《文淵閣四庫全書》本），卷5，第1066冊，頁255。
〔註183〕〔明〕陶宗儀輯：《說郛》，收入上海古籍出版社編：《緯書集成》（上海：上海古籍出版社，1994年6月影印宛委山堂刊本），頁131。
〔註184〕〔唐〕長孫無忌等撰：《唐律疏議》（北京：中華書局，1987年，《叢書集成初編》本），頁3。

感精符》云：「霜，殺伐之表。季秋霜始降，鷹隼擊，王者順天行誅，以成肅殺之威。若政令苛，則夏下霜；誅罰不行，則冬霜不殺草。」(頁 35)《說郛》與《唐律疏議》所引，疑即節錄自《春秋感精符》；而其篇題作「春秋符」者，殆或記憶偶失之故。

（廿四）春秋圖 (〈附錄二〉；序次 169)

《春秋圖》一種，明清諸家僅《七緯拾遺》據《開元占經》輯得佚文六十四則 (頁 1078～1079)；同類佚文，馬國翰《玉函山房輯佚書》則輯入《春秋握誠圖》(見頁 1298～1300)，殆或以此二種為同一篇目之不同稱謂。

今案：《開元占經》引《春秋圖》凡六十六見，顧、馬二氏所輯，皆有脫誤。〔註 185〕又，四庫本所錄《春秋圖》，大德本或作「〈合誠圖〉」(見卷 22，頁 255；卷 34，頁 336)、或作「《春秋合誠圖》」(見卷 25，頁 274；卷 32，頁 324；卷 33，頁 328)；是所謂「《春秋圖》」者，或即「《春秋合誠圖》」展轉傳鈔之訛。然大德本除上述諸條外，其餘大體仍作「《春秋圖》」曰 (卷 57「辰星入翼」條，大德本作「《春秋》」曰；見頁 502)；能否逕據上述諸條即判定「《春秋圖》」為「《春秋合誠圖》」之訛，似仍有待進一步之探討。惟證諸大德本所錄，馬國翰將《春秋圖》輯入《春秋握誠圖》，其說非是。

（廿五）春秋說命徵 (〈附錄二〉；序次 171)

《春秋說命徵》一種，明清諸家僅王仁俊《玉函山房輯佚書續編》據《稽瑞》所引採摭。(見頁 2061) 然今檢《稽瑞》，其文明云：「《河圖說命徵》曰：黃帝土德，故先是大蚓之應。」(頁 59) 王氏所錄，顯屬誤記。

八、孝經緯

如〈附錄二〉所示，歷來所見《孝經緯》篇目凡三十六種。其中〈句命決〉、〈援神契〉二種，說見後漢典籍徵引；其為古緯之舊，殆無疑異。除此

〔註 185〕《七緯拾遺》缺卷 25「歲星之虛，五穀大熟」、「歲星處胃北……」及卷 55「辰星之熒惑」等三則。又，「熒惑之須女，上求女」一則，《開元占經》卷 32 作「《春秋緯》」曰，顧氏所輯有誤。而《玉函山房輯佚書》則缺卷 24「歲星之箕，歲多風」、卷 26「歲星之觜觿，兵器大貴」、卷 33「熒惑之觜觿，大臣有憂」、卷 33「熒惑之參，將有憂」及卷 81「客星出張……」等五則；又誤收「熒惑之須女，上求女」、「熒惑之畢令，有德令」、「守犯輿鬼……」(《開元占經》作「《春秋緯》」曰)、「歲星舍觜觿，有白衣之會」(《開元占經》作「〈洪範傳〉曰」)、「熒惑入參，必有一國之君俄若戮死者」(《開元占經》作「《荊州占》曰」) 等五條。

之外，其餘篇目或見《隋志》注引，然歷來之說頗有異見，今就管見所及，一併分述如後。

（一）孝經援神契音隱（〈附錄二〉；序次175）

《孝經援神契音隱》一種，其說但見《日本國見在書目錄》。〔註186〕今檢歷代史志，其書凡以「音隱」為名者，大體皆為解經之作。如《毛詩音隱》、《說文音隱》（《隋志》；頁916、943）、《春秋左氏音隱》（《舊唐志》；頁1977）等。又，《史記集解》引《史記音隱》云：「儃，音西志反」（頁394）、「鈦，音徒計反」（頁1429）……。是「音隱」者，又以「字音」之解釋為主。以此觀之，《孝經援神契音隱》當為解緯之作，並非緯書篇目。

（二）援神句命解詁（〈附錄二〉；序次176）

《援神句命解詁》一種，明清以來僅《經義考》卷267〈毖緯五〉據《後漢書・翟方進列傳》所引著錄。（頁1350）今檢范書，其文明作：「（翟）醻……著《援神句命解詁》十二篇。」（頁1606）是《援神句命解詁》乃解緯之作，並非緯書篇目。

（三）孝經古祕援神（〈附錄二〉；序次177）

《孝經古秘援神》一種，明清諸家僅《經義考》卷267〈毖緯五〉據《隋志》注引著錄。（見頁1350）陳槃以為，阮氏著錄《孝經古祕援神》二卷，蓋即〈援神契〉省「契」字；而各家書目七卷，此獨二卷者，蓋分合不同也。〔註187〕依陳說，則〈古秘援神〉當為〈援神契〉之異稱。然《隋志》分而錄之且卷帙有別，則此二種是否為同一篇名之不同稱謂，似仍有待斟酌。文獻有闕，茲暫存之。

（四）孝經古祕圖（〈附錄二〉；序次178）

《孝經古祕圖》一種，明清諸家僅《經義考》卷267〈毖緯五〉據《隋志》注引著錄。（見頁1350）殷善培則以為，〈古祕援神〉，簡稱〈古祕〉；有圖，稱〈古祕圖〉，是〈古祕〉、〈古祕圖〉、〈古祕援神〉三者實一也。〔註188〕然《隋志》云梁有「《孝經古祕援神》」二卷、「《孝經古祕圖》」一卷，今並無任何證據顯

〔註186〕〔日〕藤原佐世：《日本國見在書目錄》（臺北：新文豐出版公司，1985年1月，《叢書集成初編》本），頁374。

〔註187〕《古讖緯研討及其書錄解題》，頁354。

〔註188〕《讖緯思想研究》，頁76。

示此二種乃由一種析分而來，今仍從《隋志》之說。

（五）孝經中契、孝經左契、孝經右契、孝經左右契圖（〈附錄二〉；序次 180～183）

以上四種，《經義考》卷 267〈毖緯五〉云：「《孝經緯》有〈左右契〉，亦有〈中契〉。其言曰：『元氣混沌，孝在其中。天序日月星辰以自光，人序教悌忠敬以自彰，務一德也。』此〈左契〉之文也。其曰：『內深藏不足爲神，外博觀不足以爲明，惟孝者爲能法天之神，麗日之明。』此〈右契〉之文也。其曰：『孝經文成，玄雲涌北極，紫宮開北門。』此〈中契〉之文也。」（頁 1350～1351）陳槃則以爲，古但有「左右契」，無所謂「中契」；所謂《孝經中契》，疑因其書有三卷，左右之外復有其一，而稱曰「中契」。〔註 189〕殷善培則認爲，〈左契〉、〈右契〉或合稱〈左右契〉，〈左右契〉與〈左右契圖〉當係一事。且「契」與「握」通，〈左右握〉應即是〈左右契〉。〔註 190〕諸說有別，未詳孰是。今暫存之。

（六）鉤命決音隱（〈附錄二〉；序次 186）

《鉤命決音隱》一種，明清諸家輯本均未輯錄，今據中村璋八〈中國にねける緯書資料〉列補。〔註 191〕陳槃以爲，「音隱」者，實乃解緯之作，而非緯書篇目。〔註 192〕衡諸前文所云，其說甚是。

（七）孝經內事、孝經內記、孝經內事圖、孝經內記圖（〈附錄二〉；序次 187～190）

以上四種，明清諸家所輯間有異同；而在佚文歸屬上，或將之彙爲一種，而冠以不同之篇名。〔註 193〕《緯書集成》則將〈內事圖〉併入〈內事〉，〈內記圖〉併入〈內記〉；並注云：「《孝經內事》，或作〈內記〉」、「《孝經內事圖》，一作〈內記圖〉」。〔註 194〕依《緯書集成》，則〈內事〉、〈內記〉當爲一種；而〈內事圖〉與〈內記圖〉，亦爲同一篇目之不同稱謂。鍾肇鵬所見略有不同。

〔註 189〕《古讖緯研討及其書錄解題》，頁 356～357。
〔註 190〕《讖緯思想研究》，頁 75。
〔註 191〕《緯書の基礎的研究》，頁 283。
〔註 192〕《古讖緯研討及其書錄解題》，頁 497。
〔註 193〕如《古微書》、《玉函山房輯佚書》俱入《孝經內事圖》；《說郛》、《諸經緯遺》、《緯攟》俱入《孝經內事》；而《通緯》則入《孝經內記圖》。
〔註 194〕《緯書集成》，頁 1018、1025。

其說云：「《開元占經》中引〈內記〉、〈內記圖〉頗多，引〈內事〉的也有，〈內事〉〈內記〉是否一書，未敢遽定，今並存之。」〔註195〕今檢《隋志》，〈內事圖〉入「經部」（見頁940），而〈內記〉則入「子部」（見頁1020）。既然二書分屬有別，則其性質自當有異。綜合《隋志》與鍾肇鵬之說，則此四種似應分而立之。

（八）孝經內記星圖（〈附錄二〉；序次192）

《孝經內記星圖》一種，明清以來僅《經義考》卷267〈毖緯五〉據《新唐志》所列著錄。（頁1351）然《孝經內記星圖》不見錄於《隋志》、《舊唐志》；且《新唐志》將之歸入「天文類」而非「讖緯類」。由此觀之，《孝經內記星圖》恐非後漢典籍，且其內容當與緯書相異。

（九）孝經河圖（〈附錄二〉；序次193）

《孝經河圖》一種，明清以來僅《經義考》卷267〈毖緯五〉據《齊民要術》所引《孝經河圖》曰：「少室之山，有爨器竹，堪爲釜甑」著錄。（見頁1351）類似佚文，《初學記》卷28引作《河圖》曰：「少室之山，大竹堪爲甑器。」（見頁458）《太平御覽》卷962〈竹部〉所引與《初學記》同，然篇題作「《孝經河圖》」。（見頁4401）高似孫《緯略》云：「演《河圖》者，如《古龍圖》、《河圖傳》、《孝經河圖》之類也。」〔註196〕依《緯略》所云，則《孝經河圖》當爲推闡《河圖》之作，而非緯書篇目。然《太平御覽》〈經史圖書綱目〉又將《孝經河圖》置於「孝經緯」之列（見頁6），則此篇之「性質」爲何，似仍有待進一步之釐清。

（十）孝經中黃讖（〈附錄二〉；序次194）

《孝經中黃讖》一種，明清諸家或據《魏書‧文帝紀》注引「日載東，絕火光；不橫一，聖聰明。四百之外，易姓而王。天下歸功，致太平，居八甲；共禮樂，正萬民，嘉樂家和雜」（頁64）之說採摭。陳槃以爲，此篇乃出於曹丕篡漢，收拾臣民之心所僞托。〔註197〕依陳說，《孝經中黃讖》顯非古緯之舊，不應列入緯書篇目。

〔註195〕《讖緯論略》，頁70。
〔註196〕〔宋〕高似孫撰：《緯略》（臺北：臺灣商務印書館，1986年11月，《文淵閣四庫全書》本），卷7，第852冊，頁328。殷元正則將《孝經河圖》置於河圖類，蓋或以之爲《河圖》之文。（《緯讖候圖校輯》：頁666）
〔註197〕《古讖緯研討及其書錄解題》，頁306。

（十一）孝經威嬉拒（〈附錄二〉；序次 195）

《孝經威嬉拒》一種，明清諸家或據《太平御覽》卷 356〈兵部〉所引「欲去惡鬼，五刑具。……」（頁 1766）之說輯錄。相同佚文，陳禹謀校刻本《北堂書鈔》引作「《孝經援神契》」。〔註 198〕然陳校本多有訛誤脫落，且臆改增刪之處頗多〔註 199〕；其說是否可從，實不無疑問。孔廣陶校注本則於卷 121〈鐵兜鍪〉下注云：「陳本作《孝經援神契》，俞本『援』誤『拔』，皆非也。」（頁 463）依孔說，則〈威嬉拒〉當為《孝經緯》篇目之一。然〈威嬉拒〉今僅存佚文一則，無從判其真偽，茲暫存之。

（十二）孝經雌雄圖、孝經異本雌雄圖、孝經雄圖、孝經雌圖

（〈附錄二〉；序次 197～199）

以上四種，前二種見《隋志》注引，後二種則見錄於《日本國見在書目錄》。（見頁 374）今僅《孝經雌雄圖》存有若干佚文，主要見於《開元占經》所引。趙在翰〈孝經緯敘錄〉云：「〈雌雄圖〉，《五代會要》載其書。周顯德六年八月，高麗遣使所進，止說月之環暈，星之彗孛〔孛〕，災異之應。龐元英云：『非奇書也。』」（頁 1040）

今案：趙氏所謂「〈雌雄圖〉，《五代會要》載其書」，今檢《五代會要》，其文明作「《孝經雌圖》三卷」〔註 200〕，趙氏所引有誤。洪邁《容齋三筆》卷 11〈歲月日風雷雌雄〉則云：「予家有故書一種，曰《孝經雌雄圖》，云出《京房易傳》，亦日星占相書也。」（頁 259）黃復山進一步指出：「此篇應該是六朝時人裒輯星象占驗或京房書中之語而成者，並非東漢時的讖緯。」〔註 201〕黃氏所云，若比觀洪邁所述，其說當可成立。

至於《孝經雌圖》，《舊五代史・恭帝本紀》云：「高麗國遣使朝貢，兼進《別序孝經》一卷、《越王孝經新義》一卷、《皇靈孝經》一卷、《孝經雌圖》三卷。」注引《文昌雜錄》云：「《別序》者，記孔子所生及弟子從學之事；《新

〔註 198〕〔唐〕虞世南撰；〔明〕陳禹謀補注：《北堂書鈔》（臺北：臺灣商務印書館，1986 年 3 月，《文淵閣四庫全書》本），第 889 冊，頁 594。

〔註 199〕〔唐〕虞世南撰；〔清〕孔廣陶校注：《北堂書鈔》（北京：中國書店，1989 年 7 月），〈前言〉部份。下引《北堂書鈔》，均據此本。

〔註 200〕〔宋〕王溥撰：《五代會要》（臺北：九思出版有限公司，1978 年 11 月），卷 30，〈高麗〉，頁 472。

〔註 201〕說見〈讖緯文獻學方法論〉，《文獻學研究的回顧與展望——第二屆中國文獻學學術研討會論文集》，頁 586～587。

義》者，以越王爲問目，釋疏文之義；《皇靈》者，止說延年避災之事及符文，乃道書也。《雌圖》者，止說日之環暈，星之彗孛，亦非奇書。」又云：「《別敘孝經者》，紀孔子生卒之年月；《越王孝經新義》者，以越王爲問答；《皇靈孝經》言五德之運；《孝經雌圖》兼及壬遁之術。皆無當於經義。」〔註 202〕依《舊五代史》所引《文昌雜錄》之說，則《孝經雌圖》之內容實與《孝經雌雄圖》相近。《孝經雌雄圖》與《孝經雌圖》內容相近，且其篇名雷同，疑《孝經雌圖》、《孝經雄圖》乃《孝經雌雄圖》所析分而來。惟文獻有闕，今已莫究其詳。

又，《隋志》注云：「（梁）有《孝經異本雌雄圖》二卷。」（頁 940）所謂「異本」，當指「原初傳本」外之「別行本」；而此原初傳本，疑即指《孝經雌雄圖》。換言之，《孝經異本雌雄圖》當爲《孝經雌雄圖》所「抽繹」而成，故其卷帙比原本《孝經雌雄圖》尚缺「一卷」。此外，《宋史・藝文志》錄有《孝經雌雄圖》四卷（頁 5262），較諸《隋志》所錄，尚多一卷。此多出之一卷，若以《舊五代史・四夷附錄》所謂「《孝經雌圖》一卷」爲基準，則《宋志》所錄，疑即併合《孝經雌雄圖》三卷及《孝經雌圖》一卷而成。然《日本國見在書目錄》錄《孝經雌圖》、《孝經雄圖》各三卷，又錄《孝經雌雄圖》二卷；則日本所見，似又爲各自獨立之傳本。

（十三）孝經皇義（〈附錄二〉；序次 205）

《孝經皇義》一種，明清以來僅見錄於《經義考》卷 267〈毖緯五〉。（見頁 1351）然《隋志》云：「（梁）有《孝經皇義》一卷，宋均撰。」（頁 933）此書既爲宋均所「撰」，則乃解緯之書，並非緯書篇目。

（十四）孝經讖圖（〈附錄二〉；序次 208）

《孝經讖圖》一種，明清以來僅《經義考》卷 267〈毖緯五〉據《歷代名畫記》著錄（見頁 1350），然有目無文。朱氏以爲此篇乃緯書篇目，應據其「篇名」而論；然《隋志》等早期文獻均未著錄此種，則此篇是否爲古緯之舊，實不無疑問。

〔註 202〕〔宋〕薛居正撰：《舊五代史》（北京：中華書局，1995 年 3 月），頁 1595。此外，〈四夷附錄〉則云：「（高麗）進《別序孝經》一卷、《越王新義》八卷、《皇靈孝經》一卷、《孝經雌圖》一卷。《別序》，序孔子所生及弟子事跡；《越王新義》，以『越王』爲問目，若今『正義』；《皇靈》，述延年辟穀；《雌圖》，載日食、星變。皆不經之說。」（頁 919）所錄卷帙，與〈恭帝本紀〉略有差別。

（十五）**孝經章句**（〈附錄二〉；序次 209）

《孝經章句》一種，現存佚文俱見《開元占經》所引，凡六十三則，馬國翰等據以採摭。然所謂「章句」，實乃「注疏」之體裁；《孝經章句》應爲解緯之作，而非緯書篇目。〔註 203〕

（十六）**皇靈孝經**（〈附錄二〉；序次 210）

《皇靈孝經》一種，明清以來僅見錄於《經義考》卷 267〈毖緯五〉。朱氏引龐元英云：「《皇靈》者，止說延年避災之事及志符文，乃道書也。」（頁 1351）朱氏所引，實即前引《舊五代史・恭帝本紀》注引《文昌雜錄》之文。然龐氏以《皇靈孝經》爲「道書」，朱氏以龐說爲本，但卻以之爲「緯書」，實誤之過甚！

（十七）**孝經錯緯**（〈附錄二〉；序次 211）

《孝經錯緯》一種，明清以來僅《經義考》卷 267〈毖緯五〉據《晉書・郭璞傳》所引著錄。（頁 1351）今檢《晉書・郭璞傳》云：「郭璞字元瑜，……作《春秋墨說》、《孝經錯緯》。」（頁 2454）如《晉書》所錄，《孝經錯緯》乃郭元瑜所作，並非古緯之舊。又，「錯」者，「雜」也（《毛詩正義》；頁 361）；則所謂「錯緯」，或當與「雜緯」義同；若然，則「雜緯」者，乃雜集緯書之作，亦非緯書篇目。

九、河圖洛書

如〈附錄二〉所示，歷來所見《河圖》《洛書》篇目凡九十八種。其中《河圖括地象》、《河圖錄運法》、《河圖赤伏符》、《河圖帝覽嬉》、《河圖會昌符》、《河圖秘徵篇》、《龍魚河圖》、《河圖提劉》、《河圖合古篇》、《洛書摘六辟》、《洛書甄曜度》等十一種，俱見後漢典籍徵引；其爲古緯之舊，殆無疑異。而《河圖龍文》已見錄於《隋志》，其爲緯書篇目，亦無問題。除此之外，《河圖帝通紀》、《河圖皇參持》、《河圖徵》、《河圖占》等俱見魏晉諸史所引；而《河圖紀命符》、《河圖內元經》等則見引於魏晉典籍。魏晉去漢未遠，諸書所引，當有所本；以此六種爲古緯之舊，當不致推求太過。除上述諸篇外，《河圖閨苞受》、《河圖著命》、《河圖考鉤》、《河圖挺命篇》等四種，則見《文選》李善注引。李注去古未遠，其所徵引，應有所本。然《河圖》篇目異稱繁多，

〔註 203〕另參陳槃：《古讖緯研討及其書錄解題》，頁 497。

學界之說亦間有不同；今與其餘篇目，一併分述如後。

（一）河圖括地象、河圖括地象圖、河圖括地圖（〈附錄二〉；序次221～223）

以上三種，陳槃以為：古《河圖括地象》本自有圖，與《河圖括地象圖》非二書；而《河圖括地象》亦簡稱〈括地圖〉。〔註204〕依陳說，則此三種當為同一篇目之不同稱謂；篇題有別，其實則一。

（二）河圖括地圖音（〈附錄二〉；序次224）

《河圖括地圖音》一種，明清諸家均未輯錄，今據陳槃說補。〔註205〕惟陳說以為，《河圖括地圖音》疑乃好事者為《河圖括地圖》所作之音讀。今檢《隋志》所錄古籍篇目，其書凡作「某某音」者，大體皆為詮解之作。如：《周易音》、《古文尚書音》、《今文尚書音》、《大傳音》（見頁910、913）……等。以此觀之，陳說可從。

（三）河圖合古篇、河圖令占、河圖舍占篇（〈附錄二〉；序次231～233）

以上三種，喬松年《緯攈》以為，「令占」、「合古」字形相似，疑即「〈合古篇〉」傳寫之誤。（見頁1258）王利器、安居之說亦同。〔註206〕陳槃則認為，《河圖合古篇》、《河圖舍占篇》、《河圖令占》當為一種。〔註207〕依諸家之說，則此三種當為同一篇名之不同稱謂。

（四）河圖占（〈附錄二〉；序次234）

《河圖占》一種，喬松年將之併入《河圖令占篇》；陳槃則以為，《河圖令占》即《河圖合古》之訛，則《河圖占》當別是一事。〔註208〕

今案：《河圖占》首見《晉書・天文志》說引，且《晉書》所錄去古未遠，其說殆或別有所本。今從陳說。

（五）河圖叶光圖、河圖抃光篇、河圖叶光篇、河圖叶光紀、河圖計先（〈附錄二〉；序次237～241）

以上五種，「抃」、「叶」、「汁」字形相近，《緯書集成》於《河圖叶光紀》

〔註204〕《古讖緯研討及其書錄解題》，頁446。
〔註205〕《古讖緯研討及其書錄解題》，頁446。
〔註206〕王說見：〈讖緯五論〉，《讖緯思想の綜合研究》，頁387；安居之說見：《緯書集成》〈解說〉，頁67。
〔註207〕《古讖緯研討及其書錄解題》，頁458。
〔註208〕《古讖緯研討及其書錄解題》，頁460。

下注云：「叶，一作汁，一作汙，一作抾，或汋。紀，一作圖，一作篇。」（見頁 1162）依安居之說，則《河圖叶光圖》、《河圖汋光篇》、《河圖叶光篇》、《河圖叶光紀》當爲同一篇名之不同稱謂。至於《河圖計先》，「計先」與「叶光」字形相近，疑因輾轉傳鈔而訛。〔註 209〕

（六）河圖帝通紀、河圖帝道紀（〈附錄二〉；序次 244、245）

《河圖帝通紀》一種，朱彝尊《經義考》卷 264〈毖緯二〉云：「諸書所引『雲者，天地之本也；風者，天地之使也；雨者，天地之施也；雷者，天之鼓也；慧星者，天之旗也。』皆〈帝通紀〉之文也。」（頁 1333）朱氏所云，其文俱見《太平御覽》；《緯書集成》錄之甚詳，茲不贅。

又，陳槃據《太平御覽》補列《河圖帝道紀》一種。〔註 210〕今檢《太平御覽》卷 11〈天部〉云：「《河圖帝道紀》曰：雨者，天地之施也。」（頁 183）相同佚文，《藝文類聚》卷 2〈天部〉（頁 26）、《北堂書鈔》（頁 689）等俱作《河圖帝通紀》；以此觀之，「道」應爲「通」之訛，不應獨列一種。

（七）河圖稽紀鉤（〈附錄二〉；序次 247）

《河圖稽紀鉤》一種，明清諸家均未輯錄，僅《緯書集成》據《開元占經》所引採摭。然今檢《開元占經》卷 86〈妖星占〉，其文明作「《河圖眞紀鉤》曰」（見頁 804）；《緯書集成》所錄，顯係誤鈔。〔註 211〕

（八）河圖說徵、河圖說徵示、河圖說徵祥、河圖說徵禾（〈附錄二〉；序次 250～253）

以上四種，陳槃、安居香山以爲《河圖說徵》、《河圖說徵示》、《河圖說徵祥》當是一種之異稱。〔註 212〕其中《河圖說徵祥》一種，乃喬松年據《太平御覽》所引「烏一足曰獨立，見則主勇強也」一節所題。然今檢《太平御覽》，其文明作「《河圖說徵示》曰」（見頁 4256）；對此，陳槃以爲疑本作「祥」，因漫訛爲「示」〔註 213〕，但並無明確證據。竊以爲喬松年所題篇目，當屬誤引。又，《緯書集成》明知《太平御覽》題爲《河圖說徵示》，但仍沿《緯攟》

〔註 209〕另參安居香山、中村璋八：《緯書の基礎的研究》，頁 323～324。
〔註 210〕《古讖緯研討及其書錄解題》，頁 327。
〔註 211〕另參鍾肇鵬：《讖緯論略》，頁 72。
〔註 212〕陳說見：《古讖緯研討及其書錄解題》，頁 427～428；安居之說見：《緯書集成》〈解說〉，頁 67。
〔註 213〕《古讖緯研討及其書錄解題》，頁 428。

之說，將上引文列入《河圖說徵祥》，不知何故。此外，中村璋八〈中國にねける緯書資料〉列有「《河圖說徵禾》」一種〔註214〕；「禾」、「示」字形相近，應為〈說徵示〉輾轉傳鈔之訛。

（九）河圖說命徵（〈附錄二〉；序次254）

《河圖說命徵》一種，明清諸家僅王仁俊《玉函山房輯佚書續編》據《稽瑞》採得佚文四則。（見頁79）今檢《稽瑞》本文，僅「黃帝土德，故先是大蚓之應」一條明作「《河圖說命徵》曰……」（頁59），其餘均作「《河圖》曰……」（頁59、107、108）。《稽瑞》所引「《河圖》曰」之文，當為泛引《河圖》之說，王氏俱題《河圖說命徵》，殊為無據。

（十）河圖徵（〈附錄二〉；序次255）

《河圖徵》一種，喬松年將之併入《河圖秘徵》。陳槃則以為，《河圖》雜篇除〈秘徵〉外又有〈說徵示〉、〈說徵祥〉；止曰「徵」，不足以知其必屬〈秘徵〉，故主張別存之。〔註215〕

今案：《河圖徵》之說，最早於《晉書‧戴洋傳》。其文云：「地赤如丹，血丸丸。」（見頁2472）同類佚文，《開元占經》卷4〈地占〉作「《河圖》曰：『地赤如丹，流血汎汎。』」（頁204）《觀象玩占》卷49〈地〉則作「《河圖秘徵》曰：『地赤如丹，血流汰汰。』」〔註216〕以此觀之，戴洋所引實即本諸《河圖秘徵》；而其所稱篇題與所引文字略有小異者，殆或記憶偶失之故。喬松年將之輯入《河圖秘徵》，其說甚是。

（十一）河圖挺命篇（〈附錄二〉；序次258）

《河圖挺命篇》一種，明清以來僅喬松年據《文選》卷52〈王命論〉注引「倉、羲、農、黃，三陽翼天德聖明」；及《公羊傳‧哀公十四年》注引「孔子年七十，知圖書，作《春秋》」之文採摭。（見頁1529）然今檢《文選》及《公羊傳》注本文，前者李善注明云「《春秋河圖挺命篇》曰」（頁2264）；後者何注但云「〈挺命篇〉云」（頁357）。喬松年將之輯入「《河圖挺命篇》」，一則妄增「河圖」二字，一則妄刪「春秋」之文，皆不足取。文獻有闕，存之可也。

〔註214〕《緯書の基礎的研究》，頁283。
〔註215〕《古讖緯研討及其書錄解題》，頁426。
〔註216〕〔唐〕李淳風撰：《觀象玩占》（上海：上海古籍出版社，1995年，《續修四庫全書》本），第1049冊，頁589。

（十二）河圖內元經、河圖要元篇 （〈附錄二〉；序次 259、260）

以上二種，陳槃以爲，「《河圖要元篇》」又作「《河圖內元經》」。〔註217〕今檢《眞誥・稽神樞》曰：「《河圖》中〈要元篇〉第四十四卷云：『句金之壇，其間有陵。』」「《河圖內元經》曰：『句曲之山，金壇之陵。』」「河書篇中曰：『句金之山，其間有陵。』」〔註218〕《眞誥》所引，雖文字間有小異；然其內容，則無甚差別。然其說或稱「《河圖要元篇》」、或稱「《河圖內元經》」、或稱「河書」，則此三名當是繁簡不同之稱謂。陳說可從。

（十三）河圖緯象、河圖絳象 （〈附錄二〉；序次 263、264）

以上二種，陳槃以爲其書名取義相同，且文例亦合，當爲一事。〔註219〕依陳說，則此二種當爲同一篇目之不同稱謂。

今案：「絳象」一名，未見先秦兩漢古籍所載。今檢《說文》云「絳，大赤也。」（頁656）「絳」、「象」連詞，義頗費解。殷元正《緯讖候圖校輯》引《丹鉛錄》云：「余舊在京師見《河圖緯象》一書，緯候之流也。專言日月星辰，其文作古字。」並據此認爲「升菴見有全書，專言日月星辰；則《緯象》、《絳象》，疑各爲一書。」（頁661）然喬松年以爲：

> 《絳象》之名，未見於古籍；孫氏列此，蓋本於楊升菴《丹鉛錄》。
> 所引凡三條：一「河導崑崙山」一條、二「黃河出崑崙」一條、三「邠之隰上爲扶桑」一條。《丹鉛錄》雖有「絳象」字，只有一處。
> 《格致鏡原》在《丹鉛錄》之後所引「河導崑崙山」一曲至九曲，正引《錄》語，而目爲《象緯》。則「絳象」二字，當是「象緯」二字倒而又誤耳。孫氏未深察而列爲篇名，誤也。（頁1550）

如喬松年所云，則「《河圖絳象》」之名實爲《古微書》所妄增，並非古緯所有。今檢《後漢書・陳蕃列傳》云：「故緯象失度，陰陽謬序，稼用不成，民用不康。」（頁2161）《晉書・張華傳》則云：「華聞豫章人雷煥妙達緯象，乃要煥宿。屏人曰：『可共尋天文，知將來吉凶。』」（頁1075）《晉書》所錄以「緯象」與「天文」並舉，是「緯象」者，「星象」之謂也；與今本《河圖緯象》專言日月星辰，義正契合。以此觀之，此篇實當作「《河圖緯象》」，或作「絳」者，

〔註217〕《古讖緯研討及其書錄解題》，頁456。
〔註218〕〔晉〕陶弘景撰：《眞誥》（北京：中華書局，1987年，《叢書集成初編》本），頁139。
〔註219〕《古讖緯研討及其書錄解題》，頁430；安居之說略同，說見：《緯書集成》〈解說〉，頁67。

疑乃字形相近而訛。陳槃以爲此二種當爲同一篇目之不同稱謂，其說近是。

（十四）河圖著命、河圖著明（〈附錄二〉；序次 265、266）

以上二種，明清諸家均據《文選》卷 48〈劇秦美新〉注引《河圖著命》曰「握登大虹，意生黃帝」（頁 2154）及《太平御覽》卷 135 引《河圖著命》四節（見頁 785、786）加以採摭。《緯書集成》所據文本相同，然篇題作「《河圖著明》」，不知何故。又，《太平御覽》所引《河圖著命》，其文又見《河圖稽命徵》，當是此二篇俱有相同之文。

（十五）河圖帝視萌（〈附錄二〉；序次 268）

《河圖帝視萌》一種，明清諸家或據《雲笈七籤》卷 32〈養性延命錄〉所引「侮天地者凶，順天時者吉。……」〔註220〕之說輯錄。又，《經義考》卷 264〈毖緯二〉引皇甫謐曰：「『黃帝出遊洛水之上，見大魚，殺五能牲以醮之，天乃甚雨七日七夜。魚流於海，始得圖書。』今《河圖帝視萌》之篇是也。」（頁 1332）朱氏所云，當本諸《藝文聚類》。《藝文類聚》卷 99〈祥瑞部〉云：「《帝王世紀》曰：『黃帝出遊洛水之上，見大魚，殺五能牲以醮之。……』今《河圖帝視萌》之文也。」〔註221〕除此之外，《開元占經》卷 101〈霧占〉云：「《帝王世紀》曰：『黃帝五十七年秋七月庚申，天大霧三日三夜，霧除，帝遊洛水上，見大魚負圖書，命（案：疑當作「今」）《河圖帝視萌》篇是也。』」（頁 915）陳槃以爲，《帝王世紀》所引必是〈帝視萌〉篇中文，無疑也。〔註222〕今從陳說。

（十六）河圖考曜文（〈附錄二〉；序次 270）

《河圖考曜文》一種，明清以來僅見錄於《經義考》卷 264〈毖緯二〉，然未明列出處。（頁 1333）今檢歷代史志、書目、類書，均未見相關徵引及著錄之例；朱氏所錄，恐係誤記。

（十七）河圖期運授（〈附錄二〉；序次 272）

《河圖期運授》一種，明清以來僅見錄於《經義考》卷 264〈毖緯二〉。其說云：「《太平御覽》引之。」（見頁 1333）今檢《太平御覽》本文，並無引用「《河圖期運授》」之例；朱氏所錄，顯係誤記。

〔註220〕〔宋〕張君房輯：《雲笈七籤》（臺北：臺灣商務印書館，1979 年 11 月，《四部叢刊正編》本），頁 344。

〔註221〕〔唐〕歐陽詢等撰：《藝文類聚》（上海：上海古籍出版社，1999 年 2 月），頁 1719。

〔註222〕《古讖緯研討及其書錄解題》，頁 466。

（十八）河圖八文（〈附錄二〉；序次273）

《河圖八文》一種，明清諸家僅殷元正引「易變而爲一，一變而爲七，七變而爲九。九者，氣變之究也，乃復變而爲一」一節，題爲「《河圖八文》」（見頁704）。殷氏所引《河圖八文》，其文俱見今本〈乾鑿度〉；而其篇題，則見〈乾坤鑿度〉。然如前所述，〈乾坤鑿度〉乃宋人所綴輯而成，並非古緯原貌。以此觀之，則殷氏所輯顯然是以古〈乾鑿度〉之文入於宋人輯綴之〈乾坤鑿度〉所列篇目內，其說是否可信，實不無疑問。

（十九）河圖帝系譜（〈附錄二〉；序次275）

《河圖帝系譜》一種，明清諸家僅殷元正輯得佚文一則。（見頁695）

今案：《太平御覽》七引《帝系譜》，殷元正所輯「天地初起，溟涬濛鴻」一節，亦在其中。然《太平御覽》所引並無「河圖」二字（見頁130），而《法苑珠林》卷7〈日月篇〉引該佚文，亦僅作「《帝系譜》曰」。〔註223〕《集緯》所錄，恐有妄增之嫌。今檢《舊唐書・經籍志》（頁1995）、《新唐書・藝文志》（頁1465），其書錄有「《帝系譜》二卷」，題「張愔等」撰，入「雜史類」。如兩《唐志》所錄，《帝系譜》實非讖緯類著作。殷善培以爲，《帝系譜》當是野史，而非雜讖書。〔註224〕其說可從。

（二十）河圖龍文、河圖玉版、河圖龍帝紀、河圖龍表（〈附錄二〉；序次276～279）

以上四種，諸家所述，各有不同。陳槃以爲《河圖龍文》、《河圖玉版》當爲一種；安居香山則以爲《河圖龍帝紀》與《河圖龍表》當爲一種，而與《河圖玉版》無涉；王利器則以爲《河圖龍表》與《河圖龍文》當爲一種。〔註225〕諸說有別，未詳孰是；今並錄於此，以資參考。

（廿一）河圖靈武帝篇、河圖玉英、河圖表紀（〈附錄二〉；序次280～282）

以上三種，明清諸家均未輯錄，今據《緯書集成》列補。〔註226〕然而，《緯書集成》雖輯有上述三種之相關佚文，但又認爲這些篇目缺乏普遍性，

〔註223〕〔唐〕釋道世撰：《法苑珠林》（臺北：臺灣商務印書館，1979年11月，《四部叢刊正編》本），頁74。

〔註224〕《讖緯思想研究》，頁76。

〔註225〕陳說見：《古讖緯研討及其書錄解題》，頁414；安居之說見：〈解說〉，頁67；王說見：〈讖緯五論〉，《讖緯思想の綜合研究》，頁387。

〔註226〕《緯書集成》，頁1192、1193、1211。

未必全可信賴。〔註 227〕依安居之說，則此三種是否爲古緯之舊，實不無疑問。
茲附誌於此。

（廿二）大古河圖代姓紀、古龍圖、河圖文帝、河圖出軍訣、河圖表、河圖皇傳、河圖紀、河圖記、河圖傳、河圖緯、河圖讖、河圖符文、河圖龍魚徵記、握河記、錄圖、龍馬河圖

〈〈附錄二〉；序次 283～298〉

以上十六種，明清諸家均未輯錄，今據陳槃說補。〔註 228〕其中《河圖紀》、
《河圖記》、《河圖傳》、《河圖緯》、《河圖讖》等五種，「《河圖紀》」應即是「《河圖記》」；而「紀」者，「紀錄」之謂也，應爲紀錄《河圖》之說，而非緯書篇目。至於後三種，依前述《易傳》、《易緯》、《易讖》之例，亦當屬泛引《河圖》之說，不應列入緯書篇目。而《古龍圖》，如前引高似孫所云，此篇當爲推演《河圖》之作，亦非緯書篇目。而《河圖出軍訣》一種，陳氏自注云：「『河圖』，一作『黃帝』，偶遺其出處。」今檢歷代類書，其文首見《藝文類聚》卷 60〈軍器部〉、卷 709〈祥瑞部〉（見頁 1077、1717～1718）說引。其後《初學記》卷 120〈武功部〉（見頁 455、456、461、507），《太平御覽》卷 338〈兵部・金鼓〉、卷 339〈兵部・牙〉、卷 736〈祥瑞部〉（見頁 1681、1686、3395）等，亦皆有所引述。其文俱在，茲不備引。〔註 229〕

除此之外，其餘數種因文獻有闕，茲暫存之。

（廿三）圖書祕記〈〈附錄二〉；序次 299〉

《圖書祕記》一種，《漢志》入〈數術略〉「天文類」，凡十七篇（見頁 1765）；明清以來僅《經義考》卷 264〈毖緯二〉據以著錄。（見頁 1331）此外，姚振宗云：「《晉書・天文志》〈雜星氣篇〉云圖緯舊說及《荊州占》，其雜星之體有瑞星、有妖星、有客星……。又〈妖星中〉引《河圖》云云，其稱『圖緯』及『《河圖》』，疑即是書。……《續漢曆志》云：『中興以來，圖讖漏泄。』則當西京時猶祕而不宣，故曰『祕記』歟？」〔註 230〕似亦以《圖書祕記》爲緯書之一。

〔註 227〕《緯書集成》〈解說〉，頁 67。
〔註 228〕《古讖緯研討及其書錄解題》，頁 370～372。
〔註 229〕除以上諸書外，同類文字又見《古今圖書集成》〈博物彙編・神異典〉、〈博物彙編・禽蟲典〉、〈經濟彙編・樂律典〉等。〔清〕陳夢雷編：《古今圖書集成》（北京：中華書局，1985 年 10 月），頁 60195、62053、64470、90265。
〔註 230〕〔清〕姚振宗撰：《漢書藝文志條理》（北京：中華書局，1986 年 6 月，《二十五史補編》本），頁 1669～1670。

張舜徽則指出：「圖書，謂《河圖》、《洛書》；秘記，謂緯書也。二者連言，或稱圖緯，亦稱圖讖。此類書多言符命、徵驗之事，藏在秘府，秘而不宣，故又稱秘書，亦稱秘記。……緯候之說，起於西漢之末，故《七略》著錄《圖書秘記》於此類之末，《班志》仍之。」〔註231〕是逕以《圖書秘記》爲緯書之篇矣！

今案：《漢志》將《圖書祕記》入〈數術略〉「天文類」，則其內容當與數術或天文曆法之說有關；朱、姚、王三氏以之爲緯書篇目，或許是受到緯書又有「圖書」、「秘經」之稱的影響。然若以光武所定圖讖爲基準，則此篇是否爲古緯所有，似仍有待斟酌。

（廿四）河洛內記（〈附錄二〉；序次300）

《河洛內記》一種，明清以來僅朱彝尊《經義考》卷264〈毖緯二〉據《抱朴子·遐覽》所引著錄。（見頁1331）今檢《抱朴子·遐覽》，其文但謂「道經有……《河洛內記》七卷」（頁334）；所謂「道經」，依《抱朴子》一書之思想屬性而言，或當屬道教類之著作。朱彝尊將之歸於緯書，不知何據。

（廿五）甄曜度讖（〈附錄二〉；序次303）

《甄曜度讖》一種，明清諸家僅《古微書》引「赤三德，昌九世……」云云，題爲「〈甄曜度讖〉」，並云出自《三國志》注。（頁387~388）然今檢《三國志》，其文出於〈蜀書·先主傳〉，並非注文；且〈先主傳〉明云：「《洛書甄曜度》曰：『赤三德，昌九世。……』」（百納本、四部備要本均同）陳槃以爲〈甄曜度讖〉之「讖」，乃《古微書》所妄改。〔註232〕其說甚是。

（廿六）洛書錄運期（〈附錄二〉；序次307）

《洛書錄運期》一種，《經義考》卷264〈毖緯二〉注云：「期」或作「法」（頁1334）。是朱氏認爲〈錄運期〉又稱〈錄運法〉。王利器則認爲，《洛書錄運期》與《河圖錄運法》應爲一種。〔註233〕然《河圖錄運法》已見《後漢書·公孫述列傳》，而《洛書錄運期》所謂「……誰使主者玄且來」云云，顯係劉備稱帝時所造之讖言，二者時代相去甚遠；且就現存佚文觀之，二者之性質亦不甚相同（《河圖錄運法》大抵講述黃帝之事跡），王氏所云，恐待商榷。

〔註231〕張舜徽：《漢書藝文志通釋》，《二十五史補編》，第2冊，頁821。
〔註232〕《古讖緯研討及其書錄解題》，頁490。
〔註233〕〈讖緯五論〉，《讖緯思想の綜合研究》，頁387。

（廿七）錄運期讖（〈附錄二〉；序次 308）

《錄運期讖》一種，明清諸家僅《古微書》引「九侯七杰爭命……」云云，題爲「〈錄運期讖〉」，並云出自《三國志》注。（頁387）然今檢《三國志》，該文出於〈蜀書·先主傳〉，並非注文；且〈先主傳〉明云：「《洛書錄運期》曰：『九侯七傑爭命……。』」（百納本、四部備要本均同）陳槃以爲〈錄運期讖〉之「讖」，乃《古微書》所妄加。〔註234〕其說甚是。

（廿八）洛書稽命曜（〈附錄二〉；序次 309）

《洛書稽命曜》一種，明清以來僅見錄於《經義考》卷 264〈毖緯二〉，但未明列出處。（頁1334）今檢歷代史志、類書，均未見相關著錄及徵引，朱氏所錄，恐係誤記。殷善培則認爲，《經義考》在《河圖稽命曜》（案：原文誤作《洛書稽命曜》）下注云：「或作〈稽命徵〉」；故《洛書稽命曜》當即《河圖稽命徵》。〔註235〕殷氏所論，令人費解。蓋朱氏於《河圖稽命曜》下注云或作「〈稽命徵〉」，本與《洛書》無關；殷氏移此注解以釋《洛書稽命曜》，顯然類比過當。然朱氏未明列出處，其說亦甚可疑。

（廿九）老子河洛讖（〈附錄二〉；序次 311）

《老子河洛讖》一種，明清諸家或據《南齊書》所引輯錄。〔註236〕陳槃以爲，《老子河洛讖》現存佚文乃言宋當滅亡，而齊當代興之意，「雖屬一時僞託，至其書，秦漢以來已有之。」〔註237〕如陳氏所云，則《老子河洛讖》當來源甚古；然現存佚文則爲後人所託，並非古緯之舊。

（三十）洛書說禾、洛書說徵示（〈附錄二〉；序次 312、313）

以上二種，陳槃以爲：「本作〈說徵示〉，或省作〈說示〉；『示』、『禾』形近，故或譌作『說禾』。」又云：「《洛書說禾》一事，亦見《河圖說徵》。蓋彼此互相剽襲而又巧立篇目，讖緯之書，大抵如是。」〔註238〕依陳說，則此二種或爲《河圖說徵》之訛。

〔註234〕《古讖緯研討及其書錄解題》，頁 500。
〔註235〕《讖緯思想研究》，頁 60。
〔註236〕〔梁〕蕭子顯撰：《南齊書·符瑞志》（北京：中華書局，1972 年 1 月），頁 349。
〔註237〕《古讖緯研討及其書錄解題》，頁 513、514。
〔註238〕《古讖緯研討及其書錄解題》，頁 497～498；安居香山之說略同，見《緯書集成》〈解說〉，頁 68。

（卅一）孔子河洛讖 （〈附錄二〉；序次314）

《孔子河洛讖》一種，明清諸家或據《南齊書‧高帝紀》所引輯錄。陳槃以爲，《孔子河洛讖》係（南朝）宋高宗將受禪之際訛以獻諛之作，然其篇目則必秦漢以來即有之。〔註239〕依陳說，則《孔子河洛讖》當來源甚早；然現存佚文則爲宋人所爲，並非古緯之舊。尚秉和則認爲，河洛讖緯無以「孔子」爲名者，此篇當是晉、宋時人所造，而假名於孔子。〔註240〕尚氏所云，亦備一說。茲附誌於此。

（卅二）洛書洛罪級 （〈附錄二〉；序次315）

《洛書洛罪級》一種，今所見佚文大體見於《開元占經》說引，《緯書集成》等據以採摭。然安居香山以爲，《洛書洛罪級》之內容與「天文占」有關，似與《洛書》六篇（案：指《洛書甄曜度》、《洛書靈準聽》、《洛書寶號命》、《洛書錄運期》、《洛書稽命曜》、《洛書摘六辟》這六篇）相異。〔註241〕言下之意，似認爲此篇並非古緯之舊。然文獻有闕，茲暫存之。

（卅三）洛圖三光占 （〈附錄二〉；序次317）

《洛圖三光占》一種，歷來之說僅《緯書集成》據《開元占經》所引輯錄。然今檢《開元占經》，其文明作「《雄圖三光占》」（見頁464、465），《緯書集成》顯係誤鈔。又，安居所輯《洛圖三光占》，其文又見《孝經雌雄圖三光占》；安居香山據此以爲：或許是「雄」或「雌」被誤寫爲「雜」，又與其它篇名一起使用時變成「洛」，而又缺了「孝經」的緣故。〔註242〕言下之意，似乎認爲《洛圖三光占》乃《孝經雌雄圖三光占》之訛。

今案：安居之說，主要是以「《洛圖三光占》」爲基準，故所論顯得過於曲折，難以盡從。然若以「《雄圖三光占》」爲基準，則「《孝經雌雄圖三光占》」省（或訛）爲「《雄圖三光占》」，似不無可能。蓋《開元占經》除引《雄圖三光占》外，又於卷56〈辰星占四〉兩引《雌雄圖三光占》之文（見頁583）。以此觀之，《雄圖三光占》或許即是《雌雄圖三光占》之訛。然缺乏明據，難據以爲斷。陳槃認爲應是二書〔註243〕，或是比較妥適的作法。

〔註239〕《古讖緯研討及其書錄解題》，頁520。
〔註240〕說見：〈孔子河洛讖提要〉，《續修四庫全書總目提要》，頁199。
〔註241〕《緯書集成》〈解說〉，頁68。
〔註242〕《緯書集成》〈解說〉，頁68。
〔註243〕《古讖緯研討及其書錄解題》，頁509。

（卅四）洛書居處法、河洛交集、河洛解、尚書洛書（〈附錄二〉；序次
319～322）

以上四種，明清諸家均未輯錄，今據陳槃說補。〔註244〕其中《洛書居處法》見〈乾元序制記〉；《河洛交集》、《河洛解》見《華陽國志》；《尚書洛書》則見《文選理學權輿》。今就管見所及，分述如下：

1、《洛書居處法》

《洛書居處法》一種，篇目僅見〈乾元制序記〉說引；然如前所述，〈乾元序制記〉實爲宋人輯綴而成，並非古緯之舊。據此，則《洛書居處法》之名恐係宋人所造，並非古緯所有。

2、《河洛交集》

《華陽國志》卷10〈漢中士女〉云：「（景鸞）撰《禮略》、《河洛交集》、《風角雜書》、《月令章句》，凡五十萬言。」〔註245〕所謂「《河洛交集》」，《後漢書・儒林列傳》云：「（景鸞）兼受河洛圖緯，作《易說》及《詩解》，文句兼取河洛，以類相從，名爲《交集》。」（頁2572）依《華陽國志》及范書所述，則《河洛交集》實乃景鸞兼取河洛之說而成，並非古緯之舊。

3、《河洛解》

《華陽國志》卷10〈廣漢士女〉云：「朱倉，字雲卿，什邡人也。受學於蜀郡張寧。……著《河洛解》。」（頁144）以此觀之，《河洛解》實乃解緯之作，並非緯書篇目。

4、《尚書洛書》

《文選》卷1〈西都賦〉注引《尚書雜書》云：「河圖，命紀也。」（頁6）今檢現存緯書佚文，其說又見《尚書璇璣鈐》（見頁378）。疑《文選注》所云當作「《尚書》、《雜書》」，蓋謂《尚書》、《雜書》俱有此文。然文獻有闕，茲暫存之。

十、其他

如〈附錄二〉所示，歷來所見其他類緯書篇目凡二十種。其中序次329～337等九種，見《隋志》注引；然此類篇目大體有目無文，難以稽考。而《白

〔註244〕《古讖緯研討及其書錄解題》，頁486。

〔註245〕〔晉〕常璩撰：《華陽國志》（北京：中華書局，1987年，《叢書集成初編》本），頁168。

澤圖》與《師曠占》等，陳槃以爲：「《白澤圖》者，蓋讖緯家所託，舊讖緯中有之。」「《師曠占》者，蓋東漢時讖緯家本諸前漢《師曠》八篇而別標目之書。」〔註246〕依陳說，此二種或當爲古緯所有；然疑有未詳，茲暫存之。至於其他篇目，茲就管見所及，略述如下：

（一）楊氏內讖解說（〈附錄二〉；序次327）

《楊氏內讖解說》一種，明清諸家僅《經義考》卷267〈祕緯五〉據《益部耆舊傳》所述著錄。（見頁1352）今檢《後漢書・楊厚列傳》云：「（楊）統作《家法章句》及《內讖二卷解說》。」（頁1047）如《後漢書》所錄，《內讖解說》實乃楊統所撰，並非緯書篇目。

（二）遁甲開山圖（〈附錄二〉；序次328）

《遁甲開山圖》一種，明清以來僅劉學寵輯有佚文十七則，但未注明出處。〔註247〕然此篇已見《後漢書・張衡列傳》注引（見頁1913），張彥遠《歷代名畫記》亦見其目，則此書唐時猶存。然此書是否爲古緯之舊，諸說所引皆未明示，茲暫存之。

如上所述，歷來所見緯書篇目雖多；然可信之以爲古緯之舊者，實僅後漢典籍曾見徵引、書目紀錄較爲完整、及唐人諸書所引數十篇而已。且此數十篇皆有一共同之特點，即篇題皆以「三字」爲主。〔註248〕《後漢書・方術列傳》李賢注引「七緯」三十五篇如此，書目紀錄較爲完整之書目如此（如《易緯》〈乾鑿度〉、〈稽覽圖〉、〈通卦驗〉、〈是類謀〉、〈辨終備〉、〈坤靈圖〉）、後漢典籍所引緯書篇目亦復如此。茲表列如下，以觀其要：

篇名		引用典籍	備註
易緯	乾鑿度	《白虎通・天地》	◎
尚書緯	考靈曜	《後漢書・律曆志》	◎
	璇璣樞	《後漢書・律曆志》	◎
	帝命驗	《後漢書・曹褒列傳》	◎
	刑德放	《白虎通・姓名》	◎

〔註246〕《讖緯研討及其書錄解題》，頁273、293。
〔註247〕〔清〕劉學寵輯：《諸經緯遺》（上海：上海書店，1994年6月，《叢書集成續編》本），第44冊，頁274。
〔註248〕學者之說，已見此意。說參王利器：〈讖緯五論〉，《讖緯思想の綜合研究》，頁583～386。

詩緯	汎歷樞	《後漢書‧郎顗列傳》	◎
禮緯	含文嘉	《白虎通‧爵》	◎
	稽命徵	《白虎通‧崩薨》	◎
樂緯	動聲儀	《白虎通‧性情》	◎
	稽耀嘉	《白虎通‧災變》	◎
春秋緯	演孔圖	《後漢書‧五行志》	◎
	元命苞	《後漢書‧張衡列傳》、《白虎通‧五行》	◎
	文耀鉤	《後漢書‧律曆志》	◎
	運斗樞	《後漢書‧律曆志》	◎
	感精符	《後漢書‧律曆志》	◎
	保乾圖	《後漢書‧陳寵列傳》	◎
	潛潭巴	《後漢書‧五行志》、《白虎通‧災變》	◎
孝經緯	援神契	《後漢書‧祭祀志》、《白虎通‧爵》	◎
	鉤命決	《後漢書‧郎顗列傳》、《白虎通‧爵》	◎
河圖	括地象	《後漢書‧公孫述列傳》	
	帝覽嬉	《後漢書‧律曆志》	
	合古篇	《後漢書‧祭祀志》	
	赤伏符	《後漢書‧光武帝紀》	
河圖	錄運法	《後漢書‧公孫述列傳》	
	秘徵篇	《後漢書‧五行志》	
	會昌符	《後漢書‧祭祀志》	
	提劉篇	《後漢書‧祭祀志》	
洛書	甄曜度	《後漢書‧律曆志》	
表中備註欄加注「◎」號者，表示又見〈方術列傳〉李賢注引			

除後漢典籍所引外，唐人諸書所引，亦有類似之情況，例如：

尚書中候	握河紀	《禮記‧曲禮》疏	
	我應瑞	《公羊傳》疏	
	洛予命	《禮記‧曲禮》疏	
	洛師謀	《詩‧大雅‧文王》疏	
	擿洛貳	《詩‧小雅‧十月之交》疏	
	考河命	《後漢書‧曹褒傳》注	
	敕省圖	《禮記‧曲禮》疏	

尚書中候	準纖哲	《禮記・曲禮》疏	
	合符后	《詩・大雅・樸棫》疏	
春秋緯	命曆序	《後漢書・楊厚列傳》注	
論語讖	比考讖	《文選・魏都賦》注	
	撰考讖	《文選・魏都賦》注	
	摘輔像	《文選・夜幽憤詩》注	
	崇爵讖	《文選・思友人詩》注	
	糾滑讖	《文選・拜陵廟》注	
	陰嬉讖	《文選・東京賦》注	

以上所列緯書篇目，歷來之說均以之爲古緯之舊。若參酌〈附錄二〉所錄，則除唐人諸書所引或有篇題字數之別外（如《禮記・月令》疏引《中候契握》、《文選・短歌行》注引《論語素王受命讖》等）；後漢典籍所引，概皆以「三字」爲名，無一例外者。後漢典籍所引緯書篇目皆以「三字」爲名，竊以爲當與光武校定圖讖之初所設「體例」有關。蓋古今編書，其目的、內容或許有別；然編者所爲，無非在於「體例之釐定」與「內容之篩選」而已。準此而言，則尹敏、薛漢「校定」圖讖，自當有一定之「標準」。此一標準，就內容而言，即「蠲去崔發所爲」；就體例而言，或即以「三字」爲擬定篇名之準則。倘此推論不致過謬，則歷來所見緯書篇目是否以「三字」爲名，實爲檢證相關篇目是否爲古緯之舊的重要標準之一。

第四節　結　語

讖緯之學，其說久佚。故歷來有關讖緯之整理、研究雖不斷推陳出新，然於讖緯之名義、生成年代與文本內容，學者之說卻鮮有定論。在前賢既有之研究基礎上，本文因就上述課題加以考察。結論以爲：

一、就讖緯之名義而言

本文認爲，所謂「讖緯」，乃取「讖」而名之曰「緯」之義而來，而非「讖」、「緯」相合故名之曰「讖緯」。而「讖」之爲義，則有廣、狹之別。廣義之讖可泛指所有與「個人命運」或「眾庶生活」有關之預言，而狹義之讖則專指與經義有關之部份，亦即光武所定八十一卷「圖讖」。然「讖」之所以爲「驗」，又與一般占卜之說不同。

蓋一般龜卜、蓍筮之說，均需藉由一定之程序或方法以推定吉凶，此為「先占後驗」；讖則直接代天立言，無需藉由任何中介程序，乃屬「不占之驗」。鍾肇鵬以為：「《易》為卜筮之書，所以占吉凶，乃古代占卜之術，而讖緯假托神靈，不用占卜，詭為隱語，預示吉凶，雖同屬神學迷信而其類並不相同。」〔註249〕鍾氏所論，除所謂「神學迷信」容或可商外；其說以「占卜」與「讖緯」類型有別，所言甚是。

二、就讖緯之生成年代而言

本文認為，歷來有關讖緯「起源」之解釋，其說皆有以偏概全之蔽，難以盡從。職是之故，本文乃轉從讖緯之「訴求重點」、「主要觀念」及「文本內容」等角度切入，進而指出：從「理論傳承」的角度來說，或許可謂讖緯「形成於西漢末年」。然就「讖緯」與「經義」有關這點而言，則讖緯之「形成」，又當以光武所定「八十一卷圖讖」為基準。

三、就讖緯之文本內容而言

本文指出，歷來所見緯書篇目雖多，然可信之以為占緯之舊者，實僅後漢典籍曾見徵引、歷代書目紀錄較為完整、以及唐人諸書所引數十篇而已。餘或為後人增託、或為輯本妄題、或為論者誤記，實難據以為論。

讖緯研究之基礎課題既明，以下即就讖緯之理論基礎及其所涉主要論題略加闡述。

〔註249〕《讖緯論略》，頁13。

第三章 讖緯氣化論之建構
——讖緯之哲學基礎及其理論之開展

讖緯之學，上涉天文、中與人事、下及地理。這些範疇有別、來源各異之內容何以能融合爲一體？學者之說，或從「天人相應（或者說「天人感應」）」的角度加以解釋。如鍾肇鵬云：「讖緯的內容雖無所不包，而其主導思想則是以陰陽五行爲骨架的天人感應神學目的論。」〔註1〕此一觀點雖頗能切中問題之核心，然於義卻有未足。蓋「天人相應」乃成形後之理論樣態，並非理論所以成立之基礎。今欲探究讖緯之理論基礎，則天人之間「何以能」相應，或許才是問題關鍵之所在。

檢諸古籍所述，先哲所用以闡述天人相應之理者，其說有二：一曰「同類相召」，二曰「同氣相求」。如《周易・乾卦・文言》：云「同聲相應，同氣相求。……本乎天者親上，本乎地者親下，則各從其類也。」（頁15）《莊子・漁父》云：「同類相從，同聲相應，固天之理也。」〔註2〕《呂氏春秋・應同》云：「類固相召，氣同則合，聲比則應。」〔註3〕《禮記・樂記》云：「萬物之

〔註1〕 鍾肇鵬：《讖緯論略》（瀋陽：遼寧教育出版社，1991年11月），頁89。此外，殷善培則從「思維」的角度切入，認爲讖緯之所賴以形塑其理論體系者，實即「天人感應」之思維模式。（《讖緯思想研究》〔臺北：國立政治大學中國文學研究所博士論文，1996年6月〕，頁113~138。）類似見解，又見向晉衛：〈論漢代的讖緯之學〉，《廣西社會科學》，2002年第5期（2002年10月），頁65。

〔註2〕 〔周〕莊周撰；〔清〕郭慶藩集釋：《莊子集釋》（北京：中華書局，1961年7月），頁1027。

〔註3〕 〔秦〕呂不韋等撰；陳奇猷校釋：《呂氏春秋校釋》（上海：學林出版社，1990年12月），頁678。

理，各以類相動也。」（頁681）然天地萬物品類繁多，僅從「類同」的角度切入，實不足以證成天人相應之理。蓋若純取此義，則「類異」者即無相應之可能；倘類異者不能相應，又如何能說「天人相應」？以此觀之，「類同」殆爲天人相應之「必要條件」而已；其最終根據，又實歸本於「氣」。蓋從氣化的角度來說，宇宙萬物皆由氣之運化所生；故宇宙萬物於受氣之初，自也內具氣之內容以爲其存在之基礎。宇宙萬物所賴以存在之基礎相同，此即天人相應之所以可能之最終理據。讖緯之說，實亦歸本於此。惟在舊說之基礎上，讖緯所論又有所創新與改造。此創新、改造後之理論系統有何特徵，其所建構之宇宙秩序又呈現出何種風貌？凡此，皆爲本章討論之重點。

第一節　氣化宇宙論的形成與發展

　　相較於「天」、「道」等概念，「氣」具有思想上之重要意義，其說實甚晚起。然自戰國以降，氣卻逐漸與陰陽、五行等概念相互結合，而成先哲賴以建構其哲學體系、或表述思想觀念時所最常使用的概念之一。此一由氣、陰陽、五行等概念所架構而成之觀念系統與理論型態，因其說旨在藉由氣之運化以說明宇宙萬物之生成演變，故又名之曰「氣化宇宙論」。以下試就此一觀念系統的形成、發展略作討論；援此爲基礎，進一步探討讖緯氣化論之組成要素及其理論架構。

一、氣化宇宙論基本架構的形成

　　天地萬物，其源何起？在《老子》，主要是透過「天下萬物生於有，有生於無」及「道生一，一生二，二生三，三生萬物」〔註4〕等方式加以說明。然道體爲「無」，萬物是「有」，「無中生有」又如何可能？今觀《老子》所云，道並不「直接」創生萬物，而是藉由「一→二→三」之歷程以顯其化生之用。準此而言，則道體從無入有之關鍵，其要實在於「一」。而此「一」之內涵，《老子》一云「無→有→萬物」，再云「道→一→二→三→萬物」；是「一→二→三」者，其義當近於「有」之層次。惟在《老子》書中，「一」之內涵時或等同於「道」〔註5〕；是「一」之爲義，又實介於「若有似無」之間。也正

〔註4〕〔清〕朱謙之：《老子校釋》（北京：中華書局，1984年11月），〈四十章〉，頁165；〈四十二章〉，頁174。
〔註5〕有關《老子》一書所見「一」之探討，詳參周學武：〈老子書中之「一」〉，《文

因爲「一」之內涵「若有似無」，故歷來有關「一」之說解，亦存在著兩種截然不同之看法。〔註6〕然就《老子》而言，既然「一」之內涵時或等同於「道」；以「氣」釋之，於義恐有未諦。

　　「一」非「氣」所能加以規定，在黃老帛書中，依舊可見此義。如〈十大經・觀〉云：

　　黃帝曰：群群□□□□□□爲一囷，無晦無明，未有陰陽。陰陽未
　　定，吾未有以名。今始判爲兩，分爲陰陽，離爲四〔時〕，□□□□
　　□□□〔德虐之行〕，因以爲常。〔註7〕

〈道原〉則云：

　　恒無之初，迥同大虛。虛同爲一，恒一而止。濕濕夢夢，未有明晦。
　　神微周盈，精靜不配（熙）。古（故）未有以，万物莫以。古（故）無有
　　刑（形），大迥無名。天弗能復（覆），地弗能載。小以成小，大以成
　　大。盈四海之內，又包其外。……鳥得而蜚（飛），魚得而流（游），
　　獸得而走。萬物得之以生，百事得之以成。人皆以之，莫知其名。
　　人皆用之，莫見其刑（形）。一者，其號也；虛，其舍也；無爲，其
　　素也；和，其用也。是故上道高而不可察也，深而不可則（測）也。

　　（頁470～474）

如上引二說所示，在帛書作者之觀念中，「一」實乃「道」之別稱〔註8〕，故又藉以形容道之原始質性——虛同爲一之混沌狀態。道之原始樣態既然虛同爲一，故亦「無晦無明，未有陰陽」。此虛同爲一之混沌狀態既然「未有陰陽」，則用以形容道之原始存在樣態的「一」，自然也不能用「氣」加以解釋。其下又云：「陰陽未定，吾未有以名。今始判爲兩，分爲陰陽，離爲四〔時〕。」是

史哲學報》，第43期（1995年12月），頁11～12。
〔註6〕歷來之說，或以「一」爲「道」，或以「一」爲「氣」。相關說法，詳參拙著：
　　　《氣化宇宙論主體架構的形成及其開展》（私立淡江大學中國文學研究所碩士
　　　論文，1998年4月修正稿），頁85～74。
〔註7〕釋文據陳鼓應：《黃帝四經今註今譯》（臺北：臺灣商務印書館，1996年6月），
　　　頁，268。
〔註8〕黃老帛書以「一」稱「道」，相關討論可參任繼愈主編：《中國哲學發展史》（北
　　　京：人民出版社，1985年2月），秦漢卷，頁107；葛榮晉：〈試論《黃老帛
　　　書》的「道」和「無爲」思想〉，《中國哲學史研究》，1981年第3期（1981
　　　年7月），頁48；蕭萐父：〈《黃老帛書》哲學淺議〉，收入陳鼓應主編：《道家
　　　文化研究》（上海：上海古籍出版社，1993年8月），第3輯，頁266。

「陰陽」者，實又由此混沌狀態所「剖判」而出。至於「四時」以降，陳鼓應據上下文例，認爲當補「剛柔相成，萬物乃生」〔註9〕八字。依陳說，則黃老帛書所持宇宙生化之歷程當爲：「道（混沌）→陰陽→四時→萬物」。類似說法，又見《莊子》與《鶡冠子》。《莊子·知北遊》云：

> 人之生，氣之聚也；聚則爲生，散則爲死。若死生爲徒，吾又何患？
> 故萬物一也，是其所美者爲神奇，其所惡者爲臭腐；臭腐化爲神奇，
> 神奇化爲臭腐。故曰「通天下一氣耳」，聖人故貴一。（頁733）

如《莊子》所述，氣遍在於宇宙之間，且爲有形世界之初始；宇宙萬物由氣之聚散變化所生，並皆內具氣之質性，故曰：「萬物一也」。至於此「氣」之由來，〈至樂〉云：

> 察其始而本無生，非徒無生也而本無形，非徒無形也而本無氣。雜
> 乎芒芴之間，變而有氣，氣變而有形，形變而有生，今又變之死，
> 是相與爲春夏秋冬四時行也。（頁614～615）

所謂「本無生」、「本無形」，其所描述者，實乃混沌未開之情狀，亦即道之原始存在樣態。此混沌未開之情狀除了「無生」、「無形」外，另一項重要特徵，即是「無氣」。此一說法，與上引〈道原〉所謂「濕濕夢夢，未有明晦」，義正契合。混沌未開，一切無有；其「變而有氣」之關鍵，則是「雜乎芒芴之間」。所謂「芒芴」，《莊子·至樂》云：

> 芒乎芴乎，而無從出乎！芴乎芒乎，而無有象乎！（頁612）

《鶡冠子·夜行》云：

> 芴乎芒乎，中有象乎！芒乎芴乎，中有物乎！〔註10〕

《老子·廿一章》則云：

> 道之爲物，惟恍惟惚。惚兮恍兮，其中有象。恍兮惚兮，其中有物。
> 窈兮冥兮，其中有精，其精甚眞，其中有信。（頁88～89）

如上引諸說所示，「芒芴」者，實即「恍惚」之義。在《老子》，「恍惚」主要用以形容「道」無可名狀之特質；道無可名狀，故又藉之以言虛同爲一之「混沌」狀態。如〈十四章〉云：

> 視之不見，名曰夷；聽之不聞，名曰希；搏之不得，名曰微。此三

〔註9〕 陳鼓應：《黃帝四經今註今譯》，頁270。
〔註10〕 舊題鶡冠子撰：《鶡冠子》（北京：中華書局，1985年，《叢書集成初編》本），頁7。

　　者，不可致詰，故混而爲一，其上不皦，其下不昧，繩繩分不可名，

　　復歸於無物。是謂無狀之狀，無物之象，是謂恍惚。（頁 52～55）

以此觀之，〈至樂〉所謂「雜乎芒芴之間」者，實即雜乎「混沌」之間。至於
「雜」，《說文》云：「雜，五采相合也。」（頁 399）段注：「引伸爲凡參錯之稱，
亦借爲聚集字。」是「雜」有錯綜交會、且使聚合爲一之義。問題是，究竟
是那些「東西」錯綜交會於混沌之間，然後「變」而有氣？上引〈至樂〉於
「雜乎芒芴之間，變而有氣」之前，其所描述者乃是「道」無形、無生之情
狀。是就前後文意觀之，此「雜乎芒芴之間」者，實際上就是「道」。故成疏
云：「大道在恍惚之內，造化芒昧之中，和雜清濁，變成陰陽二氣。二氣凝結，
變而有形；形即成就，變而生育。」（頁 615）然道「無形」、「無生」，又如何能
「雜」？今觀上引《老子·廿一章》所云，道「有象」、「有物」、「有精」、「有
信」；是所謂「雜」者，當就「象」、「物」、「精」、「信」之「交互作用」而言。
且由於象、物、精、信之交互作用，於是變而有氣。氣緣於道之「作用」而
有，而非「道生氣」；換言之，「道」與「氣」並非「能生」與「所生」之關
係，而是「體」、「用」之關係——氣化以道爲本體，道體藉氣以顯用。「道體
氣用」，類似論點，又見《鶡冠子》。〈環流〉云：

　　有一而有氣，有氣而有意，有意而有圖，有圖而有名，有名而有形，
　　有形而有事，有事而有約，約決而時生，時立而物生。故氣相加而
　　爲時，約相加而爲期，期相加而爲功，功相加而爲得失，得失相加
　　而爲吉凶，萬物相加而爲勝敗。莫不發於氣，通於道，約於事，正
　　於時，離於名，成於法者也。……空之謂一，無不備之謂道，立之
　　謂氣，通之謂類。（頁 19～24）

相較於前引諸說，《鶡冠子》有關宇宙生成之論述，顯然複雜許多。其說以「一」
爲首出之概念，而「氣」則因於「一」而有，故曰：「有一而有氣。」是「一」
者，其義實等同於「道」；而「氣」者，則爲有形世界之初始。下文又云：「空
之謂一。」據此，則「一」又可用以形容虛空無形之「混沌」狀態。此虛空
無形之狀態，〈泰鴻〉云：

　　夫物之始也，傾傾；至其有也，錄錄；至其成形，端端王王（或作「正
　　正」）。（頁 68）

所謂「傾傾」，俞樾云：「注云：『傾傾，未正之貌。』此望文生訓也。傾傾當
作潁潁。《淮南子·精神篇》：『潁濛鴻洞，莫知其門。』高誘注云：『皆未成

形之氣。』湏湏，猶湏濛也。」〔註11〕如俞說所云，則《鶡冠子》所謂虛空無形者，其中實已內蘊「未成形之氣」；因氣猶未形，故又稱之爲「一」、名之曰「空」。既然宇宙之初氣猶未形，則此依於「一」而得以存在之「氣」又從何而來？上引〈泰鴻〉云：「至其有也，錄錄。」相較於「有氣而有意」等「有」之階段，此處所言，似乎即在說明此一問題。張金城疏引高注《淮南子・精神》云：「逯謂無所爲，忽然往來也。」〔註12〕依張說，則「錄」之爲義，實即等同於「逯」。準此而言，所謂「至其有也，錄錄」者，蓋謂有形世界並非出於「道」有目的之作爲，而是「忽然」而生。有形世界忽然而生，則作爲有形世界之初始的「氣」，當亦忽然而生。〈度萬〉云：「氣由神生，道由神成。」（頁45）陸佃注云：「神也者，有而非氣也，無而非道也。非氣而氣以之生，非道而道以之成。」如陸注所云，「神」乃介於有、無之間；此一特徵，實又等同於「混沌」。不言「混沌」而言「神」，疑即取其「由無入有」、「忽然而生」之「神妙」特性而言。而氣之所以忽然而生，則又出於混沌之流動變化。〈世兵〉云：

> 渾沌錯紛，其狀若一；交解形狀，孰知其則。（頁88）

如〈世兵〉所云，混沌並非「靜止不動」，而是處於「錯紛」之狀態。此錯紛不已之混沌，雖說「其狀若一」，但有形之狀卻已交解萌生於其中。有形之狀萌於混沌之錯紛交解，比觀「有一而有氣」之說，則氣之所出，實即緣於混沌錯紛交解之作用。此一說法，與《莊子》所謂「雜乎芒芴之間，變而有氣」，其實頗爲類似。

除此之外，《莊子》、《鶡冠子》另有「陰陽出於天地，萬物成於陰陽」之論。《莊子・田子方》云：

> 至陰肅肅，至陽赫赫；肅肅出乎天，赫赫發乎地。兩者交通成和，
> 而物生焉。（頁712）

《鶡冠子・度萬》則云：

> 天者，神也；地者，形也。地濕而火生焉，天燥而水生焉。法猛刑
> 頗則神濕，神濕則天不生水。音□故聲倒則形燥，形燥則地不生火。
> 水火不生，則陰陽無以成氣，……萬物無以成類。（頁39～40）

〔註11〕〔清〕俞樾撰：《諸子平議補錄》（臺北：世界書局，1978年10月），頁39。

〔註12〕張金城：《鶡冠子箋釋》（臺北：國立臺灣師範大學國文研究所碩士論文，1974年6月），頁168。

陰出於天，陽出於地；陰陽和合，萬物乃成。準此而言，則二家有關宇宙生成之理解，似又另持「天地→陰陽→萬物」之模式。然上引《莊子・至樂》、《鶡冠子・環流》並未將「天地」納入宇宙生化之「歷程」，此一現象又當如何解釋？是「道→混沌→氣→萬物」與「天地→陰陽→萬物」乃「同時並存」之不同系統，抑或二說之間存有某種「內在」之聯繫？檢諸古籍所載，「天地」在先哲之用法中，其義雖間或等同於「道」〔註13〕；然從宇宙論的角度來說，「天地」似分屬「二」之範疇，而非宇宙生成之「本體」。如《呂氏春秋・有始》云：

> 天地有始，天微以成，地塞以形。（頁657）

「天地」既然「有始」，且爲「微」、「塞」所形成；是在天地之前，必有一更爲「根本」之存在。上博簡〈恒先〉則云：

> 濁氣生地，清氣生天。〔註14〕

其說雖未明言「清」、「濁」乃「一氣」變化之所致，然實已略寓此義。降及兩漢，「天」、「地」乃「一氣」之「清」、「濁」變化所形成，則已成爲彼時學者之通義。如《淮南子・天文》云：「虛霩生宇宙，宇宙生元氣。元氣有涯垠，清陽者薄靡而爲天，重濁者凝滯而爲地。」（頁79）《黃帝內經・陽陰應象大論》云：「清陽爲天，濁陰爲地。」〔註15〕《說文》云：「元氣初分，輕清陽爲天，重濁陰爲地。」（頁688）《洛書甄耀度》云：「元氣無形，匈匈隆隆。偃者爲地，伏者爲天。」（頁1263）《靈憲》云：「元氣剖判，剛柔始分，清濁異位。天成於外，地定於內。」〔註16〕「天地」既爲「氣」之「清」、「濁」變化所形成，則從後設的角度來說，上引《莊子》、《鶡冠子》有關「天地→陰陽→萬物」之論，其所謂「天地」者，亦理當置於「一氣」之後，如此方符有「一」而有「二」之邏輯程序。準此，則此二家有關宇宙生成之論述，似可「整合」爲「道→混沌→氣→天地→陰陽→萬物」之生成模式。惟其說既未將二者匯合而爲一，則彼時是否已經出現如此「完整」之觀念，似仍有待斟酌。先秦

〔註13〕如《呂氏春秋》論及道生萬物時，即曾以「天地」代替「道」，用以說明其化育萬物之作用。說詳陳師麗桂：《秦漢時期的黃老思想》（臺北：文津出版社，1997年2月），頁9。

〔註14〕釋文據廖名春：〈上博藏楚竹書《恒先》新釋〉，《中國哲學史》，2004年第3期（2004年8月），頁84。

〔註15〕山東中醫院、河北醫學院：《黃帝內經素問校釋》（北京：人民衛生出版社，1993年10月），頁65。

〔註16〕〔漢〕張衡撰：《靈憲》（臺北：藝文印書館，1968年），頁2。

文獻明確將「天地」置入宇宙生化之「歷程」者，及今所見，則〈太一生水〉
云：

> 大（太）一生水，水反輔大一，是以成天。天反輔大一，是以成地。
> 天地〔復相輔〕也，是以成神明。神明復相輔也，是以成陰陽。陰陽
> 復相輔也，是以成四時。四時復相輔也，是以成滄熱。滄熱復相輔
> 也，是以成濕燥。濕燥復相輔也，成歲而止。故歲者，濕燥之所生
> 也。濕燥者，滄熱之所生也。滄熱者，〔四時之所生也〕。四時者，陰陽
> 之所生也。陰陽者，神明之所生。神明者，天地之所生也。天地者，
> 太一之所生也。是故太一藏于水，行于時，周而或〔始，以己爲〕萬物
> 母，一缺一盈，以紀（己）爲萬物經。〔註17〕

其說以「大一（即太一）」爲首出之概念，從宇宙生化之「程序」的角度來說，
其義實即等同於「道」。至於「水」，鄭倩琳指出：「此處的『水』乃是指涉天
地未生、混沌未明〔之〕原始狀態的哲學語詞。」〔註18〕衡諸前引《莊子》等
於「道」之後又立一「從無入有」之「混沌」過程，其說可從。在「水」以
下，其說不接之以「氣」而續之以「天地」；且認爲「天」乃「水與太一」相
互作用所形成，而「地」則成於「天與太一」之交互作用。由天地，而後有
「神明」、「陰陽」……等各個階段的形成。所謂「神明」，學界目前仍無一致
之見解。〔註19〕然就宇宙生成之「程序」而言，「神明」既介於「天地」與「陰
陽」之間，則其義蘊，亦當由此角度加以索解。今檢《說文》云：「神，天神，
引出萬物者也。」（頁3）「明，照也。」（頁317）萬物因照而得明，故又引申爲「明
顯可察」（詳參段注）。「神」有「引出萬物」之義，「明」寓「明顯可察」之旨；
是「神明」者，當用以說明天地「引出萬物且明顯可察」之階段。〔註20〕從

〔註17〕 釋文據荊門市博物館編：《郭店楚墓竹簡》（北京：文物出版社，1998 年 5 月），
頁 125～126。

〔註18〕 鄭倩琳：《戰國時期道家之宇宙生成論》（臺北：國立臺灣師範大學國文研究
所碩士論文，2003 年 6 月），頁 93。

〔註19〕 學者之說，或以「神明」爲「神祇」、或以「神明」爲「精氣」、或以「神明」
爲「道之神妙作用」、或以「神明」爲「日月」、或以「神明」爲「晝夜」。相
關說法，詳參趙衛東：〈《太一生水》「神明」新釋〉，《周易研究》，2002 年第
5 期（2002 年 10 月），頁 10～15。

〔註20〕 案：〈太一生水〉所謂「神明」，疑與《鶡冠子》「氣由神生」、「明見形成」之
說相近。前引《鶡冠子・度萬》云：「氣由神生，道由神成。」〈泰錄〉則云：
「神聖之教也，故流分而神生，動登而明生，明見而形成。」（頁 77）氣生於
神，形成於明，此一說法，就「神」而言，正符「神明在前、陰陽在後」之

宇宙生成乃一逐漸「顯有」的角度來說，「神明」在此顯然具有「由微而著」之義；換言之，萬物在此一階段已有明顯之「形跡」可尋。「神明」之際形兆已分，故又續之以「陰陽」，以言萬物受氣不同而有之區別。惟就「由微而著」乃天地「化育」萬物之大用而言，將「神明」解釋爲「天地間的靈妙力量與作用」〔註21〕，其實亦無不可，不必過度拘泥。陰陽爲天地之靈妙作用所形成，而天地又緣於太一與水、水與天之交互作用；是依〈太一生水〉之意，陰陽並非直接生於太一（道），而是太一顯用之結果。就理論型態而言，其說實亦近於《莊子》所論。〔註22〕

　　以「太一」作爲宇宙生成之首出概念，其說又見《呂氏春秋》。〔註23〕〈大樂〉云：

> 太一出兩儀，兩儀出陰陽，陰陽變化，一上一下，合而成章。渾渾沌沌，離則復合，合則復離，是謂天常。天地車輪，終則復始，極則復反，莫不咸當。日月星辰，或疾或徐，日月不同，以盡其行。四時代興，或暑或寒，或短或長，或柔或剛。萬物所出，造乎太一，化于陰陽。……道也者，至精也。不可爲形，不可爲名，彊爲之謂之太一。（頁255～256）

如〈大樂〉所云，「太一」實乃「道」之別稱。相較於〈太一生水〉所架構之宇宙生成模式，〈大樂〉並無「反輔」、「相輔」之說，且缺「水」與「神明」兩個階段，並以「兩儀」取代「天地」。然其說既謂「渾渾沌沌，離則復合，合則復離」，是《呂氏春秋》亦有「混沌」之概念，只是未將之置於宇宙生化之歷程而已。至於〈太一生水〉所謂之「神明」，今觀〈大樂〉「陰陽變化，一上一下，合而成章」之論，可見「神明」所具有之靈妙作用，在《呂氏春秋》實已爲「陰陽」所兼攝。且觀高注所謂：「兩儀，天地也。」則《呂氏春

論：就「明」而言，亦與「明寓明顯可察之旨」相合。
〔註21〕 鄭倩琳：《戰國時期道家之宇宙生成論》，頁99。
〔註22〕 此處所論，乃就「太一」與「水」並非「能生」與「所生」之關係而言。學界對此，亦有類似之見解。如陳松長即指出：〈太一生水〉的「生」，並不能用一般所謂的「產生」、「派生」來解讀。「這個『生』字，乃是『自無出有』的生。」說詳氏著：《〈太一生水〉考論》，收入武漢大學中國文化研究院編：《郭店楚簡國際學術研討會論文集》（武漢：湖北人民出版社，2000年5月），頁545。
〔註23〕 《禮記・禮運》亦有此論。其說云：「禮必本於大一，分而爲天地，轉而爲陰陽，變而爲四時。」（頁438）

秋》「太一→兩儀→陰陽→萬物」之論，其所謂「陰陽」者，又實緣於天地之
變化，而非生於太一。故云：「凡人物者，陰陽之化也。陰陽者，造乎天而成
者也。」（〈知分〉；頁1346）太一不生陰陽，而是藉由陰陽以顯其化育萬物之大用，
以此觀之，《呂氏春秋》有關宇宙生成之看法，實亦持「道體氣用」之論。

　　氣化萬物，以道爲本，此乃上述諸說之主要特色。今觀諸家所述，其說
既以氣緣於混沌（或天地）之變化而有，則就氣之所出並非「道」有目的之作爲
而言，此氣之生，又實乃「自然而生」。明確提出此一觀點者，當爲上博簡〈恒
先〉。其文云：

> 恒先無有，樸、清、虛。樸，太樸；清，太清；虛，太虛。自厭不
> 自忍，或（域）作。有或（域）焉有氣，有氣焉有有，有有焉有始，有
> 始焉有往。……氣是自生，恒莫生氣。氣是自生自作。恒、氣之生，
> 不獨，有與也。或（域），恒焉，生或（域）者同焉。（頁84）

其說以「恒先（道）」爲宇宙生化之本源，並援此展開宇宙生化「歷程」之鋪敘。
如簡文所示，此宇宙生化之歷程爲：恒先（道）→有域→有氣→有有→有始。
此一說法，與上引《莊子》之說頗爲類似——二說皆以「道」作爲萬有存在
之根據，且以「氣」作爲有形世界之初始。至於「或」，李學勤引《淮南子‧
天文》「道始於虛霩，虛霩生宇宙，宇宙生氣」之論，以爲「或」即是「宇」，
其義略與「宇宙」相當。〔註24〕今檢《說文》云：「或，邦也。」（頁637）有邦
即有疆域，有疆域即有界限；換言之，「或」有一定之空間限制。「或」有一
定之空間限制，與「宇」所指稱之「上下四方」正相符合。從文字訓詁的角
度來說，以「宇」釋「或」，其說可從。然此處之「宇」，疑非李文所理解之
次於「虛霩」以下之「宇宙」。蓋簡文明云：「或，恒焉，生或者同焉。」「或」、
「恒」既具有相同之質性，以有一定空間限制之「宇」加以解釋，於義似有
未洽。檢諸古籍所載，「宇」除具有「上下四方」之義外，尚有另一層涵義。
《莊子‧庚桑楚》云：「有實而無乎處者，宇也。」（頁800）郭注云：「宇者，有
四方上下，而四方上下未有窮處。」如郭注所云，「宇」雖有「空間」之意含，
然此空間卻是一「界限模糊」之空間。界限模糊卻有其「實」，比觀前引《老
子‧廿一章》所謂：「道之爲物，惟恍惟惚。惚兮恍兮，其中有象。恍兮惚兮，
其中有物。窈兮冥兮，其中有精，其精甚眞，其中有信。」則此「有實而模

〔註24〕李學勤：〈楚簡《恒先》首章釋義〉，《中國哲學史》，2004年第3期（2004年8
　　　　月），頁81。

糊」之空間，疑即指「混沌」而言。〔註25〕簡文續云：「氣是自生，恒莫生氣。」是依〈恒先〉之理解，「恒（道）」、「氣」亦非「能生」與「所生」之關係；此一看法，亦與上引諸說相同。氣是自生而非生於恒，在此思路下，恒與氣之關係又當如何理解？廖名春以爲，「恒」與「氣」當是「並稱的範疇」、意在「強調『氣』『生』的獨立性」。〔註26〕然觀簡文所述，其說既將「氣」置於「或」、「恒」之後，「恒」、「氣」又如何「並稱」？且若氣有「獨立性」，其說大可逕由氣以言宇宙之生成變化，又何須於氣之前另立「或」與「恒」？以此觀之，〈恒先〉所謂「氣是自生，恒莫生氣」，當旨在強調「氣自然而生」之義，並非有意突顯氣之地位，且將之與道並稱。道氣之間仍是「體用」之關係，而非「並列」之範疇。廖文所述，似仍有待商榷。

如上所述，藉氣之運化以言宇宙之生成演變，其說雖以道家系統之文獻爲主，然先秦此風之盛，藉此亦可略窺一二。今觀諸家所述，其說雖皆以「道體氣用」爲旨要，然就形式上而言，諸家所論，似又可歸別兩種不同之系統：

（一）以「道」爲基準之生成系統。在此系統中，宇宙生化之歷程爲：

道→混沌→氣→陰陽→萬物；

（二）以「太一」爲基準之生成系統。在此一系統中，宇宙生化之歷程爲：太一→天地→陰陽→萬物。

這兩種系統，後者有「天地」，前者則缺少此一環節。惟觀上引「重濁爲地，精微爲天」及「濁氣生地，清氣生天」之論，彼時似又已有「天」、「地」緣於「氣」之「清」、「濁」變化所形成之觀念。天地緣於氣之變化所形成，則就理論推衍的角度來說，上述兩種不同之系統，似又可「整合」成「道→混沌→氣→天地→陰陽→萬物」之模式。而完成此一整合工程者，即是《淮南子》。〈天文〉云：

天墜未形，馮馮翼翼，洞洞灟灟，故曰太始〔註27〕。道始於虛霩，

〔註25〕丁四新亦有類似之看法。惟其說又謂：「『惚恍』是用來描述本體之『道』的，與竹簡從生成論上所說的先『氣』而有的『或』，並不相對應。」（說詳氏著：〈有無之辯和氣的思想——楚簡《恒先》首章哲學釋義〉，《中國哲學史》，2004 年第 3 期，頁 101～102。）然《莊子》有「雜乎芒芴之間，變而有氣」之說，《淮南子》亦謂「虛霩生宇宙，宇宙生元氣」；是「恍惚」除用以描述道體外，亦未嘗不具生成論之意涵。

〔註26〕廖名春：〈上博藏楚竹書《恒先》新釋〉，頁 85。

〔註27〕原作「太昭」。集解引王引之云：「書傳無言天地未形名曰『太昭』者。『馮翼』、『洞灟』亦非昭明之貌。『太昭』當作『太始』，字之誤也。」茲從校改。

　　虛霩生宇宙，宇宙生元氣。元氣有涯垠〔註28〕，清陽者薄靡而爲天，
　　重濁者凝滯而爲地。清妙之合專易，重濁之凝竭難，故天先成而地
　　後定。天地之襲精爲陰陽，陰陽之散精爲四時，四時之散精爲萬物。
　　積陽之熱氣生火，火氣之精者爲日；積陰之寒氣爲水，水氣之精者
　　爲月。日月之淫精者爲星辰。（頁78~80）

其說以爲，天地之前，無形無狀，名曰「太始」。所謂「太始」，在《淮南子》
之用法中，其義又等同於「太一」。如〈詮言〉云：「洞同天地，混沌爲樸；
未造而成物，謂之太一。」（頁463）而「太一」者，如前引《呂氏春秋・大樂》
所云，又實乃「道」之別稱。「太始」義同「太一」，「太一」又爲「道」之別
稱；是「太始」者，其義實即等同於「道」。其下又云：「道始於虛霩。」集
解引王引之云：「王逸注《楚辭・天問》曰：『太始之元，虛廓無形。』」比觀
高注所謂：「馮翼、洞灟，無形之貌。」是「虛霩」又義同「馮馮翼翼，洞洞
灟灟」。「太始」與「道」異名同實，於此亦可見其端緒。「虛霩」用以形容「無
形」之狀，與前引《老子》藉「混沌」以言「道」無可名狀之特質相同。以
此觀之，〈天文〉所謂「道始於虛霩」者，殆謂道之原始狀態虛空無形。此虛
空無形之混沌，依前引《莊子》、《鶡冠子》所云，又是處於「流動不已」之
狀態；也正因爲混沌流動不已，故又變而爲「宇宙」——「道」所在之「時
空」場域。故〈齊俗〉云：「往古來今謂之宙，四方上下謂之宇；道在其間，
而莫知其所。」（頁362）而「元氣」者，即由此道所處之場域孕育而生，故曰：
「宇宙生元氣。」而氣有清、濁，於是又衍爲天地、陰陽、四時與萬物。茲
圖式表列如下：

$$太始（道）\rightarrow 虛霩 \rightarrow 宇宙 \rightarrow 元氣 \begin{cases} 清輕 \rightarrow 天 \rightarrow 陽 \\ 濁重 \rightarrow 地 \rightarrow 陰 \end{cases} \rightarrow 四時 \rightarrow 萬物$$

如上圖所示，在〈天文〉所架構之宇宙生成模中，「元氣」實爲「無形」發展
至「有形」之關鍵階段：元氣之前，萬有虛同爲一；元氣之後，萬有紛然成
形。是依〈天文〉之意，「元氣」亦爲有形世界之「初始」；且萬有均「肇基」

〔註28〕原作「宇宙生氣，氣有涯垠」。集解引王念孫云：「此當爲『宇宙生元氣，元
　　　　氣有涯垠』。……《太平御覽・天部一》『元氣』下引此，正作『宇宙生元氣，
　　　　元氣有涯垠。』」茲從校改。

於此，故又名之曰「元」。〔註 29〕比觀前引諸說，《淮南子》已明確將「氣」與「天地」整合爲一；氣化宇宙論之基本架構，至此已完全確立。日後漢儒有關宇宙生成之論述，其說雖或有所轉化與增衍；然其組織架構，基本上皆不出《淮南子》所立規模之外。〔註 30〕

二、氣之本體屬性的確立

以氣作爲有形世界之初始，此乃上引諸說之通義。在此思路下，氣並非宇宙生化之本體，而是道生萬物之具體表現形式。然在先秦，學者之說亦有將「氣」等同於「道」者。如《管子・內業》云：

> 凡物之精，化則爲生。下生五穀，上爲列星；流於天地之間，謂之鬼神；藏於胸中，謂之聖人。是故此氣，杲乎如登於天，杳乎如入於淵，淖乎如在於海，卒乎如在於己。〔註 31〕

所謂「精」，〈內業〉又云：「精也者，氣之精也。」（頁 400）〈心術下〉則云：「一氣能變曰精。」（頁 333）以此觀之，「精」其實就是「氣」；惟其特重「氣」之「細微」與「能變」之義，故又名之曰「精」；且二者內涵無別，故亦統稱「精氣」〔註 32〕。今觀〈內業〉所述，氣既「下生五穀，上爲列星」；是宇宙萬物，實皆源於精氣之變化而生。此外，其說又以氣「杲乎如登於天，杳乎如入於淵，淖乎如在於海，卒乎如在於己」；則依《管子》之意，氣又遍在於宇宙之間。

〔註 29〕 《爾雅・釋詁》云：「初、哉、首、基、肇、祖、元、胎、俶、落、權，始也。」（〔晉〕郭璞注；〔宋〕邢昺注：《爾雅注疏》〔臺北：藝文印書館，1989 年 1 月，阮刻《十三經注疏》本〕，頁 6。）「氣」而傅之以「元」，實即取義於此。

〔註 30〕 《淮南子》有關宇宙生成之論述，另有三種不同之表述形式：1、藉詮解《老子》「道生一，一生二，二生三，三生萬物」所架構之「道→一→陰陽→萬物」之生成模式。（詳參〈天文〉：頁 112）2、以《莊子・齊物論》「有始也者，有未始有始也者，有未始有夫未始有始也者。有有也者，有無也者，有未始有無也者，有未始有夫未始有無也者」爲基礎所引申之宇宙生成論述。（詳參〈俶眞〉：頁 44～45）3、從解釋「精神」源起的角度所建構之「無形→二神→天地→陰陽→萬物」之生成模式。（詳參〈精神〉：頁 218）此類說法，雖其「形式」有繁簡之別，所側重之角度亦各有不同；然其要旨，實亦不出上述架構之外。

〔註 31〕 顏昌嶢：《管子校釋》（長沙：岳麓出版社，1996 年 2 月），頁 396～397。案：上引〈內業〉之文，「化則爲生」，原作「此則爲生」；「是故此氣」，原作「是故民氣」。茲依丁士涵校改。說見郭沫若：《管子集校》，《郭沫若全集》（北京：人民出版社，1984 年 10 月），第 7 卷，頁 121。

〔註 32〕 《管子》一書以「精」、「氣」連言者，如〈侈靡〉云：「且夫天地精氣有五，不必爲沮其巫而反其重。」（頁 321）〈心術下〉云：「非鬼神之力也，其精氣之極也。」（頁 332）〈五行〉云：「貨暶神廬，合於精氣。」（頁 362）

氣既遍在於宇宙之間，且爲萬有存在之根據；則氣之爲義，實即等同於道。「以氣爲道」，此乃《管子》氣學理論之主要特色。〔註33〕相關論述，亦可由其有關「道」、「氣」之說解見其端倪。其釋「道」云：

> 道在天地之間也，其大無外，其小無内。（〈心術上〉：頁327）

> 夫道者，所以充形也。（〈内業〉：頁398）

> 萬物以生，萬物以成，命之曰道。（〈内業〉：頁400）

釋「氣」則云：

> 靈氣在心，一來一逝，其細無内，其大無外。（〈内業〉：頁408）

> 氣者，身之充也。（〈心術下〉：頁332）

> 有氣則生，無氣則死，生者以其氣。（〈樞言〉：頁112）

很明顯的，在《管子》的用法中，「道」與「氣」並無實質內涵之差別。將「氣」提昇至與「道」等同之地位，就氣概念而言，無疑是賦予其「本體」之屬性。氣具有本體之意涵，則氣之聚散變化不僅構成宇宙萬物，亦是宇宙萬物之最終根據。

三、五行與氣化系統之整合

如前所述，藉氣之運化以言宇宙之生成演變，在西漢前期業已奠立基本之論述架構。惟觀前引諸家所述，其說皆旨在說明「由無入有」之可能及宇宙生化之「程序」，並未及於宇宙之「秩序結構」當如何建立此一問題。檢諸古籍所載，先秦哲人用以解釋宇宙之秩序結構者，其說大體以五行理論爲主。然在春秋時期，「氣」與「五行」仍分屬不同之範疇，二者並無「本末」或「先後」之關係。《左傳》云：

> 天有六氣，降生五味，發爲五色，徵爲五聲，淫生六疾。六氣曰：陰、陽、風、雨、晦、明也。分爲四時，序爲五節，過則爲災。（〈昭公元年〉：頁708～709）

> 則天之明，因地之性，生其六氣，用其五行。氣爲五味，發爲五色，章爲五聲。淫則昏亂，民失其性。（〈昭公廿五年〉：頁888～889）

> 天有三辰，地有五行。（〈昭公卅二年〉：頁933）

〔註33〕說本陳師麗桂：《戰國時期的黃老思想》（臺北：聯經出版事業公司，1991年4月），頁122。

《國語》之說亦同。其文云：

> 天六地五（韋昭注云：「天有六氣，謂陰、陽、風、雨、晦、明也；地有五行，金、木、
> 水、火、土也。」），數之常也。經之以天，緯之以地；經緯不爽，文之
> 象也。〔註34〕
>
> 及天之三辰，民所瞻仰也。及地之五行，所以生殖也。（〈魯語上〉；頁
> 170）

如上引二書所述，「六氣」、「五行」雖爲構成自然秩序與民生日用之重要因素；然前者屬「天」、後者屬「地」，二說並非相互統屬之概念。〔註35〕降及戰國，彼時鄒衍雖有「土氣」、「木氣」、「金氣」、「火氣」之論（說見《呂氏春秋・應同》；頁677），且藉「陰陽主運顯於諸侯」（《史記・封禪書》；頁1369）。然其說是否已將「陰陽」、「五行」統合爲一「整體」之思想體系，並認爲五行源於陰陽二氣之消長變化，且將「五行」融入「四時」之中？以目前所能掌握之資料而言，實難就此遽下結論。〔註36〕雖然如此，彼時學者試圖將五行納入氣化之整體架構中，其說實亦有跡可尋。此由先哲有關「四時」與「五行」之整合論述，即可見其端倪。《鶡冠子・泰鴻》云：

> 東方者，萬物立止焉，故調以徵。南方者，萬物華羽焉，故調以羽。
> 西方者，萬物成章焉，故調以商。北方者，萬物錄臧焉，故調以角。
> 中央者，太一之位，百神仰制焉，故調以宮。道以爲先，舉載神明。
> 華天上揚，本出黃鍾，所始爲東方，萬物唯隆。以木華物，天下盡
> 木也，使居東方主春。以火照物，天下盡火也，使居南方主夏。以
> 金割物，天下盡金也，使居西方主秋。以水沉物，天下盡水也，使
> 居北方主冬。土爲大都，天下盡土也，使居中央守地。天下盡人也，
> 以天子爲正。（頁70~71）

其說以「五行」配「五方」、「五音」，並以木主春、火主夏、金主秋、水主冬，「五行」與「四時」在此已有初步之整合。然「中央土」當何所歸屬，〈泰鴻〉並未明言。比較明確之說法，主要見於《管子》；且細繹《管子》所論，其說

〔註34〕《國語・周語下》（臺北：九思出版有限公司，1978年11月），頁98。

〔註35〕以上所述，另參李存山：《中國氣論探源與發微》（北京：中國社會科學出版社，1990年12月），頁69；李志林：《氣論與中國傳統思維方式》（上海：學林出版社，1990年9月），頁24~25。

〔註36〕說參徐復觀：〈《呂氏春秋》及其對漢代學術與政治的影響〉，收入氏著：《兩漢思想史》（臺北：學生書局，1989年9月），卷2，頁11。

又可別爲兩種不同之論述方式：「撥五行於四時」與「撥四時於五行」。前者以「時間」爲主體，其所側重者，乃五行如何與四時相配；後者以「空間」爲主體，其所關注者，則爲四時如何配於五行。其持「撥五行於四時」之論者，如《管子・四時》云：

> 陰陽者，天地之大理也；四時者，陰陽之大經也。……東方曰星，其時曰春，其氣曰風，風生木與骨。……南方曰日，其時曰夏，其氣曰陽，陽生火與氣。……中央曰土，土德實輔四時入出。……西方曰辰，其時曰秋，其氣曰陰，陰生金與甲。……北方曰月，其時曰冬，其氣曰寒，寒生水與血。（頁354～358）

「四時」爲宇宙生化之重要環節，而此環節又源於氣之不同變化所形成；前引〈十大經・觀〉、〈太一生水〉、《呂氏春秋・大樂》、《淮南子・天文》等，皆已明示其義。而如〈四時〉所云，「木」、「火」、「金」、「水」既源於氣之「風」、「陽」、「陰」、「寒」等不同變化所形成；則比觀上引諸家所建構之宇宙生化模式，其說又實已略具「氣→陰陽→四時→五行」之雛形。然「五行」之基數爲「五」，「四時」之基數爲「四」；以「五」配「四」，此一結構性之差異又當如何解決？對此，〈四時〉所提出之處理方式爲：土德實輔四時入出。此一說法，依漢儒之理解，其義當指「土王四時」。《春秋繁露・五行對》云：

> 五行莫貴於土。土之於四時無所命者，不與火分功名。木名春，火名夏，金名秋，水名冬。〔註37〕

〈五行之義〉則云：

> 土居中央，爲天之潤。土者，天之股肱也。其德茂美，不可以名以一時之事，故五行而四時者，土兼之也。金木水火雖各(名)職，不因土，方不立。……土者，五行之主也。（頁322～323）

如董生所云，土之所以不名四時，乃因「土」於五行最「貴」。至於「五行而四時」之原因，董仲舒則以「土兼之」加以解釋。惟董生之說，並未及於土兼四時之具體內容。比較明確的說法，則《白虎通・五行》云：

> 木王所以七十二日何？土王四季各十八日，合九十日爲一時，王九十日。土所以王四季何？木非土不生，火非土不榮，金非土不成，水非土不高。土扶微助衰，曆成其道，故五行更王，亦須土也。王

〔註37〕〔漢〕董仲舒撰；〔清〕蘇輿義證：《春秋繁露義證》（北京：中華書局，1996年9月），頁316。

四季，居中央，不名時。(頁190)

又云：

行有五，時有四何？四時爲時，五行爲節。故木王即謂之春，金王
即謂之秋，土尊不任職，君不居部，故時有四也。(頁194)

如《白虎通》所云，木、火、金、水分配四時，原當各主「九十日」；然因土
「王四季」各「十八日」，故五行於四時所主日數，實各得「七十二日」。所
謂「撥五行於四時」，其義大體如是。至於「撥四時於五行」，《管子‧五行》
云：

睹甲子，木行御。……七十二日而畢。(頁365)

睹丙子，火行御。……七十二日而畢。(頁366～367)

睹戊子，土行御。……七十二日而畢。(頁367)

睹庚子，金行御。……七十二日而畢。(頁367～368)

睹壬子，水行御。……七十二日而畢。(頁368～369)

漢人之說，亦有此義。《淮南子‧時則》云：

壬午冬至，甲子受制，木用事，火煙青。七十二日丙子受制，火用
事，火煙赤。七十二日戊子受制，土用事，火煙黃。七十二日庚子
受制，金用事，火煙白。七十二日而壬子受制，火煙黑。七十二日
而歲終，庚子受制。(頁105)

《春秋繁露‧治水五行》則云：

日冬至，七十二日木用事，其氣燥濁而清。七十二日火用事，其氣
慘陽而赤。七十二日而土用事，其氣溼濁而黃。七十二日金用事，
其氣慘淡而白。七十二日而水用事，其氣清寒而黑。(頁385)

此種配置形式，就五行實際所主日數各爲「七十二日」而言，其說實與「撥
五行於四時」相仿。然其「方法」，卻截然有別。蓋依「撥五行於四時」之論，
「土」之所以主「七十二日」，乃於木、火、金、水各王「十八日」，並非四
時之中別有一「相續」之「七十二日」屬土。然在上引文中，土所居七十二
日，卻是上承於火而下接於金；換言之，土所居七十二日乃一「完整」之區
段，並非於木、火、金、水各取「十八日」而成。除此之外，先秦兩漢另有
將「土」置於「季夏」者。其說肇端於《呂氏春秋》，而義成於《淮南子》。《呂
氏春秋‧十二紀》紀首云：

> 孟春之月，……盛德在木；（〈孟春紀〉，頁1）
>
> 孟夏之月，……盛德在火；（〈孟夏紀〉，頁185）
>
> 孟秋之月，……盛德在金；（〈孟秋季〉，頁375）
>
> 孟冬之月，……盛德在水。（〈孟冬季〉，頁515）

如上引文所示，《呂氏春秋》在「四時」與「五行」之整合問題上，就其同主「木配春、火配夏、金配秋、水配冬」而言，其義實與「撥五行於四時」之說無別。然其對於「土」之處理方式，卻與上引諸說相去甚遠。蓋如前所述，上引諸說對於「土」居「七十二日」雖有不同之論述方式，但土所居日數與木火金水相同，諸家所論並無二致。惟觀《呂覽》所述，其說既不持「土德實輔四時」之論，亦未如「撥四時於五行」之說，另行歸劃土所居日數，而是於〈季夏紀〉之末附云：「中央土，其日戊己。……」（頁312）言下之意，似有將「土」歸於「季夏」之跡向。明確指陳「季夏之月，盛德在土」者，則為《淮南子》。〈時則〉云：

> 孟春之月，……其位東方，其日甲乙，盛德在木。（頁159）
>
> 孟夏之月，……其位南方，其日丙丁，盛德在火。（頁167）
>
> 季夏之月，……其位中央，其日戊己，盛德在土。（頁171）
>
> 孟秋之月，……其位西方，其日庚辛，盛德在金。（頁173）
>
> 孟冬之月，……其位北方，其日壬癸，盛德在水。（頁179）

然依〈時則〉所云，則五行所主日數即有「九十日」（木、金、水）、「六十日」（火）與「三十日」（土）之差別；以此觀之，此說顯非結構完整之配置形態。雖然如此，其試圖整合四時與五行，並藉此建構一「時空一體」之秩序形式，又實與上引諸說殊塗同歸。

如上所述，自戰國中葉以降，先哲即已試圖將五行融入氣化之整體架構中。然《禮記・月令》孔疏云：「夫四時五行，同是天地所生；而四時是氣，五行是物。氣是輕虛，所以麗天；物體質礙，所以屬地。」（頁321）孔疏所云，若配合《鶡冠子・夜行》所謂：「陰陽，氣也；五行，業也。」（頁6）則在先秦，五行雖已融入氣化之整體架構中，但陰陽與五行實仍分屬不同之範疇，二者並無先後本末之關係。此一情況，至西漢前期才有明顯之改變。前引《淮南子・時則》云：

> 積陽之熱氣生火，火氣之精者為日；積陰之寒氣為水，水氣之精者

爲月。

《黃帝內經・陰陽應象大論》則云：

水火者，陰陽之徵兆也。(頁81)

以「水」、「火」源於「陰陽」之變化所形成，且又以之作爲陰陽之具體表現形式；則依二書所述，陰陽顯然先於水火而存在。其說雖未及於木、土、金三者，然陰陽先於五行，藉此亦可略窺端倪。明確將五行從屬於陰陽，且進而將陰陽、五行統歸於「天地之氣」，並緣此建構一以「氣」爲主導之生成模式者，則《春秋繁露・五行相生》云：

天地之氣，合而爲一，分爲陰陽，判爲四時，列爲五行。(頁362)

如董生所云，宇宙生化之歷程當爲：氣→陰陽→四時→五行。在此架構中，五行顯然已被置於陰陽之下，而爲相互統屬之關係。〔註38〕比觀上引《淮南子・天文》所架構之宇宙生化模式，董生之說顯然省略了「無形」之階段。此「無形」之階段，董生係以神格之天加以取代。《春秋繁露・郊祭》云：「天者，百神之大君也。」(頁402)〈順命〉則云：「父者，子之天也；天者，父之天也。無天而生，未之有也。天者萬物之祖，萬物非天不生。」(頁410) 天爲萬物之祖，氣同樣也歸屬天之統轄。故〈三代改制質文〉云：「天統氣。」(頁191)將氣統歸於天，先哲所謂「氣化自然」之義，在董仲舒則將之歸於「天意」之展現。〈天地陰陽〉云：「天意難見也，其道難理。是故明陰陽出入、虛實之處，所以觀天之志；辨五行之本末、順逆、小大、廣狹，所以觀天道也。」

〔註38〕陰陽、五行之所以能建立統屬之關係，又與五行所屬「範疇」之「改易」有關。蓋如前所述，「天有六氣」、「地有五行」本爲先秦哲人之普遍看法。在此觀點下，五行基本上仍屬具體有形之物，而非抽象之概念。然《春秋繁露・五行之義》云：「天有五行：一曰木，二曰火，三曰土，四曰金，五曰水。木，五行之始也；水，五行之終也；土，五行之中也。此其天次之序也。」(頁321) 董生之說，明顯已將原屬於「地」之五行，一併納入「天」之範疇。在此觀點下，五行已非具體有形之物，而是用以說明天次之序的抽象概念。陰陽、五行皆統屬於天，此乃二者之所以能建立統屬關係之主要因素。而「五行」爲「氣」，至此亦成漢人普遍之觀念。如《尚書・洪範》疏引《尚書大傳》云：「謂之行者，若在天則五氣流行。」(頁169)《白虎通・五行》云：「五行者，何謂也？謂金木水火土也。言『行』者，欲言爲天行氣之意。」(頁166)《釋名・釋天》云：「五行者，五氣也，於其方各施行也。」(頁4)《史記・五帝本紀》：「軒轅乃修德振兵，治五氣。」集解引王肅曰：「五行之氣。」(頁3)《淮南子・本經》：「聖人節五行。」高誘注云：「五行，金木水火土也。水屬陰行，火爲陽行，木爲燠行，金爲寒行，土爲風行。五氣常行，故曰五行。」(頁265)

（頁 447）天意難見，然藉由陰陽五行即可窺知天志之所在；是陰陽五行者，又實爲天意之具體表現形式。然而，雖說氣化之義於董生已有根本之改變，然董生在上述四時與五行之整合基礎上，進一步將五行置入宇宙生化之環節；氣化宇宙論此一思想型態，至此乃成爲一含攝時間（宇宙之「生化歷程」）與空間（宇宙之「秩序結構」）之龐大解釋系統，成爲中國古代秩序建構所不可或缺之主要原則。

第二節　讖緯氣化論之表述型態

藉氣之運化以言宇宙之生成演變，其說由來已久。讖緯對於宇宙起源之看法，大體亦持此義。然在既有基礎上，讖緯之說又有所增益與轉化，並非一味襲取前人之說以成文。檢諸現存緯書佚文，讖緯有關氣化之論，依其首出概念之不同及結構模式之差異，又可歸別爲三種不同之表述型態。

一、太易生成模式的提出

《易乾鑿度》云：

> 昔者聖人因陰陽定消息，立乾坤以統天地也。夫有形生於無形，乾坤安從生？故曰：有太易，有太初，有太始，有太素也。太易者，未見氣也；太初者，氣之始也；太始者，形之始也；太素者，質之始也。氣、形、質具而未離，故曰渾淪。渾淪者，言萬物相渾成而未相離。視之不見，聽之不聞，循之不得，故曰易也。易無形畔。易變而爲一，一變而爲七，七變而爲九。九者，氣變之究也，乃復變而爲一。一者，形變之始，清輕者上爲天，濁重者下爲地。（卷上：

頁 10～11。同類說法又見卷下，只是文字略有小異，茲不備引）

其說以「太易」爲首出概念，並緣此展開宇宙生化「歷程」之推衍。如上引文所示，此宇宙之生化歷程爲：太易（未見氣）→太初（氣之始）→太始（形之始）→太素（質之始）。所謂「太易」，先秦典籍未見其例；今所見最早使用此一概念者，其說或始於揚雄。〈覈靈賦〉云：「太易之始，太初之先；馮馮沈沈，奮搏無端。」〔註39〕如揚雄所云，「太易」乃指宇宙未開，混沌無形之情狀。〈乾

〔註39〕〔漢〕揚雄著：張震澤校注：《揚雄集校注》（上海：上海古籍出版社，1993年 10 月），頁 135。

鑿度〉之說，與此相近。鄭注則云：「以其寂然無物，故名之曰太易。」鄭注此說，疑非《易緯》本意。蓋依〈乾鑿度〉所云，「太易」有三項主要特徵：一曰「未見氣」；二曰「視之不見，聽之不聞，循之不得」；三曰「無形畔」。這三項特徵，又有一共同之處——無形。鄭注《易緯》，亦持此義。如其釋「視之不見，聽之不聞，循之不得」云：「此明太易無形之時，虛豁寂寞，不可以視聽尋。」（頁12）又釋「易氣從下生」云：「易本無形。」（頁13）「無物」與「無形」，就其同屬於「無」之層次而言，其義或許無甚差別。然「無物」即「無形」，「無形」並不等於「無物」；二者之間，似仍有些微之差異。〔註40〕且「易」者，亦非「寂然不動」之意。〈乾鑿度〉云：「易者，變易也。」（頁3）又云：「變易者，其氣也。」（頁4）易以「變易」為特質，而此變易之「動能」又來自於「氣」；準此而言，則太易又實已內具氣之底蘊。惟其氣跡未著，故又曰「未見氣」。此一階段既然「無形」，則「氣」、「形」、「質」仍混為一體，故又名之曰「渾淪」。〔註41〕太易內具氣之底蘊，並因其自身之流動變化，於是乃變而為「太初」。故鄭注「易變而為一」云：「太易變而為一，謂變為太初也。」（卷下：頁30）

　　所謂「太初」，〈乾鑿度〉的解釋為：「氣之始也。」並將之置於「無形（太易）」與「有形（太始）」之間。是依本篇作者之意，「太初」實乃宇宙「由無入有」之關鍵轉化階段，而為有形世界之初始。此一用法，與先秦以迄西漢之說大異其趣。《莊子・知北遊》云：「外不觀乎宇宙，內不知乎大初。」（頁758）成疏云：「道本也。」〈天地〉則云：「泰初有無，無有無名；一之所起，有一而未形。」（頁424）是「太初」者，其義實亦等同於「道」。〔註42〕此外，《淮南子・詮言》云：「稽古太初，人生于無，形于有。」（頁463）集解引莊逵吉云：

〔註40〕以前引《老子》為例，「道」雖「無形」，然其中「有象」、「有物」、「有精」、「有信」；以此觀之，「無形」實不等於「無物」。

〔註41〕案：學界有以「渾淪」為宇宙創生之「第五階段」者。如鍾肇鵬云：「『渾淪』當在『太素』之後，而當『氣』、『形』、『質』相離的時候，就形成了天地。」（《讖緯論略》：頁178）此一說法，其所依據者，乃〈乾鑿度〉之論述「次第」。然依〈乾鑿度〉所云，「渾淪」既然「萬物相渾成而未相離」，又如何位於氣、形、質皆已萌生之太初、太始、太素之後？鍾書所論，似有待商榷。

〔註42〕成疏云：「泰，太；初，始也。元氣始萌，謂之太初，言其氣廣大，能為萬物之始本，故名太初。太初之時，惟有此無，未有於有。有既未有，名將安寄！故無有無名。」（頁425）成疏所云，與〈乾鑿度〉相近。然《莊子》既以「泰初」為「一之所起」，其非氣可知。

「此下有注云：『當太初天地之始，人生於無形。』」是「太初」者，亦是「無形」之意。以此觀之，「太初」之稱雖取自道家，然其意涵則全然不同。讖緯轉化前人之說，於此即可見其端倪。

　　太易變而爲太初，宇宙自此有了極大的轉變：由原始「未見氣」之狀態，發展至「氣之始」；且由於氣之作用，宇宙從此進入「有形」之階段。此一階段，〈乾鑿度〉稱之爲「太始」。所謂「太始」，前引《淮南子・天文》云：「天地未形，馮馮翼翼，洞洞灟灟，故曰太始。」是「太始」亦原用以形容「道」無形無貌之狀態；〈乾鑿度〉以「太始」爲「形之始」，顯然與《淮南子》相去甚遠。有形而後有質，此一階段，〈乾鑿度〉名之曰「太素」。此一用法，亦與道家典籍有別。如《淮南子》云：「偃其聰明而抱其太素。」（〈俶眞〉；頁51）「故有而若無，實而若虛，處其一而不知其二，治其內而不識其外，明白太素，無爲復樸。」（〈精神〉；頁227）「委心而不以虛，棄聰明而反太素。」（〈精神〉；頁238）如《淮南子》所述，「太素」或與「道」相當，或用以描述道體「自然無爲」之「純樸狀態」，並未在宇宙論的意義下使用太素一詞，也未賦予太素以氣的質性。以「太素」爲「質之始」，其說實首見於讖緯。除此之外，「太素」在讖緯之用法中，又有另一層不同之涵義。《禮斗威儀》云：

　　　　太素冥莖，蓋乃道之根也。（頁516）

以「太素」爲「道之根」，其非「質之始」可知。且在此用法中，「太素」又明顯先於「道」而存在；「道」落至「太素」之後，此亦讖緯之新義。日後張衡之說，疑或與此有關。《靈憲》云：

　　　　太素之前，幽清玄靜；寂寞冥默，不可爲象。厥中惟虛，厥外惟無，
　　　　如是者永久焉，斯謂溟涬，蓋乃道之根也。道根既建，自無生有。
　　　　太素始萌，萌而未兆，並氣同色，渾沌不分。……於是元氣剖判，
　　　　剛柔始分，清濁異位。天成於外，地定於內。天體於陽，故圓以動；
　　　　地體於陰，故平以靜。……（頁1〜2）

比觀《禮斗威儀》所論，張衡以「溟涬」爲「道之根」，二者顯然如出一轍。差別在於：《禮斗威儀》以「太素」、「冥莖」並稱，二者並無實質內涵之差別；張衡則將「太素」置於「溟涬」之後，並以「太素」爲「溟涬」過渡至「元氣」之中介階段。〔註43〕

〔註43〕漢儒論及「太素」者，另有王符。《潛夫論・本訓》云：「上古之世，太素之時，元氣窈冥，未有形兆。萬精合並，混而爲一，莫制莫御。若斯久之，翻

如上所述，〈乾鑿度〉用以說明宇宙生成變化之概念，其說雖與道家密切相關；然讖緯在使用相關概念時，並非一味襲取道家諸子之說，而是重新賦予新義。且在道家諸子之用法中，太始、太初、太素並無本末先後之關係；將這些概念統合於「太易」之下，並緣此建構一宇宙起源之「概念序列」〔註44〕，其說實亦首見於讖緯。

二、太極生化系統之建構

《易乾鑿度》云：

> 孔子曰：易始於太極。太極分而為二，故生天地；天地有春秋冬夏之節，故生四時；四時各有陰陽剛柔之分，故生八卦。八卦成列，天地之道立，雷風水火山澤之象定矣。……八卦之氣終，則四正四維之分明，生長收藏之道備；陰陽之體定，神明之德通，而萬物各以其類成矣。（頁7~8）

〈乾鑿度〉此論，顯係承襲〈繫辭〉而來。《周易・繫辭上》云：「易有太極，是生兩儀。兩儀生四象，四象生八卦。八卦定吉凶，吉凶生大業。」（頁156~157）然如朱伯崑所云，〈繫辭〉所謂「易有太極」等說法，其初乃在說明「揲蓍或畫卦之過程」〔註45〕，並非用以推衍宇宙之起源。首先賦予「太極」以宇宙生化之意蘊者，其說實首見於〈乾鑿度〉。〔註46〕而依〈乾鑿度〉所云，宇宙

然自化，清濁分別，變成陰陽。陰陽有體，實生兩儀；天地壹鬱，萬物化淳，和氣生人，以統理之。」〔〔漢〕王符撰；〔清〕汪繼培箋、彭鐸校正：《潛夫論箋校正》〔北京：中華書局，1985年9月〕，頁365。）相較於上引諸家所論，在王符之觀念中，「太素」實即等同於「元氣」；惟所側重之角度有別，故又以不同之概念名之：就其為天地之始而言，名之曰「太素」；就其渾沌無形體而言，則稱之為「元氣」。

〔註44〕說本丁培仁：〈《易乾鑿度》思想初論〉，收入黃壽祺等編：《周易研究論文集》（北京：北京師範大學出版社，1990年5月），頁507。

〔註45〕朱伯崑：《易學哲學史》（北京：華夏出版社，1995年1月），第1卷，頁65。相關說法，又見姜廣輝主編：《中國經學思想史》（北京：中國社會科學出版社，2003年9月），第2卷，頁351~352。案：「太極」一詞除見〈繫辭〉外，又見《莊子・大宗師》。其文云：「夫道有情有信，無為無形，可傳而不可受，可得而不可見，自本自根，未有天地，自古以固存。神鬼神帝，生天生地。在太極之先而不為高，在六極之下而不為深；先天地生而不為久，長於上古而不為老。」（頁246~247）然如朱伯崑前揭書所云，《莊子》所謂「太極」乃指「空間之最高極限」，亦無本體之意涵。

〔註46〕《說文》云：「惟初太極，道立於一，造分天地，化成萬物。」（頁1）其說亦以「太極」為宇宙生化之本原。然如本文第二章所云，《說文》成書約在和、

生化之歷程當爲：太極→二→天地→四時→八卦。所謂「二」，鄭注云：「七九、八六。」（卷上；頁7）至於「七九、八六」之義，鄭注〈乾鑿度〉又云：「一變而爲七，是今陽爻之象；七變而爲九，是今陽爻之變。二變而爲六，是今陰爻之變，六變而爲八，是今陰爻之象。」（卷下；頁30～31）如鄭注所云，「二」實與「陰」、「陽」密切相關。又檢《洛書靈準聽》云：「太極具理氣之源，兩儀交媾而生四象，陰陽位別而定天地。其氣精者乃上浮爲天，其氣濁者乃下凝爲地。」（頁1259）既然「陰陽位別而定天地」，則「陰陽」顯然先於「天地」而存在。陰陽先於天地而存在，上引〈乾鑿度〉由「二」而有「天地」之「二」，顯然即指「陰陽」二氣。準此，〈乾鑿度〉所建構之宇宙生成模式當爲：太極→陰陽→天地→四時→八卦。此一說法，其義有二：

（一）宇宙生成序列之重塑：

前文業已指出，先秦哲人對於宇宙之生成演變，其以「道」爲基準者，並未涉及「天地」之問題；而以「太一」爲基準者，則又將「陰陽」置於「天地」之後。其後《淮南子》集諸說之大成，亦同主「天地在前，陰陽在後」之論。然如鄭注《易乾鑿度》所云：「天有象可見，地有形可處。」（卷下，頁29）將「天地」置於「陰陽」之前，明顯與「有形生於無形」之論相悖。〈乾鑿度〉將「天地」與「陰陽」之位置互換，從宇宙「由無入有」的角度來說，顯然較爲合理。〔註47〕

（二）八卦系統之增益：

藉「氣」或「陰陽」說《易》，此在〈象〉、〈文言〉、〈彖〉即已略見其義。如〈小象〉云：「潛龍勿用，陽在下也」（頁12）、「履霜堅冰，陰始凝也」（頁19）；〈文言〉云：「潛龍勿用，陽氣潛藏」（頁12）、「陰疑於陽必戰」（頁21）；〈彖〉釋〈咸卦〉云：「二氣感應以相與」（頁82）。雖然如此，彼時並未全面藉由「氣化」之論以釋《周易》。從「氣化」的角度解釋《周易》，並緣此而建構一完整之秩序結構者，當首見於孟喜所提出之「卦氣」理論。其說以「《周易》的框

安二帝年間，此時正是讖緯勢力達於頂峰之際。《說文》所論，或即本之於讖緯。

〔註47〕 說參王曉毅：〈「天地」「陰陽」易位與漢代氣化宇宙論的發展〉，《孔子研究》，2003年第4期（2003年7月），頁83～88。

架結構和四時、十二月、二十四節氣、七十二候、三百六十日一一相配，按日以候氣，分卦以徵事。」〔註48〕惟就現有資料來看，孟喜之說並未涉及宇宙論之問題。其後京房雖將「八卦」、「五行」融爲一體〔註49〕，但同樣未從宇宙論的角度，將八卦納入宇宙生化之結構。然觀〈乾鑿度〉所云，本篇作者顯然已將八卦置入宇宙生化之歷程；八卦具有宇宙論之意義，其說或即首見於此。氣化宇宙論所涉諸多概念，亦至此而臻於齊備；日後凡論及氣化之說者，其所用概念實皆不出讖緯所述之範圍。

　　以上本文將《易乾鑿度》所論區分成「太易」與「太極」兩大系統，除此二說之首出概念與表述型態有別外；另就〈乾鑿度〉本文而言，其說既未明確指陳「太易」與「太極」之關係，似亦不宜將之混合爲一。將「太極」納入「太易」之生成模式者，則《孝經鉤命決》云：

〔註48〕　任繼愈：《中國哲學發展史》（北京：人民出版社，1985 年 2 月），秦漢卷，頁443。

〔註49〕　《京氏易傳》云：「乾坤者，陰陽之根本；坎離者，陰陽之性命。分四營而成易，十有八變而成卦。卦象定吉凶明得失，降五行分四象；順則占，逆則凶。」「卦分陰陽，六位五行，光明四通，交變立節。天地若不變易，不能通氣。五行迭終，四時更廢。變動不居，周流六虛，上下無常，剛柔相易，不可以爲典要，惟變所適。」「八八六十四卦，分六十四卦配三百八十四爻，成萬一千五百二十策，定氣候二十四，考五行於運命，人事天道、日月星辰局於指掌，吉凶見乎其位。……寅中有生火，亥中有生木，巳中有生金，申中有生水，丑中有死金，戌中有死火，未中有死木，辰中有死水，土兼於中。」「陰陽運行，一寒一暑；五行互用，一吉一凶。以通神明之德，以類萬物之情。故易所以斷天下之理，定之以人倫而明王道。八卦建五氣立五常，法象乾坤，順於陰陽，以正君臣父子之義。……生吉之義，始於五行，終於八卦。」（〔吳〕陸績注；郭彧校點：《京氏易傳》，收入：《京氏易傳導讀》〔濟南：齊魯書社，2002 年 10 月〕，頁 132～135。）至於「五行」與「八卦」之實際配置情況，其說可表列如下：

八卦〔爻位〕	乾金	坤土	震木	巽木	坎水	離火	艮土	兌金
上爻	土	金	土	木	水	火	木	土
五爻	金	水	金	火	土	土	水	金
四爻	火	土	火	土	金	金	火	水
三爻	土	木	土	金	火	水	金	土
二爻	木	火	木	水	土	土	火	木
初爻	水	土	水	土	木	木	土	火

說詳朱伯崑：《易學哲學史》，頁 137～139。

天地未分之前，有太易，有太初，有太始，有太素，有太極，是謂
五運。形象未分，謂之太易；元氣始萌，謂之太初；氣形之端，謂
之太始。形變有質，謂之太素。質形已具，謂之太極。五氣漸變，
謂之五運。（頁 1016）

其說將〈乾鑿度〉所提出之「太易」、「太初」、「太始」、「太素」、「太極」等
概念組構爲一；然其對於「太極」之理解，顯然與〈乾鑿度〉不同。蓋依〈乾
鑿度〉，《易》以太極爲初始，太極分化爲陰陽二氣，天地乃由此而形成。因
此，就太極能分化爲陰陽二氣而言，其義實略同於〈鉤命決〉所謂之「太初」
〔註 50〕或「太始」，而非「質形已具」之階段。準此而言，《孝經鉤命決》所
謂「五運」之論，能否如鍾肇鵬所云，將之組構成：「太易→太初→太始→太
素→太極（渾淪、元氣、一）→天地→四象→八卦」〔註 51〕此一龐大之宇宙生成模
式，其實頗有可疑。蓋如鍾書所云，在此一生化模式中，「太極」之地位既等
同於「渾淪」、「元氣」或「一」，又如何能與〈鉤命決〉所謂「質形已具」之
「太極」混爲一談？足見鍾說仍有待商榷。

三、太一創生模式之轉化

「太一」一詞，古籍所載，其義有三：一曰「天神」。如《鶡冠子・泰鴻》
云：「中央者，太一之位，百神仰制焉。」（頁 71）《史記・封禪書》云：「天神
貴者太一，太一佐曰五帝。」（頁 1386）二曰「北極」。如《史記・天官書》云：
「中宮天極星，其一明者，太一之常居也。」（頁 1289）三曰「道」。如前引《呂
氏春秋・大樂》云：「道也者，至精也，不可爲形，不可爲名，彊爲之謂之太
一。」〔註 52〕讖緯之說，與此略同。其以「太一」爲「天神」者，如《樂稽
耀嘉》云：「用鼓和樂於東郊，爲太皋之氣，勾芒之音。歌隨行，出雲門，致
魂靈，下太一之神。」（頁 550）其以「太一」爲「北極」者，如《春秋元命苞》
云：「北者，高也。極者，藏也。言太一之星，高居深藏，故名北極也。」（頁
649）比較特殊的是，讖緯未見以「太一」爲「道」之說法，但卻屢見「太一」
「含元氣」之論；且在多數情況下，「太一」又兼攝「天神」之義。《春秋緯》

〔註 50〕 孔穎達即持此義。《周易正義》云：「太極謂天地未分之前，元氣混而爲一，
即是太初、太一也。」（頁 156）

〔註 51〕 說見鍾肇鵬：《讖緯論略》，頁 178～179。

〔註 52〕 以上所述，另參葛兆光：〈眾妙之門——北極與太一、道、太極〉，《中國文化》，
第 3 期（1990 年 12 月），頁 46～65。

云：

> 中宮大帝，其北極星下，一明者，爲太一之光，含元氣，以斗布常。
>
> （〈文曜鉤〉：頁 662）
>
> 中宮大帝，其精北極星，含元出氣，流精生一也。（同上：頁 662）
>
> 天皇大帝，北辰星也。含元秉陽，舒精吐光，居紫宮中，制御四方。
>
> （〈合誠圖〉：頁 767）

所謂「中宮大帝」、「北極星」、「太一」，三者實乃一體之概念。就其爲天神而言，稱之爲「中宮大帝」；就其爲星名而言，稱之爲「北極星」；就其含元氣而言，則名之曰「太一」。鄭注《易乾鑿度》云：「太一者，北辰之神名也。居其所曰太一，常行於八卦日辰之間，曰天一，或曰太一。出入所游，息於紫宮之內外，其星因以爲名焉。故《星經》曰：天一、太一，主氣之神。」（卷下；頁 32）《星經》所云，最能貼近讖緯所謂「太一」之底蘊。「太一」爲「主氣之神」，然其所含「元氣」，讖緯則以「無形」釋之。《春秋說題辭》云：

> 元氣清以爲天，渾混無形體。（頁 858）

「元氣」既然「無形」，則從「由無入有」的角度來說，「元氣」實即等同於「道」，而爲宇宙生化之本源。元氣無形，但卻內含於太一之中；將「神」與「氣」合爲一體，其說實近於董生所謂「天統氣」之義。而太一者，即藉此內蘊之元氣，進一步「以斗布常」。所謂「以斗布常」，上引《春秋文曜鉤》並未明示其義，然《春秋運斗樞》云：

> 北斗七星，所謂璇璣玉衡，以齊七政。杓攜龍角，衡殷南斗，魁枕
> 參首，是謂帝車。運乎中央，臨制四鄉，分陰陽，建四時，均五行，
> 移節度，定諸紀，皆繫于斗。（頁 713）

是所謂「以斗布常」者，蓋指「天皇大帝（即太一）」藉「北斗」以布氣施化。而太一運於中央，「分陰陽，建四時，均五行」；自然秩序之推移，人倫綱紀之貞定，全皆取決於此。陰陽、四時、五行既皆源於太一之分化而來，則讖緯所謂「太一」，實亦具有宇宙生成之義蘊。且《春秋元命苞》云：「紫宮吐陽合陰。」（頁 647）又云：「天生大列，爲中宮大極星。星其一明者，太一常居。傍兩星巨辰子位，故爲北辰，以起節度。亦爲紫微宮，紫之言此也，宮之中，天神圓法，陰陽開閉，皆在此中。」（頁 649）太一含「元氣」，且能「吐陽合陰」；是陰陽者，又實由元氣所分化而出。上述說法，若配合《河圖括地象》「元氣無形，汹汹蒙蒙。偃者爲地，伏者爲天」（頁 1092）之論，則讖緯實亦可見藉「太

一」以言宇宙生化之模式。其說當為：太一（元氣）→陰陽→天地→四時→五行。從形式上來說，此一生成模式與上引《呂氏春秋‧大樂》所論並無二致；然讖緯以「太一」為「主氣之神」，則又與《呂氏春秋》所論大異其趣。〔註53〕

　　如上所述，讖緯所用以推衍宇宙之生成演變者，計有三種不同之模式：「太易」、「太極」與「太一」。這三種不同之表述型態，就其藉氣化以言宇宙之生成演變、及同主宇宙運化乃「由無入有」之過程而言，其說實與先秦以來之相關論述殊塗同歸。然就其用以推衍宇宙生成之模式而言，讖緯之說實亦間有新義。就「太易」一系而言，雖其概念頗有取自道家者，然將「太初」、「太始」、「太素」等原本內容相近之概念統歸於「太易」之下，並將之組構成一宇宙生成之概念序列，亦可謂發前人所未言。而「太極」一系，其說將先秦以來「天地在前、陰陽在後」之生成模式，改造為「陰陽在前、天地在後」之發展序列；除此之外，緯書作者在前人之基礎上，又進一步將八卦納入宇宙生化之體系；就氣化宇宙論之發展而言，實亦深具理論意義。至於「太一」一系，其形式架構雖與《呂覽》相近；然以「太一」為「主氣之神」，則又與董生之說略同。將兩種不同型態之理論體系組構為一，此亦讖緯氣化論述之一大特色。

第三節　讖緯氣化論下之秩序形式

　　藉氣之運化以說明宇宙之生成演變，此乃先哲面對宇宙之「起源」問題時，所最習見之思考方式。在此觀點下，宇宙萬物既皆由氣之運化所生，則宇宙萬物於受氣之初，自也稟受著氣化之「內容」，並以此作為存在之基礎。而氣化體現為陰陽、四時、五行、八卦之結構，氣化所形成之有形世界，自也內具此一秩序結構。故曰：「天人同度，正法相授。」（《春秋元命苞》；頁620）「天

〔註53〕除此之外，讖緯亦有藉「水」為喻，以言宇宙生成之論點。如《春秋元命苞》云：「天如雞子，天大地小，表裡有水，地各承氣而立，載水以浮，天如車轂之過。」（頁598）「水者，天地之包幕，五行始焉。萬物之所由生，元氣之津液也。」（頁632）此類說法，蓋本諸《管子》。〈水地〉云：「地者，萬物之本，諸生之根菀也。美惡、賢不肖、愚俊之所生也。」（頁347）「水者，何也？萬物之本原也，諸生之宗室也，美惡、賢不肖、愚俊之所產也。」（頁352）其後《隋書‧天文志》引張衡《渾天儀注》云：「天如雞子，地如中黃，孤居於天內，天大而地小。天表裏有水，天地各乘氣而立，載水而行。」（頁509）其說或亦與讖緯有關。

人相應，若合符節。」(《春秋命曆序》；頁 884) 又云：「天有九部八紀，地有九州八柱。」(《河圖括地象》；頁 1089)「天有五行，地有五岳。天有七星，地有七表。天有四維，地有四瀆。……」(《河圖括地象》；頁 1090) 以下試以人倫秩序、官僚體制與身體結構爲例，對此略作說明。

一、人倫秩序

儒家特重人倫之序，而其具體表現，則落實於「君臣、父子、夫婦、兄弟、朋友」相互間之道德關係的釐定。如《孟子·滕文公下》云：「父子有親，君臣有義，夫婦有別，長幼有序，朋友有信。」〔註 54〕道、法之說，所見亦同。如《呂氏春秋·處方》云：「凡爲治，必先定分。君臣、父子、夫婦，六者當位，則下不踰節而上不苟爲矣。」(頁 1669)《韓非子·忠孝》則云：「臣事君，子事父，妻事夫，三者順則天下治，三者逆則天下亂，此天下之常道也，明王賢臣而弗易也。」〔註 55〕至緯書，始正式拈出「三綱」之名。《禮含文嘉》云：「君爲臣綱，夫爲子綱，夫爲婦綱。」(頁 499) 依孟子，人倫之序乃「根於心」(《孟子·盡心上》；頁 233)、「非由外鑠我也，我固有之也」(《孟子·告子上》；頁 195)，故無假於外求。然至兩漢，人倫之序則已滲入氣化之內容，而爲天之結構的具體呈現。漢儒藉此以言人倫秩序之構成基礎者，當首推董仲舒。《春秋繁露·官制象天》云：

> 天有十端，十端而止已：天爲一端，地爲一端，陰爲一端，陽爲一端，火爲一端，金爲一端，木爲一端，水爲一端，土爲一端，人爲一端，凡十端而畢，天之數也。(頁 216～217)

〈天地陰陽〉則云：

> 天、地、陰、陽、木、火、土、金、水，九，與人而十者，天之數畢也，故數者至十而止，書者以十爲終，皆取之此。(頁 465)

天有「十端」，而此十端又以「天地」、「陰陽」、「五行」爲主要內容；比觀前引〈五行相生〉所謂：「天地之氣，合爲而一，分爲陰陽，判爲四時，列爲五行。」則此天者，又實內蘊「氣化」之義。人間之所以有倫理秩序，即是本此而來。故云：

〔註 54〕〔漢〕趙岐注；〔宋〕孫奭疏：《孟子注疏》(臺北：藝文印書館，1989 年 1月，阮刻《十三經注疏》本)，頁 98。

〔註 55〕〔周〕韓非子撰；陳奇猷集釋：《韓非子集釋》(高雄：復文圖書出版社，1991年 7 月)，頁 1107～1108。

> 君臣、父子、夫婦之義，皆取諸陰陽之道。君爲陽，臣爲陰；父爲
> 陽，子爲陰；夫爲陽，妻爲陰。（〈基義〉：頁350）

> 是故仁義制度之數，盡取之天。（〈同上〉：頁350）

> 王道之三綱，可求於天。（同上：頁351）

> 行有倫理，副天地也。（〈人副天數〉：頁357）

除此之外，董仲舒又將「仁、義、禮、智」與「信」相結合，於是又有「五常」〔註56〕之說。《漢書‧董仲舒傳》云：「夫仁誼禮知信五常之道，王者之所當修飭也。」（頁2505）此外，董仲舒又進一步將仁、義、禮、智、信與五行相配。《春秋繁露‧五行相生》云：

> 東方者木，農之本。司農尚仁。

> 南方者火，本朝也〔註57〕。司馬尚智。

> 中央者土，君臣也。司營尚信。

> 西方者金，大理司徒也。司徒尚義。

> 北方者水，執法司寇也。司寇尚禮。（頁362～365）

其說雖意在說明「五官」各自之特性，然將五行與仁義禮智信配屬爲一，其說實首見於此。〔註58〕

　　如上所述，董仲舒用以論證人倫秩序之基礎者，已非「內在」之道德主體，而是「外在」之氣化結構。讖緯所用以論證人倫秩序之合理性者，實與董生相去不遠；惟其說又援入「八卦」系統，故所論略有不同。《易乾鑿度》云：

〔註56〕 案：「五常」之稱，先秦典籍早已有之。如《尚書‧泰誓》云：「狎侮五常，荒怠弗敬。」（頁156）《禮記‧樂記》云：「合生氣之和，道五常之行。」（頁680）《韓非子‧解老》云：「道者，……五常得之以常其位。」（頁365）《莊子‧天運》云：「天有六極五常。」（頁496）但皆未明確指陳「五常」之內容。

〔註57〕 原作「南方者火也，本朝」，蘇輿云：「『也字』，疑當在『本朝』之下。」今觀前後文例，蘇說甚是。

〔註58〕 龐樸云：「配五常仁義禮智信於水火木金土五行的把戲，不僅在《管子》的〈四時〉與〈五行〉篇（作爲戰國時代的作品看）中不曾見，在《呂覽‧十二紀》與《禮記‧月令》中不曾見，連劉安的《淮南子‧時則訓》中也不曾見。就是說，在這之前，還不曾有這種思想。直到《春秋繁露》裏，我們才看到董仲舒在前人已經足夠龐大的五行大系上，更增加了這個新的項目。」說見氏著：《帛書五行篇研究》（濟南：齊魯書社，1980年7月），頁82。

故易者，所以經天地，理人倫，而明王道。是故八卦以建，五氣以立，五常以之行。象法乾坤，順乾坤，以正君臣、父子、夫婦之義。

（卷上：頁6）

又曰：

八卦之序成立，則五氣變形，故人生而應八卦之體，得五氣以爲五常，仁、義、禮、智、信是也。夫萬物始出於震，震，東方之卦也，陽氣始生，受形之道也，故東方爲仁。成於離，離，南方之卦也，陽得正於上，陰得正於下，尊卑之象定，禮之序也，故南方爲禮。入於兌，西方之卦也。陰用事，而萬物得其宜，義之理也。故西方爲義。漸於坎，坎，北方之卦也。陰氣形，盛陰陽氣含閉，信之類也，故北方爲信。夫四方之義，皆統於中央。故乾、坤、艮、巽，位在四維，中央所以繩四方行也，智之決也，故中央爲智。故道興於仁，立於禮，理於義，定於信，成於智，五者道德之分，天人之際也。聖人所以通天意，理人倫，而明至道也。（卷上：頁10）

《樂稽耀嘉》則云：

君臣之義生於金，父子之仁生於木，兄弟之序生於火，夫婦之別生於水，朋友之情生於土。（頁548）

如緯書作者所云，人倫之所以有「三綱五常」之建置，其最終根據實皆歸本於「易」。所謂「易」，鄭注《易乾鑿度》云：「易，太易也。」（卷下；頁30）換言之，人倫秩序實乃源於「太易」之運動變化所形成。就其藉氣化以言人倫秩序之構成基礎而言，《易緯》所論，實與董生如出一轍。然其有關「五常」與「五行」之配置，卻與董生略有區別。其說有二：

（一）前引董生之說，僅將「五行」與「五常」相配，至於「五倫」是否亦源於五行之作用，董生則未明言。讖緯則進一步將五倫與五行併連爲言，此其不同者一。

（二）在五行與五常的配置上，緯書以震、離、兌、坎配仁、禮、義、智，中央雖不配卦，但以信屬之。以此觀之，《易乾鑿度》雖以「四正卦」作爲論說五常之基準，然義則本諸五行。緯書以五行配五常者，其說頗多。如《孝經緯》云：「木性則仁，金性則義，火性則禮，水性則智，土性則信也。」（頁1057）《詩緯》則云：「木神則仁，金神則義，火神則禮，水神則信，土神則智。」（頁486）即便

從星占的角度，其說亦復如此。如《孝經鉤命決》云：「失仁則龍麟不舞，失禮則鸞鳳不翔，失智則黃龍不見，失義則白虎不出，失信則玄龜不見。」（頁 1016）以此觀之，緯書雖不出於一人之手，然在「五行」與「五常」之配置上，諸緯之說卻頗為一致。相較於讖緯所論，董仲舒則以「木配仁、火配智、土配信、金配義、水配禮」，此其不同者二。其後《白虎通‧性情》所謂：「人生而應八卦之體，得五氣以為五常，仁義禮智信也。」（頁 382）即取諸上引《易乾鑿度》之說。而鄭注《禮記‧中庸》云：「木神則仁，金神則義，火神則禮，水神則智，土神則信。」（頁 879）則又本諸《詩緯》。漢儒於「五行」與「五常」之配置，其說既捨董生而就讖緯；讖緯於兩漢思想之影響，於此亦可略窺其要。

除「三綱」、「五倫」與「五常」外，《禮含文嘉》云：「禮理起於太一。」（頁 504）《孝經援神契》云：「元氣沌混，孝在其中。」（頁 971）《樂動聲儀》云：「作樂制禮，時有五音，始於上元。」（頁 537）所謂「元」，《春秋元命苞》云：「元者，氣之始。」（頁 605）是「元」者，實即指「元氣」。「禮」、「樂」、「孝」等皆本於「元氣」；除「禮理起於太一」或本諸《禮記‧禮運》外（說詳前引），餘皆讖緯首出之義。

二、官僚體制

官僚體制本諸天數，其說至遲可追溯至春秋時期。《左傳‧昭公五年》云：「日之數十，故有十時，亦當十位；自王已下，其二為公，其三為卿。」（頁 743）杜注云：「日中當王，食時當公，平旦當卿，雞鳴為士，夜半為皂，人定為輿，黃昏為隸，日入為僚，哺時為僕，日昳為臺。」如杜注所云，先秦哲人用以說明理想官制之等級與人數者，實乃天有「十時」之論。降及兩漢，此一藉天數以論官制之觀點，則具體表現為「官制象天」之理論。惟觀兩漢典籍所述，漢儒於對「官制」何以「象天」，則有三種不同之說法。或藉「星辰」為喻、或以「四時」為準、或援「山川」為說。其藉「星辰」為喻者，如《史記‧天官書》云：

> 中宮天極星，其一明者，太一常居也；旁三星三公，或曰子屬。後句四星，末大星正妃，餘三星後宮之屬也。環之匡衛十二星，藩臣。皆曰紫宮。（頁 1289）

東宮蒼龍，……左角，李；右角，將。（頁 1297）

南宮朱鳥，……匡衛十二星，藩臣：西，將；東，相；南四星，執法；中，端門；門左右，掖門；門內六星，諸侯。其內五星，五帝坐。後聚一十五星，蔚然，曰郎位；傍一大星，將位也。……廷藩西有隋星五，曰少微，士大夫。……前大星，女主象；旁小星，御者後宮屬。（頁 1299）

其說以「北斗七星」與「二十八宿」爲基準，將天上群星與人間制度一一相配。而以「四時」爲準者，如《春秋繁露‧官制象天》云：

王者制官，三公、九卿、二十七大夫、八十一元士，凡百二十人，而列臣備矣。吾聞聖王所取儀，金天之大經，三起而成，四轉而終，官制亦然者，此其儀與？三人而爲一選，儀於三月而爲一時也。四選而止，儀於四時而終也。三公者，王之所以自持也。天以三成之，王以三自持。立成數以爲植而四重之，其可以無失矣。備天數以參事，治謹於道之意也。此百二十臣者，皆先王之所與直道而行也。是故天子自參以三公，三公自參以九卿，九卿自參以三大夫，三大夫自參以三士。三人爲選者四重，自三之道以治天下，若天之四重，自三之時以終始歲也。一陽而三春，非自三之時與？而天四重之，其數同矣。天有四時，時三月；王有四選，選三臣。是故有孟、有仲、有季，一時之情也；有上、有下、有中，一選之情也。三臣而爲一選，四選而止，人情盡矣。人之材固有四選，如天之時固有四變也。聖人爲一選、君子爲一選、善人爲一選、正人爲一選，由此而下者，不足選也。四選之中，各有節也。是故天選四堤十二而人變盡矣（《義證》云：「疑當云：『天選四時，終十二而天變變盡矣。』」）。盡人之變合之天，唯聖人者能之，所以立王事也。何謂天之大經？三起而成日，三日而成規，三旬而成月，三月而成時，三時而成功。寒暑與和，三而成物；日月與星，三而成光；天地與人，三而成德。由此觀之，三而一成，天之大經也，以此爲天制。是故三禮讓而成一節，官三人而成一選。三公爲一選、三卿爲一選、三大夫爲一選、三士爲一選，凡四選。三臣應天之制，凡四時之三月也。是故其以三爲選，取諸天之經；其以四爲制，取諸天之時；其以十二臣爲一條，取諸歲之度；其至十條而止，取之天端。（頁 214～216）

其說以「四時」爲基礎，藉此以言官制象天之理據。故天有四時，官有四選；時有三月，選有三臣。而援「山川」爲說者，如《北堂書鈔》卷50〈職官部〉引《五經異義》云：

> 今《尚書》夏侯、歐陽說，天子三公，一曰司徒，二曰司馬，三曰司空。九卿、二十七大夫、八十一元士、凡百二十。在天爲山川。（頁143）

今案：王者制官有「三公、九卿、二十七大夫、八十一元士」，此乃漢世今文經說之通義，而與古文經說略有不同。〔註59〕讖緯所論，則同於今文經說。如《春秋合誠圖》云：

> 天不獨立，陰陽俱動，扶佐立緒，合於二六，以三爲舉，故三能六星，兩兩而比，以爲三公。三三而九，陽精起，故北斗九星以爲九卿。三九二十七，故有攝提、少微、司空、執法、五諸侯、其星二十七，以爲大夫。九九八十一，故內列倍衛閣道即位扶匡天子之類八十一星，以爲元士。凡有百二十官，下應十二月。數之經緯，皆五精流氣，以立宮廷。（頁770）

《春秋元命苞》則云：

> 立三臺以爲三公，北斗九星爲九卿，二十七大夫內宿部衛之列，八十一紀以爲元士，凡百二十官焉，下應十二子。宋均注云：「十二次，上爲星辰，下爲山川也。」（頁648）

此藉「星辰」爲喻，並援此建構一「官制象天」之理論。然北斗僅有「七星」，此處作「九星」者，義頗費解。竊意以爲，今存〈元命苞〉佚文之所以作「北斗九星」，疑乃後人因「北斗」爲「九卿」之故而妄改。而北斗之所以可當九卿，則與分野之說有關。《春秋文曜鉤》云：「北斗七星主九州。」（頁668）而「七星」之所以能與「九州」相配，此乃兗、青（屬璣星），徐、揚（屬權星）各併爲一州之故。《春秋文曜鉤》云：「九州屬北斗，星有七，州有九；但兗、青，徐、揚並屬二州，故七星主九州也。」（頁666）換言之，北斗七星之所以爲九卿，實與「九州」此一地理觀念有關；讖緯之說，並非純取星辰之義。除此之外，《春秋漢含孳》云：

> 三公在天爲三臺，九卿爲北斗，故三公象五獄，九卿法河海，二十七大夫法山陵，八十一元士法谷阜。合爲帝佐，以匡綱紀。（頁814）

〔註59〕說詳陳立：《白虎通疏證》，頁129～130。

少微北，大夫位焉，爲帝佐者也，以主綱紀也。二十八大夫，法山

陵也。（頁814）

此說所論，又與〈合誠圖〉、〈元命苞〉略有不同。蓋其說除藉「星辰」爲喻

外，又援地上「山川」以爲論證之基礎。很顯然的，讖緯有關「官制象天」

之論，其義實兼取《史記》與《尚書》夏侯、歐陽之說，而與董生有別。惟

觀上引《史記》與夏侯、歐陽之說，其有關官制象天之論實僅鉤舉其要而已；

兩漢文獻藉「星辰」與「山川」以論官僚體制之合理性者，實以讖緯所論最

爲詳盡。

三、身體結構

　　人之身體結構源自於天，先哲闡述此義最詳者，厥爲董仲舒。依董生之

說，人既爲天所生，故人之形體、血氣、德性、好惡、喜怒等，亦皆稟受於

天而爲人生而即有者。故云：「爲生不能爲人，爲人者天也。……人之形體，

化天數而成；人之血氣，化天志而仁；人之德性，化天理而義。人之好惡，

化天之曖清；人之喜怒，化天之寒暑；人之受命，化天之四時。」（《春秋繁露·

爲人者天》；頁318）就人之形體而言，董生用以說明此理者，則是「人副天數」。〈人

副天數〉云：

　　人有百六十節，偶天之數也；形體骨肉，偶地之厚也。上有耳目聰

　　明，日月之象也；體有空竅理脈，川谷之象也。……是故人之身，

　　首　而員，象天容也；髮，象星辰也；耳目戻戻，象日月也；鼻口

　　呼吸，象風氣也；胸中達知，象神明也；腹胞實虛，象百物也。百

　　物者最近地，故要以下，地也。天地之象，以要爲帶，頸以上者，

　　精神尊嚴，明天類之狀也。頸而下者，豐厚卑辱，土壤之比也。足

　　布而方，地形之象也。……天地之符，陰陽之副，常設於身，身猶

　　天也，數與之相參，故命與之相連也。天以終歲之數，成人之身，

　　故小節三百六十六，副日數也；大節十二分，副月數也；內有五臟，

　　副五行也；外有四肢，副四時也。乍視乍暝，副日夜也；乍剛乍柔，

　　副冬夏也；乍哀乍樂，副陰陽也；心有計慮，副度數也；行有倫理，

　　副天地也。（頁354～357）

〈官制象天〉則云：

　　求天之微，莫若於人。人之身有四肢，每肢有三節，三四十二，十

二節相持而形體立矣。天有四時，每一時有三月，三四十二，十二月相受而歲終矣。（頁218）

如董生所云，人體構造中的一切，無論是外部之器官或內部之五臟，全都本於天地之氣所具有之陰陽、四時、五行等結構。〔註60〕故天有四時，人有四肢；每時三月，肢有三節；大節副月數，故有十二；小節副日數，故有三百六十五。此外，天有五行，故人有五臟。讖緯之說，基本上不出董生所述之範圍；然其細節之處，讖緯則又有過之而無不及。例如：

人頭圓象天，足方象地，五藏象五行，四支法四時，九竅法九分，目法日月。（《孝經援神契》：頁962）

頭者，神所居，上員象天，氣之府也。（《春秋元命苞》：頁627）

人髮與星辰俱設，髮時墮落者，以星不流絕也。（《春秋元命苞》：頁628）

髮法星辰，節法日歲，腸法鈴。（《孝經援神契》：頁962）

天有攝提，人有兩眉，爲人表候。陽立于二，故眉長二寸。（《春秋元命苞》：頁643）

人之七孔，内法五臟，外方五行，庶類氣契度也。宋均注：萬類與人皆同，一報内外，若契合者也。（《春秋元命苞》：頁625）

〔註60〕 同類說法又見《淮南子》。〈精神〉云：「夫精神者，所受於天也；而形體者，所稟於地也。故曰：『一生二，二生三，三生萬物。萬物背陰而抱陽，沖氣以爲和。』故曰一月而膏，二月而胅，三月而胎，四月而肌，五月而筋，六月而骨，七月而成，八月而動，九月而躁，十月而生。形體以成，五藏乃形，是故肺主目，腎主鼻，膽主口，肝主耳。外爲表而内爲裏，開閉張歙，各有經紀。故頭之圓也象天，足之方也象地。天有四時、五行、九解、三百六十六日，人亦有四支、五藏、九竅、三百六十六節。天有風雨寒暑，人亦有取與喜怒。故膽爲雲，肺爲氣，肝爲風，腎爲雨，脾爲雷，以與天地相參也，而心爲之主。是故耳目者日月也，血氣者風雨也。」（頁220～221）《黃帝内經》則有不同之說明方式。〈三部九候論〉云：「故人有三部，部有三候，以決死生，以處百病，以調虛實，而除邪疾。黃帝曰：何謂三部？歧伯曰：有下部，有中部，有上部，部各有三候。三候者，有天有地有人也，必指而導之，乃以爲質。上部天，兩額之動脈；上部地，兩頰之動脈；上部人，耳前之動脈。中部天，手太陰也；中部地，手陽明也；中部人，手少陰也；下部天，足厥陰也；中部地，足少陰也；下部人，足太陰也。……三部者，各有天，各有地，各有人。三而成天，三而成地，三而成人。三而三之，合則爲九，九分爲九野，九野爲九臟。故神臟五，形臟四，合爲九臟。五臟已敗，其色必天，天必死矣。」（頁288）以此觀之，天人之間具有「同構」之關係，在西漢前期實已頗爲盛行。

人兩乳者，象閏月陰之紀。（《春秋元命苞》：頁 625）

陽立於三，故舌在口中者長三寸，象斗玉衡。（《春秋元命苞》：頁 625）

脣者齒之垣，所以扶神設端，若有列星。（《春秋元命苞》：頁 625）

腰而上者，爲天尊高陽之狀；腰而下者，爲陰豐厚地之重。數合於四，故腰周四尺。髀之爲言跛也，陰二，故人兩髀。（《春秋元命苞》：頁 627）

心者火之精，火成于五，故人心長五寸。（《春秋元命苞》：頁 626）

陽立於三，故人脊三寸而結。陰極於八，故人旁八幹長八寸。（《春秋元命苞》：頁 627）

掌圓法天以運動，指五者，法五行。（《春秋元命苞》：頁 627）

上引緯書佚文，所謂頭象天、足象地、髮象星辰、五臟象五行、四肢法四時、節法日歲、腰以上象天、腰以下象地等，其說實與董生如出一轍。雖然如此，讖緯之說亦非毫無新變之處。如其有關眉、乳、舌、髀、脊、幹、指之論，此皆董生所未曾論及者。此外，《春秋文曜鉤》云：

氣隨人形，故南方至溫，其人大口，象氣舒緩也。北方至寒，其人短頸，象氣急縮也。東方川谷所注，其人小頭兌形，象木小上也。西方高土，日月所入，其人面多毛，山多草木也。中央四通，雨露所施，其人面大，象土平廣也。（頁 667）

其說以陰陽二氣所示寒溫之理，藉此以言不同地域所呈現之人體樣貌之差異，此亦頗出董生之外。至於「五臟」，董生之說僅及「五臟，副五行也」，並未明確指陳五臟所副之行爲何。然在讖緯，其說不僅將五臟與五行一一相配，甚且兼及五常之義。例如：

肝仁，肺義，心禮，腎智，脾信。（《春秋元命苞》：頁 628）

五藏者何也？謂肝、心、肺、腎、脾也。……五藏：肝仁，肺義，心禮，腎智，脾信也。……肝所以仁者何？肝，木之精也。肺所以義者何？肺者，金之精。……心所以爲禮何？心，火之精也。腎所以智何？腎者，水之精。脾所以信何？脾者，土之精也。（《樂動聲儀》：頁 541～542）

肝仁，肺義，腎智，心禮，……脾信。（《孝經援神契》：頁 962）

案：將五臟配入五行之體系，其義首出《管子》。〈水地〉云：「五味者何？曰

五臟。酸主脾，鹹主肺，辛主腎，苦主肝，甘主心。」(頁349)〈幼官〉則云：

「五和時節，君服黃色，味甘味。……八舉時節，君服青色，味酸味。……
七舉時節，君服赤色，味苦味。……九和時節，君服白色，味辛味。……六
行時節，君服黑色，味鹹味。」(頁75~81) 其說雖未逕以五行與五臟相配，然
觀文中所及相關顏色之配置，其說又實已略存此義。準此，則《管子》有關
五臟與五行之配置當為：木配脾、火配肝、土配心、金配腎、水配肺。其後
《呂氏春秋·十二紀》、《禮記·月令》、《淮南子·時則》等，則持「木配脾、
火配肺、土配心、金配肝、水配腎」之論 (其文俱在，茲不備引)，而與《管子》之
說有別。降及兩漢，五行與五臟之配置，則有今、古文之不同。《禮記·月令》
孔疏引《五經異義》云：

> 今文《尚書》歐陽說：肝木也，心火也，脾土也，肺金也，腎水也。
> 《古尚書》說：脾木也，肺火也，心土也，肝金也，腎水也。許慎
> 謹案：〈月令〉與《古尚書》同。(頁284)

以此觀之，先哲有關五臟與五行之配置，似存在三種不同之系統：《管子》系
統、今文系統與古文 (含月令) 系統。茲表列說明如下：

五行 五臟 家別	木	火	土	金	水
管子系統	脾	肝	心	腎	肺
今文系統	肝	心	脾	肺	腎
古文系統	脾	肺	心	肝	腎

今觀讖緯肝木、心火、脾土、肺金、腎水之論，其說實本諸兩漢今文通義。
然在此基礎上，進一步將五常與五行、五臟相配者，其說實首見於讖緯。是
讖緯所論雖本於前人之說，然其發明之處，實亦所在多有。

第四節　結　語

氣化之論，其說肇端於戰國，而大成於西漢前期。此間學者所論，就其
藉氣之運化以說明宇宙之生成演變而言，諸說實無二致。然就諸家對於「氣」
之理解而言，則又可別為三種不同之觀點：

一、道體氣用

持此說者，大體將「氣」置於「由無入有」之轉化階段；氣爲有形世界之初始，然氣之運化卻又歸本於道。氣化以道爲本體，道體藉氣以顯用，此乃《莊子》、《鶡冠子》、《呂氏春秋》及黃老帛書、〈太一生水〉、〈恒先〉等出土文獻所見氣化論之主要特色。惟就宇宙生化之「程序」而言，諸家所論，又可歸別爲兩種不同之系統：1、以「道」爲基準之生成系統，如黃老帛書、《莊子》、《鶡冠子》等。在此系統下，宇宙生化之「歷程」爲：「道→混沌→氣→陰陽→萬物」。2、以「太一」爲基準之生成系統，如〈太一生水〉、《呂氏春秋》等。在此系統下，宇宙生化之「歷程」爲：「太一→天地→陰陽→萬物」。這兩種系統，前者有「天地」，後者則缺少此一環節；至《淮南子》，始將二說融爲一體。日後漢儒有關氣化之論，基本上皆不出《淮南子》所立規模之外。

二、以氣爲道

此一觀點，主要見於《管子》。依《管子》，宇宙間所有的一切均爲氣之運化所形成；且氣化萬物無須最終本體，而是以其自身作爲萬物之存在根據。

三、以天統氣

此一論點，主要見於董仲舒。其說將「氣」統歸於「天」，並以氣化爲「天意」之體現；先秦以來所謂氣化「自然」之義，至此已爲天之「意志」所取代。然而，雖說氣化之義於董生已有根本之改變；然董生將原本歸屬於「地」之「五行」改隸於「天」，並進一步將五行置入宇宙生化之環節；氣化宇宙論此一思想型態，至此乃成爲一含攝時間與空間之理論系統。就氣化宇宙論之發展而言，董生之說實亦有其特殊之歷史地位。

而讖緯所論，就其同主宇宙「由無入有」、及藉氣之運化以言宇宙之生成演變而言，其說實不出前人所述之外。然就氣化宇宙論之發展而言，讖緯之說實亦頗出新義：

一、概念之整合

讖緯將道家原本等同於「道」之「太初」、「太始」、「太素」等概念統攝於「太易」之下，並賦予這些概念以「氣之始」、「形之始」、「質之始」等內涵，進而將之整合成一用以說明宇宙起源之「概念序列」。

衡諸先哲所論，此殆讖緯首出之新義。

二、結構之轉換

讖緯將先秦以來原本「天地在前、陰陽在後」之生成序列，重新塑造爲「陰陽在前，天地在後」之生成模式。就氣化宇宙論之發展而言，實亦深具理論意義。

三、系統之增益

讖緯在京房整合五行與八卦之基礎上，進而將八卦納入氣化之整體架構中；氣化宇宙論用以說明秩序結構之諸多概念，至此才臻於齊備。日後凡論及氣化之論者，其所使用之概念，基本上即不出「氣、陰陽、五行、八卦」等範圍之外。

宇宙萬物皆由氣之運化所生，而氣之運化又體現爲陰陽、四時、五行、八卦等結構。故依先哲之理解，氣化所形成之有形世界，亦同樣具有此一結構。此天人同構之秩序形式，主要又表現在人倫秩序、官僚體制與身體結構等層面。董生之說如此，讖緯之說亦然。天人之間具有同氣、同構之關係，此即天人相應之所以可能之基礎。天人之間可以相互感應，緣此而有災異、感生、異表等理論之出現。這些論題，本文將在以下各章一一闡述其義。

第四章　讖緯與災異
——兩漢災異思潮與讖緯之災異論述

　　災異之論，以今日的角度觀之，其說或許荒誕不經、難登大雅之堂。然自兩《漢書》以降，史家所錄既別序之以「天文」、「五行」二〈志〉，且幾成正史「通例」者〔註1〕，實非「荒誕」二字所盡解其義。就兩漢而言，《漢書·翼奉傳》云：

> 《易》有陰陽，《詩》有五際，《春秋》有災異。皆列終始，推得失，
> 考天心，以言王道之安危。（頁3172）

〈五行志〉則云：

> 昔殷道弛，文王演《周易》；周道敝，孔子述《春秋》。則乾坤之陰
> 陽，效〈洪範〉之咎徵，天人之道粲然備矣！（頁1316）

如班書所述，則漢人所理解之《易》、《書》、《詩》、《春秋》，實皆與災異有關。是災異之論，亦非「不經」一語所能完全抹殺！除此之外，漢儒言災異以至於前仆後繼、死而後已者〔註2〕，又豈是「荒誕不經」所能一筆勾銷？且《漢

〔註1〕　案：二十四史中，有〈天文志〉或〈五行志〉之編制者十五部，其中二者兼
　　　　具者有：《漢書》、《後漢書》、《宋書》、《魏書》（題為〈天象志〉、〈靈徵志〉：取名有
　　　　別，其實則一）《隋書》、《舊唐書》、《新唐書》、《舊五代史》、《宋史》、《元史》、
　　　　《明史》等十一部；僅錄〈五行志〉者有：《晉書》、《南齊書》及《金史》等
　　　　三部。除此之外，《史記》有〈天官書〉，《新五代史》有〈司天考〉。二書所
　　　　錄雖本「記異而說不書」之立場，未對天文異象多作解釋；然其對於異象之
　　　　記錄，亦足以顯示此風之熾。
〔註2〕　如《漢書·眭兩夏侯京翼李傳》贊云：「仲舒下吏，夏侯囚執，眭孟誅戮，李
　　　　尋流放，此學者之大戒也。京房區區，不量淺深，危言刺譏，構怨彊臣，罪
　　　　辜不旋踵，亦不密以失身，悲夫！」（頁3195）

書‧董仲舒傳》云：

> 董仲舒治《公羊春秋》，始推陰陽，爲儒者宗。宣、元之後，劉向治
> 《穀梁春秋》，數其禍福，傳以〈洪範〉，與仲舒錯。……是以攬仲
> 舒，別向、歆，傳載眭孟、京房、谷永、李尋之徒所陳行事，訖於
> 王莽，舉十二世，以傳《春秋》，著於篇。（頁1317）

今觀文中所舉諸家，無一不以論說災異見長；可見董生「始推陰陽」，其所「推」
者，實爲「陰陽災異」之說。推闡陰陽災異而位至「儒宗」，則災異於兩漢學
術，實有其特殊之歷史地位。就本論題而言，讖緯之說雖不以災異爲唯一主
題，然現存緯書佚文涉及災異之處頗多，對之進行系統的整理與分析，相信
亦是讖緯研究所不可或缺之一環。以下即就管見所及，對災異之名義、緣起、
災異詮釋學的形成等課題略作討論；以此爲基礎，進一步闡述讖緯災異論述
之主要內涵及其特徵。

第一節　災異之名義及其原初表述型態

《周易‧繫辭上》云：「天垂象，見吉凶。」（頁157）天象有吉凶可見，相
應於人事，於是而有禍福之說。此類由天象以觀吉凶之記載，於甲骨卜辭可
謂俯拾皆是。然如論者所云，殷人對於天文異象，只是記載了現象發生的事
實和吉凶的判斷，並未存在以異象作爲譴告之觀念。〔註3〕降及兩周，天文異
象與人事之結合乃愈趨緊密。如《詩‧小雅‧十月之交》云：「十月之交，朔
日辛卯；日有食之，亦孔之醜。……日月告凶，不用其行；四國無政，不用
其良。」（頁405～407）此詩將日蝕與人事相對而言，其說雖未明示日蝕乃上天對
於人事之「譴告」；但其「示警」之意已頗爲明顯，故云「日月告凶」。天文
異象具有「示警」之功能，則此詩所論，又實已略具災異觀念之雛形。自此
以降，春秋戰國所見準災異之論即屢見不鮮。惟先哲對於「災異」之界定不
盡相同，此一界定上的差異因涉及災異之名義的理解，故先說明如後。至於
春秋戰國所見準災異之論，因其說與災異理論之發展有關，茲一併論次如下，
以明其要。

〔註3〕　說詳黃啓書：《董仲舒春秋學中的災異理論》（臺北：國立臺灣大學中國文學
研究所碩士論文，1995年5月），頁25。

一、災異釋義

「災異」之名，甚爲晚起。檢諸古籍所載，其說最早見於《新語》。〈明誠〉云：

> 故世衰道失，非天之所爲也，乃君國者有以取之也。惡政生惡氣，惡氣生災異。螟蟲之類，隨氣而生；虹蜺之屬，因政而見。治道失於下，則天文變於上；惡政流於民，則螟蟲生於野。〔註4〕

戴彥升以爲，《新語》此篇「陳天文蟲災之變，謂天道因乎人道，開言《春秋》五行，陳災異封事者之先。」〔註5〕如戴氏所云，則〈明誠〉一篇實開漢儒論說災異之先河。然《新語》〈明誠〉、〈思務〉兩篇論及災異之處頗多，但〈懷慮〉卻云：

> 夫世人不學《詩》、《書》，存仁義，尊聖人之道，極經藝之深，乃論不驗之語，學不然之事，圖天地之形，說災變之異，乖先王之法，異聖人之意，惑學者之心，移眾人之志，指天畫地，是非世事，動人以邪變，驚人以奇怪，聽之者若神，視之者如異，然猶不可以濟於厄而度其身，或觸罪□□法，不免於辜戮。（頁137）

以災異「乖先王之法，異聖人之意」，是又對災異持否定之態度。一人之說卻差異若是，於理而言似有不合。今觀〈懷慮〉所云，實爲災異已盛之事；然漢初災異之風未熾，〈懷慮〉此論，似有時空錯置之嫌。又所謂「不可以濟於厄而度其身，或觸罪□□法，不免於辜戮」者，考諸史籍所載，高祖之時未聞因言災異而危身之說；是其所指，當係前引《漢書・眭兩夏侯京翼李傳》所錄董仲舒、眭孟、李尋、京房等諸人。惟此諸人時代皆在陸賈之後，彼時似不當有此語出現。準上所言，則〈懷慮〉此段文字是否出自陸賈，實有待商榷。〈懷慮〉所言難以論定出於陸賈之手，〈明誠〉一篇則存有文獻上之爭議〔註6〕；因此，「災異」之名是否首出陸賈，似仍有待進一步之探討。文獻

〔註4〕〔漢〕陸賈撰：王利器校注：《新語校注》（北京：中華書局，1997年10月），頁155。

〔註5〕〈陸賈新語序〉，文見《新語校注》說引。（頁152）

〔註6〕如《四庫全書總目》云：「惟《玉海》稱：陸賈《新語》，今存于世者，〈道基〉、〈術事〉、〈輔政〉、〈無爲〉、〈資賢〉、〈至德〉、〈懷慮〉，才七篇。此本十有二篇，反多于宋本，爲不可解。或後人因不完之本，補綴五篇以合本傳舊目也。」（頁1196）如四庫館臣之說，則〈明誠〉出於上述七篇之外，當爲後人補綴而成。惟余嘉錫不以《四庫全書總目》之說爲然。其說云：「考宋黃震《日抄》卷五十六云：『《新語》十二篇，漢大中大夫陸賈所撰。』……其所敘篇目，

上較無疑異之記載，則《漢書・董仲舒傳》載武帝策董生之問曰：

> 三代受命，其符安在？災異之變，何緣而起？（頁 2496）

「災異」之「名」，當首見於此。而首揭「災異」之「義」者，即是董仲舒。
其對策云：

> 臣謹案《春秋》之中，視前世已行之事，以觀天人相與之際，甚可
> 畏也。國家將有失道之敗，而天乃先出災害以譴告之；不知自省，
> 又出怪異以警懼之；尚不知變，而傷敗乃至。（頁 2498）

> 及至後世，淫佚衰微，不能統理群生，諸侯背畔，殘賊良民以爭壤
> 土，廢德教而任刑罰。刑罰不中，則生邪氣；邪氣積於下，怨惡畜
> 於上。上下不和，則陰陽繆戾而妖孽生矣。此災異所緣而起也。（頁
> 2500）

除此之外，《春秋繁露・必仁且智》又云：

> 天地之物，有不常之變者謂之異，小者謂之災。災常先至，而異乃
> 隨之。災者，天之譴也；異者，天之威也。譴之而不知，乃畏之以
> 威。……凡災異之本，盡生於國家之失。國家之失乃始萌芽，而天
> 出災害以譴告之；譴告之而不知變，乃見怪異以驚駭之；驚駭之尚
> 不知畏恐，其殃咎乃至。（頁 259～260）

如董生所云，「災異之本」乃緣於「國家之失」；而「災」為「天之譴」，「異」
乃「天之威」。二者皆屬「不常之變」，但卻有「先後之別」與「輕重之分」：

（一）就「災」、「異」之「先後」而言：

> 董生以為：國家將有失道之敗，天乃「先出災害」以譴告之；不
> 知自省，「又出怪異」以警懼之。又云：「災常先至，而異乃隨之。」
> 是在「災」、「異」之先後關係上，董生實主「災先異後」之論。

（二）就「災」、「異」之「輕重」而言：

> 董生以為：「災」為「天之譴」，此乃著重於「示警」之義；又云：
> 「異」乃「天之威」，此則明示「懲罰」之宗旨。是在「災」、「異」
> 之輕重程度上，董生實持「災輕異重」之說。

「災先異後」與「災輕異重」，此乃董生對於「災異」之主要理解。惟此

與今本皆合，且能每篇言其作意，是十二篇未嘗闕也。……乃《提要》遽謂
宋本只七篇，餘出後人補綴，……不考之過也。」說見氏著：《四庫提要辨證》
（北京：中華書局，1986 年 1 月），頁 532～533。

理解，與《公羊傳》及兩漢諸說略有差別：

　　（一）就「災」、「異」之「內涵」而言：

　　　　　董仲舒認為「災」、「異」均屬「不常之變」，二者雖有先後、輕重
　　　　之分，但無實質內涵之差別。〔註7〕換言之，董仲舒對於「災」、「異」
　　　　之判斷，乃取決於「程序上」之「先後關係」，而非「實質上」之
　　　　「內涵差異」。然依《公羊傳》，「災」、「異」二者，明顯有別。其
　　　　所謂「災」，乃指水、火、旱、螟、螽、疫等能立即造成顯著傷害
　　　　之災禍；而所謂「異」，則指日蝕、星隕、星孛（以上屬天文異象）、雨
　　　　雪、無冰、不雨、隕霜（以上屬氣候異常）、多麋、有蜮、有蜚（以上屬
　　　　物異之變）等不致於造成立即危險之現象，以及地震、山崩等。〔註8〕
　　　　　其他如《毛詩正義》引鄭駁《異義》與〈洪範五行傳〉云：

　　　　　　　非常曰異，害物曰災。（頁397）

　　　　　《太平御覽》卷874〈咎徵部一〉引〈洪範五行傳〉云：

　　　　　　　凡有所害謂之災，無所害而異於常謂之異。（頁4008）

　　　　　《公羊傳·襄公九年》疏引《五行書》云：

　　　　　　　害物為災，不害物為異。（頁245）

　　　　　此類說法，皆以「害物」與否作為判定「災」、「異」之標準。是
　　　　其所取，乃實質內涵之差異，而非程序上之先後關係。

〔註7〕　且就《漢書·本傳》及《春秋繁露》觀之，董仲舒亦未明確規範《春秋》所
　　　　錄異常現象何者屬於「災」之範疇，何者又當歸入「異」之領域。如莊公七
　　　　年秋，「大水，無麥苗」；《公羊傳》云：「記災也。」（頁81）《公羊傳》以「無
　　　　麥苗」為「災」，董生卻認為「無麥苗」是「災異」。如《春秋繁露·竹林》
　　　　云：「凡《春秋》之記災異也，雖敵有數莖，猶謂之無麥苗也。」（頁49）是依
　　　　董生之理解，《春秋》所記「異常現象」均屬「災異」之範疇，並無「災」、「異」
　　　　之別。又《春秋繁露·王道》云：「周衰，天子微弱，諸侯力政，大夫專國，
　　　　士專邑，不能行度制法文之禮。諸侯背叛，莫修貢聘，奉獻天子。臣弒其君，
　　　　子弒其父，孽殺其宗，不能統理，更相伐銼以廣地。以強相脅，不能制屬。
　　　　強奄弱，眾暴寡，富使貧，并兼無已。臣下上僭，不能禁止。日為之食，星
　　　　霣如雨，雨螽，沙鹿崩。夏大雨水，冬大雨雪，霣石于宋五，六鷁退飛。霣
　　　　霜不殺草，李梅實。正月不雨，至於秋七月。地震，梁山崩，壅河，三日不
　　　　流。晝晦。彗星見于東方，孛于大辰。鸛鵒來巢，《春秋》異之。以此見悖亂
　　　　之徵。」（頁107～108）《公羊傳》所明分之「災」、「異」，董生卻未詳加分判，
　　　　足見董生並未視「災」、「異」為不同之概念。
〔註8〕　詳參黃啓書：《董仲舒春秋學中的災異理論》，頁50～53；黃肇基：《漢代公羊
　　　　學災異理論研究》（臺北：文津出版社，1998年5月），頁82～87。

（二）就「災」、「異」之「先後」而言：

董仲舒認爲「災」、「異」有先後之別，且「災先異後」。此一說法，除與《太平御覽》卷 874〈咎徵部一〉所引〈洪範五行傳〉：「災爲已至，異爲方來」（頁 4008）及《後漢書‧五行志》注引袁山松書：「災爲已然，異爲方來」（頁 3296）之說略爲接近外；較諸漢儒其他說法，則略有不同。如《白虎通‧災變》引《春秋潛潭巴》曰：

> 災之爲言傷也，隨事而誅；異之爲言怪也，先發感動之也。（頁 268）

《論衡‧譴告》引儒者之說云：

> 人君失政，天爲異；不改，災其人民；不改，乃災其身也。先異後災，先教後誅之義也。（頁 645）

何休《春秋公羊解詁》云：

> 異者，非常而可怪，先事而至者。（頁 26）

> 災者，有害於人物，隨事而至者。（頁 36）

如諸家所述，「災」、「異」雖有先後之別，然其先後關係乃「異先災後」，而非「災先異後」。

（三）就「災」、「異」之「輕重」而言：

董仲舒認爲「災」、「異」有輕重之別，且「災輕異重」。此一說法，上引諸說均未提及；是依諸家之見，「災」、「異」或無輕重之分。雖然如此，董生「災輕異重」之論斷，卻似又本諸《公羊傳》。如定公元年，「霣霜殺菽。」《公羊傳》云：「何以書？記異也。此災菽也，曷爲以異書？異大乎災也。」（頁 317）「異」既然大乎「災」，則《公羊傳》似亦存有「災小異大」之觀念；而「災小異大」與「災輕異重」，其實並無二致。

如上所述，漢儒對於「災」、「異」，實存有兩種不同之理解：就董生而言，「災」、「異」無實質內涵之差異，然有「災先異後」、「災輕異重」之分判。就《白虎通》及何休等人而言，「災」、「異」有「害物」與否之區別，然無「輕重」之判分〔註 9〕；且其先後關係乃「異先災後」，而非「災先異後」。然而，

〔註 9〕 事實上，在漢人的觀念中，「災」、「異」其實是有「輕重」之別的。如順帝陽嘉四年十二月詔云：「典籍所忌，震食爲重。」（《後漢書‧順帝本紀》：頁 265）而地震、日蝕，若依《公羊傳》之分類，實皆屬於「異」之範疇。從此一角度來

雖說董生對於「災」、「異」的理解與其他漢儒不盡相同；但董生所揭「災異譴告」之義，卻爲日後漢儒災異論述之所本。如孔光云：「臣聞師曰：天左與王者，故災異數見，以譴告之，欲其更改。若不畏懼，有以塞除，而輕忽簡誣，則凶罰加焉。」(《漢書‧孔光傳》；頁3359) 申屠剛云：「陰陽錯謬，此天所以譴告王者，欲令失道之君曠然覺悟，懷邪之臣懼然自刻者也。」郎顗云：「臣聞：天垂妖象，地見災符，所以譴告人主，責躬脩德，使正機平衡，流化興政也。」陳蕃云：「昔春秋之末，周德衰微，數十年閒無復災眚者，天所棄也。天之於漢，悁悁無已，故殷勤示變，以悟陛下。」蔡邕云：「天於大漢，殷勤不已；故屢出袄變，以當譴責。欲令人君感悟，改危即安。」(以上見《後漢書》各家本傳；頁1011、1054、2166、1999) 即便在「災」、「異」名義上與董仲舒相左之《白虎通》、何休，其有關災異譴告之說，基本上亦不出董生所述之範圍。如《白虎通‧災變》云：「天所以有災變何？所以譴告人君，覺悟其行，欲令悔過修德，深思慮也。」(頁267) 何休亦謂：「異者，所以爲人戒也。」(頁317) 董說影響之深，觀此即可見其梗概！

二、災異之原初表述型態

如上所述，從文獻上較無爭議的角度來說，「災異」之「名」當肇端於武帝策董生之問；而首揭「災異」之「義」者，則爲董仲舒。雖然災異之名甚爲晚起，惟在董生之前，此類藉異象以論人事之說，於先秦典籍早已見其端緒，只是彼時尚未抽繹出「災異」此一概念，用以統攝相關說法而已。檢諸先秦典籍，其中與後世災異理論密切相關者，主要有三個層面：一是藉陰陽、五行與分野之說以解釋異象與人事之關係，二爲《尚書‧洪範》所提出之庶徵理論，三乃《管子》以降迄《呂氏春秋》所發展而成之月令系統。茲簡要分述如後，以明災異觀念形成前，先哲對於異象與人事之關係的詮釋思路。

（一）陰陽、五行與分野

藉陰陽、五行或分野理論以釋異象與人事之關係，先秦典籍早已屢見其說。如《國語‧周語上》云：

> 幽王二年，西周三川皆震。伯陽父曰：「周將亡矣！夫天地之氣，不失其序；若過其序，民亂之也。陽伏而不能出，陰迫而不能蒸，於

說，漢人的確存有「災輕異重」之觀念；董生之說，並非絕調之論。

> 是有地震。今三川實震，是陽失其所而鎮陰也。陽失而在陰，川源
> 必塞；源塞，國必亡。……昔伊、洛竭而夏亡，河竭而商亡。今周
> 德若二代之季矣，其川源又塞，塞必竭。夫國必依山川，山崩川竭，
> 亡之徵也。」（頁26～27）

依伯陽父之意，地震乃導因於陽伏而陰迫；而陽失其所且又鎮陰之結果，則直接導致川源阻塞；而川源阻塞，國必滅亡。以陰陽失序解釋地震之成因，又由地震引發川源阻塞，推論國必滅亡；此類說辭，實與漢儒災異之說相去不遠。除《國語》外，《左傳》亦頗有此類記載；且所載諸說，其所涉理論又已頗爲複雜。其依陰陽立義者，例如：

> （昭公廿一年，秋七月壬午朔，日有食之）公問於梓慎曰：「是何物也，禍福何
> 爲？」對曰：「二至二分，日有食之，不爲災。日月之行也：分，同
> 道也；至，相過也。其他月則爲災，陽不克也，故常爲水。」（頁869）

> （昭公廿四年，夏五月乙未朔，日有食之）梓慎曰：「將水。」昭子曰：「旱也。
> 日過分而陽猶不克，克必甚，能無旱乎？陽不克莫，將積聚也。」（頁
> 885～886）

以上兩則，均藉陰陽以論日蝕所可能造成之影響。依古人陰陽分類之觀念，日屬陽而月爲陰。之所以會有日蝕，乃是「陰凌陽」之所致，故曰「陽不克」。而陽不克陰（或者說「陰氣過盛」）之結果，梓慎依比類相召之原則，推定將引發大水；昭子則逆向思考，認爲陽氣過度鬱積，將於日後引發旱災。二人之判斷雖有不同，然就藉陰陽以說異象這點而言，其實並無二致。而本五行爲說者，例如：

> （昭公卅一年，十二月辛亥朔，日有食之）是夜也，趙簡子夢童子贏而轉以歌。
> 旦占諸史墨曰：「吾夢如是，今而日食，何也？」對曰：「六年及此
> 月也，吳其入郢乎？終亦弗克。入郢必以庚辰，日月在辰尾。庚午
> 之日，日始有謫。火勝金，故弗克。」（頁930～931）

此藉五行與天干地支相配，及天干地支與州國之配屬關係，用以說明日蝕之影響。依史墨之意，此次日蝕的位置在「辰尾」，時間則在「庚午」；而庚屬「金」，午屬「火」；火勝金，故曰「弗克」。換言之，史墨是以「火」象徵「楚」，而以「金」代指「吳」；且因火勝金之故，故吳雖入郢，但終究不能克楚。以天干地支配五行與州國，先秦典籍未見系統之論述；今所見較爲完整之說法，則《淮南子‧天文》云：

> 甲，齊；乙，東夷；丙，楚；丁，南夷；戊，魏；己，韓；庚，秦；
> 辛，西夷；壬，衛；癸，越。子，周；丑，翟；寅，楚；卯，鄭；
> 辰，晉；巳，衛；午，秦；未，宋；申，齊；酉，魯；戌，趙；亥，
> 燕。甲乙寅卯，木也；丙丁巳午，火也；戊己四季，土也；庚辛申
> 酉，金也；壬癸亥子，水也。（頁124）

如《淮南子》所述，楚於天干屬「丙」，而丙於五行屬「火」，正與史墨之說
相合。以此觀之，史墨之說或源於某種古老之配置理論，只是相關文獻久佚，
今已莫究其詳。然吳何以屬「金」？因文獻有闕，茲暫存之。至於據分野以
立論者，例如：

> （昭公七年，夏四月甲辰朔，日有食之）晉侯問於士文伯曰：「誰將當日食？」
> 對曰：「魯、衛惡之。衛大，魯小。」公曰：「何故？」對曰：「去衛
> 地如魯地，於是有災，魯實受之。其大咎其衛君乎！魯將上卿。」
> 公曰：「《詩》所謂『彼日而食，于何不臧』者，何也？」對曰：「不
> 善政之謂也。國無政，不用善，則自取謫于日月之災。故政不可不
> 慎也。」（頁761）

此次日蝕，依杜注所云，是發生在「豕韋之末」及「降婁之始」。「豕韋」，一
名「娵訾」，屬衛之分野。《後漢書‧郡國志》注引《帝王世記》云：「自危十
七度至奎四度，曰豕韋之次，一名娵訾。……今衛分野。」（頁3386）《左傳‧襄
公十八年》孔疏云：「豕韋，一名娵訾，當亥之次也。」（頁579）《周禮‧保章
氏》鄭注則云：「娵訾，衛也；降婁，魯也。」〔註10〕換言之，此次日蝕乃發
生於衛、魯之交。日蝕發生於魯、衛之交，士文伯據此斷定「魯、衛惡之」；
是依士文伯之意，天上星宿與地上州國顯然具有某種對應關係。而其所本，
則為「十二次」之分野系統。（說詳下文）至於「衛大，魯小」之原因，杜注以
為：「災發於衛，而魯受其餘禍。」倘杜說為然，則日蝕對於人事之影響，似
又有先後、始末之別；而首發者其災重，次見者其災輕。

除上舉諸例外，《左傳》所載尚有「合陰陽、五行與分野」及「合五行與
分野」以申論者。其合陰陽、五行與分野以為說者，例如：

> （襄公廿八年春，無冰）梓慎曰：「今茲宋、鄭其饑乎！歲在星紀，而淫于
> 玄枵。以有時災。陰不堪陽。蛇乘龍。龍，宋、鄭之星也；宋、鄭

〔註10〕〔漢〕鄭玄注；〔唐〕賈公彥疏：《周禮注疏》（臺北：藝文印書館，1989年1
　　　月，阮刻《十三經注疏》本），頁152。

必饑。玄枵，虛中也；枵，耗名也。土虛而民耗，不饑何爲？」(頁
650~651)

此段文字，要旨有二：1、解釋「春無冰」之原因，並推斷「春無冰」之後續
效應；2、推定災害之種類及受災之州國。依梓慎之意，「春無冰」乃「陰不
堪陽」所引起；而當寒還暖之結果，則會引發不時之災。就不時之災的種類
而言，梓慎推定爲「饑」；而受災之州國，梓慎則認爲是「宋、鄭」。何以是
「饑」？梓慎所持論據爲：「歲在星紀，而淫于玄枵」、「玄枵，虛中也；枵，
耗名也」。此藉星辰運行與星宿寓意加以說明。從星辰運行的角度而言，彼年
歲星本當在「星紀」(二十八宿之斗、牛)，但卻失序而次於玄枵(二十八宿之女、虛、危)；
而「虛」處玄枵之「中」(虛位於女、危之間，故曰「虛中」)，「枵」爲「耗名」之稱。
「玄枵」有「虛耗」之意 (註11)，於是乃引申推論此不時之災爲「饑」。而所
當之國爲「宋、鄭」者，此則與分野之說有關。《史記‧天官書》云：「宋、
鄭，候在歲星。」(頁1364)「宋、鄭」既屬「歲星」之分野，則歲星有變，所當
之國自非宋、鄭莫屬，故云：「宋、鄭其饑乎！」

至於「蛇乘龍。龍，宋、鄭之星也」一語，楊伯峻以爲：「古人以歲星
爲木，木爲青龍。而次於玄枵，玄枵相當女、虛、危三宿。虛、危古以爲蛇，
龍行疾而失位，出虛、危下，龍在下而蛇在上，故曰蛇乘龍。」(註12)依
楊氏所云，則梓慎似又援入五行與四象之說。蓋依五行配置理論，歲星屬木，
其獸蒼龍(詳《淮南子‧時則》)，故曰：「龍，宋、鄭之星也。」又依四象，玄枵
屬「玄武」，而「玄武」又習稱「龜蛇」(註13)，故又曰：「蛇乘龍」。但「蛇
乘龍」與「春無冰」及宋、鄭之饑有何關聯？從陰陽的角度來說，蛇北屬陰，
龍東屬陽；「蛇乘龍」正爲「陰凌陽」之例，何以又云「陰不堪陽」？黃啓
書以爲：「龍出蛇下是爲陰乘陽而不堪勝，故春無冰，爲陰不勝陽所致。」

〔註11〕《爾雅‧釋天》云：「玄枵，虛也。」(頁98) 是在古人眼中，「玄枵」即象徵
「虛耗」；梓慎之說，並非無稽之談。

〔註12〕楊伯峻：《春秋左傳注》(臺北：源流文化公司，1982年3月)，頁1141。

〔註13〕案：「玄武」爲四靈之一，其特徵爲「龜、蛇合體」。《後漢書‧王梁列傳》注
云：「玄武，北方之神，龜、蛇合體。」(頁774)「玄武」既爲「龜蛇合體」，
故亦習以「玄武」指稱「龜蛇」。如《後漢書‧張衡列傳》注云：「玄武，謂
龜、蛇也。」(頁1929)〈馮衍傳〉注則云：「天有二十八宿，……北方爲龜蛇。……
玄武謂龜蛇。」(頁999) 又，依二十八宿，鄭屬角、亢，宋屬氐、房、心；二
者皆屬四象中之「青龍」的範疇；所謂「龍，宋、鄭之星也」，不知是否與此
種說法有關。

〔註14〕其說或然。至於合五行與分野以申論者，例如：

（昭公九年，夏四月，陳災）裨灶曰：「五年陳將復封，封五十二年而遂亡。」子產問其故，對曰：「陳，水屬也；火，水妃也，而楚所相也。今火出而火陳，逐楚而建陳也。妃以五成，故曰五年。歲五及鶉火而後陳卒亡，楚克有之，天之道也，故曰五十二年。」（頁779～780）

（昭公十七年冬，有星孛于大辰，西及漢）申須曰：「彗所以除舊布新也。天事恒象，今除於火，火出必布焉，諸侯其有火災乎？」梓慎曰：「往年吾見之。是其徵也。火出而見，今茲火出而章，必火入而伏，其居火也久矣，其與不然乎？火出，於夏為三月，於商為四月，於周為五月。夏數得天，若火作，其四國當之，在宋、衛、陳、鄭乎？宋，大辰之虛也；陳，大皥之虛也；鄭，祝融之虛也。皆火房也。星孛天漢，漢，水祥也。衛，顓頊之虛也，故為帝丘，其星為大水，水，火之牡也。其以丙子、若壬午作乎？水火所以合也，若火入而伏，必以壬午，不過其見之月。」（頁838～839）

上引《左傳》所錄，其中第一則，裨灶以「火出而火陳」預測五年之後陳將逐楚，而五十二年之後楚又將滅陳。依五行配置理論，北方水，其帝顓頊；而陳為顓頊之後，故以水為陳之象徵。（杜注：「陳，顓頊之後，故為水屬。」）而楚之先祖為火正，故又以火象徵楚。（杜注：「楚之先祝融，為高辛氏後，主治火事。」）但何以「火出而火陳」分別象徵「逐楚而建陳」及「楚克有之」這兩種正相對反之結論，其邏輯關係實頗為費解。蓋依五行相克之理，水克火，實不宜有「楚滅陳」之結論。或許是考量到這層原因，裨灶乃改以「火，水妃也」的角度申論。但火既為水之妃，則二者實為相輔相成之關係，又不宜有「逐楚」或「滅陳」之說。因此，裨灶究竟是如何得出「逐楚」及「滅陳」之結論，就現有資料而言，實在很難找出合理的解釋。

　　而第二則之說，依申須與梓慎所言，星孛於大辰，是為即將引發火災之徵象，而受災之州國分別為宋、衛、陳、鄭。之所以如此推斷，就宋、陳、鄭而言，乃因三國皆屬火星之範疇，比類相召的結果，故乃衍為三國將火之結論。至於宋、陳、鄭何以劃屬火星之範疇，則理據各有不同。就宋而言，《周禮·保章氏》鄭注云：「大火，宋也。」（頁152）可見此義與分野有關。就鄭而言，杜注云：「祝融，高辛氏之火正，居鄭。」是鄭與火星有關，乃以祝融為

〔註14〕《董仲舒春秋學中的災異理論》，頁36。

火之象徵，而祝融又居鄭的角度立論。就陳而言，梓愼是以大皞曾居於此作爲立說張本。然大皞何以與火有關？就五行配置理論而言，大皞爲東方之帝，可見此說與五行無關。就血緣關係而言，若依昭公九年裨灶之說，則陳當屬水，似不應歸入火星之範疇。梓愼以大皞作爲火星之象徵，實不知所本爲何。至於衛，梓愼的解釋與昭公九年裨灶之說頗爲類似。其說以衛爲顓頊之虛，而顓頊於五行屬北方之帝，故爲水之象徵。而「水，火之牝也」，水、火既然相輔相成，則屬水之衛亦將受到牽連，而有大火之患。

令人不解的是，既然梓愼以「水火相合」解釋衛之所以受災的原因，何以不本裨灶之論，同樣以「水火相合」的角度解釋陳受災之原因？蓋陳爲顓頊之後，以陳屬水，較諸「陳，大皞之虛也」這種以居地爲喻的說法更加簡要，也較能從理論上獲得完整的說明。

如上所述，《左傳》所載先哲對於異象與人事之解釋，其說或單就陰陽、五行、分野以立義，或兼合陰陽、五行與分野以述旨。然諸說於五行或主相勝（如史墨）、或主相合（如裨灶、梓愼）；於分野或依五星（如梓愼）、或依十二次（如士文伯）；於州國徵象或以陳爲水（如裨灶）、或以陳爲火（如梓愼）。可見此時尚未形成系統性的解釋異象之理論。然而，雖說《左傳》多有類似後世災異之辭；惟整體而言，其對於異象之敘述均甚平實，並未一味從災異的角度加以詮釋。〔註15〕以此觀之，藉異象以說人事之風雖肇端於兩周，然彼時並未形成一普遍之思潮。

（二）洪範庶徵

先秦典籍所見準災異之論，其對後世災異之說影響至深且鉅者，從理論建置的角度來說，當爲《尚書·洪範》所提出之「庶徵」理論。「庶徵」爲〈洪範〉「九疇」之一，而「九疇」之中與後世災異有關者，另有「五行」及「五事」兩項。惟〈洪範〉雖以「五行」爲「九疇」之首，然依經文觀之，其說並未將「五行」與「五事」、「庶徵」相配〔註16〕，並藉之以闡述天人相應之理。是就〈洪範〉而言，其與災異之說相關者，實爲「庶徵」及其所涉及之「五事」。茲依經文先後，引述如下：

〔註15〕說詳王初慶：〈左傳信鬼好巫辨──災異〉，《輔仁學誌》第 15 期（1986 年 6 月），頁 99～120。

〔註16〕如徐復觀即以爲，將「五行」與「五事」相配，疑始於董仲舒。說見：《中國人性論史》（臺中：私立東海大學，1962 年 4 月），先秦篇，頁 587。

> 五事：一曰貌，二曰言，三曰視，四曰聽，五曰思。貌曰恭，言曰
> 從，視曰明，聽曰聰，思曰睿。恭作肅，從作乂，明作哲，聰作謀，
> 睿作聖。（頁170）

> 庶徵：曰雨，曰暘，曰燠，曰寒，曰風，曰時。五者來備，各以其
> 敘，庶草蕃廡。一極備凶，一極無凶。曰休徵：曰肅，時雨若；曰
> 乂，時暘若；曰哲，時燠若；曰謀，時寒若；曰聖，時風若。曰咎
> 徵：曰狂，恆雨若；曰僭，恆暘若；曰豫，恆燠若；曰急，恆寒若；
> 曰蒙，恆風若。（頁176〜177）

如〈洪範〉所述，人君是否「貌恭（肅）」、「言從（乂）」、「視明（哲）」、「聽聰（謀）」、
「思睿（聖）」，與「雨」、「暘」、「燠」、「寒」、「風」是否「各以其敘」，二者之
間存在著明顯的「對應」關係：

> 貌：「肅」則「時雨」，「狂」則「恆雨」；
>
> 言：「乂」則「時暘」，「僭」則「恆暘」；
>
> 視：「哲」則「時燠」，「豫」則「恆燠」；
>
> 聽：「謀」則「時寒」，「急」則「恆寒」；
>
> 思：「聖」則「時風」，「蒙」則「恆風」。

此一對應關係的確立，意味著人之行為可以直接影響自然之序的變化。此種
對於天人之際的理解，與上引《左傳》所載諸說略有不同。差別在於：《左傳》
之說，側重「藉天道以喻人事」；〈洪範〉所論，則意在「究人事以觀天道」。
前者「由天及人」，強調天變對於人事之影響；後者「由人及天」，彰顯人事
對於天變之作用。這兩種不同之論述模式，前者「被動」意味較強，後者則
具「主動」之特質。換言之，在究天人之際的過程中，人之「主體性」在〈洪
範〉的論述架構下，實已獲得大幅的提昇，而不再只是被動的求天意、應天
變而已。

　　至於「五行」，雖〈洪範〉未將「五行」與「五事」、「庶徵」相配，並藉
之說明天人相應之理。然此三者既皆列屬「九疇」，彼此之間亦不可謂毫無關
係。降及兩漢，此三者始漸有合而為一之趨勢。如《尚書正義》引〈五行傳〉
云：

> 貌屬木，言屬金，視屬火，聽屬水，思屬土。（頁170）

又《文獻通考》卷88〈郊社廿一〉引《尚書大傳》云：

> 一曰貌。貌之不恭，是謂不肅。厥咎狂，厥罰常雨，厥極惡。時則
> 有服妖，時則有龜孽，時則有雞禍，時則有下體生於上之痾，時則
> 有青眚青祥，維金沴木。次二事曰言。……時則有白眚白祥，維木
> 沴金。次三事曰視。……時則有赤眚赤祥，維水沴火。次四事曰聽。
> 時則有黑眚黑祥，維火沴水。……次五事曰思。時則有黃眚黃祥，
> 時則有金木水火沴土。（頁 801～802）

其說將「五行」與「五事」相配為言，相關論述則首引〈洪範〉之說，次又
引申發揮，推闡「貌不恭」等行為差逆所引發之災異，繼而以「金沴木」等
論斷為結，總述引發災異之緣由。是「五行」已嵌合於「庶徵」、「五事」之
中，而成一整體之解釋理論。其後劉向撰《洪範五行傳論》，班固又本之以成
《漢書・五行志》；自此以降，藉「五行」「五事」以釋災異乃幾成正史撰作
之「典範」。《尚書・洪範》對後世災異理論之影響，於此可見一斑。

（三）月令禁忌

　　為政必順時令，逆之必有咎徵之異；此乃災異觀念出現之前，學者用以
闡述天人之際誠可畏時，最常見的表述型態之一。此一觀念，在《管子》〈幼
官〉、〈四時〉、〈五行〉已初具理論規模；發展至《呂氏春秋》〈十二紀〉，此
一理論始臻於齊備，並為《禮記・月令》、《淮南子・時則》所承，成為兩漢
思想重要之組成部份。《管子・四時》云：

> 唯聖人知四時，不知四時，乃失國之基。……是故陰陽者，天地之
> 大理也。四時者，陰陽之大經也。刑德者，四時之合也。刑德合於
> 時則生福，詭則生禍。然則春夏秋冬將何行？……是故春行冬政則
> 雕，行秋政則霜，行夏政則欲。……夏行春政則風，行秋政則水，
> 行冬政則落。……秋行春政則榮，行夏政則水，行冬政則耗。……
> 冬行春政則泄，行夏政則雷，行秋政則旱。是故春凋、秋榮、冬雷、
> 夏有霜雪，此皆氣之賊也。刑德易節失次，則賊氣遬至。賊氣遬至，
> 則國多菑殃。……是以聖王治天下，窮則反，終則始。德始於春，
> 長於夏；刑始於秋，流於冬。刑德不失，四時如一，刑德離鄉，時
> 乃逆行。作事不成，必有大殃。（頁 354～360）

如〈四時〉所云，聖王施政除了必須明陰陽、合刑德之外；更重要的，則是
「知四時」──隨順不同之時令而行相應之政事。倘施政失時而使刑德失序，

即會引發違令之異。然《管子》所述僅及於「四時」〔註17〕，至《呂氏春秋》，才又衍為「十二紀」之月令系統。因原文頗長，茲表列如下，以觀其要：

呂氏春秋十二紀月令禁忌表〔註18〕

時令	誤行春令	誤行夏令	誤行秋令	誤行冬令
孟春		風雨不時 草木早槁 國乃有恐	民大疫 疾風暴雨數至 藜莠蓬蒿並興	水潦爲敗 霜雪大摯 首種不入
仲春		國乃大旱 煖氣早來 蟲螟爲害	其國大水 寒氣總至 寇戎來征	陰氣不勝 麥乃不熟 民多相掠
季春		民多疾疫 時雨不降 山陵不收	天多沈陰 淫雨早降 兵革並起	寒氣時發 草木皆肅 國有大恐
孟夏	蟲蝗爲敗 暴風來格 秀草不實		苦雨數來 五穀不滋 四鄙入保	草木早枯 後乃大水 敗其城廓
仲夏	五穀晚熟 百螣時起 其國乃饑		草木零落 果實早成 民殃於疫	雹霰傷穀 道路不通 暴兵來至
季夏	穀實解落 國多風欬 人乃遷徙		丘隰水潦 禾稼不熟 乃多女災	寒氣不時 鷹隼早鷙 四鄙入保
孟秋	其國乃旱 陽氣復還 五穀不實	多火災 寒熟不節 民多瘧疾		陰氣大盛 介蟲敗穀 戎兵乃來
仲秋	秋雨不降 草木生榮 國乃大恐	其國旱 蟄蟲不藏 五穀復生		風災數起 收雷先行 草木早死

〔註17〕案：1942年出土之《楚帛書》有「十二月忌」之說。從其內容與架構來看，此一說法，或爲《管子》「四時」發展至《呂氏春秋》「十二紀」之過渡性產物。相關討論，請參考李零：《長沙子彈庫戰國楚帛書研究》（北京：中華書局，1985年7月），頁29～48；饒宗頤、曾憲通：《楚帛書》（香港：中華書局，1985年9月），頁121～147；李學勤：《簡帛佚籍與學術史》（南昌：江西教育出版社，2001年9月），頁35～55。

〔註18〕本表參考黃啓書：《董仲舒春秋學之災異理論》，頁19。

季秋	暖風來至 民氣解墮 師旅必興	其國大水 冬藏殃敗 民多鼽窒		國多盜賊 邊境不寧 土地分裂
孟冬	凍閉不密 地氣發泄 民多流亡	國多暴風 方冬不寒 蟄蟲復出	雪霜不時 小兵時起 土地侵削	
仲冬	蟲螟爲敗 水泉減竭 民多疾癘	其國乃旱 氣霧冥冥 雷乃發聲	天時雨汁 瓜瓠不成 國有大兵	
季冬	胎夭多傷 國多痼疾	水潦敗國 時雪不降 冰凍消釋	白露蚤降 介蟲爲妖 四鄰入保	

如上表所示，人君施政倘若違反時令之規範，則相應之災變乃隨之而至。從天人關係的角度來說，《呂氏春秋》有關月令禁忌之闡述，實與〈洪範〉之說頗爲接近：二者皆從「人→天」之面向，思索人之行爲對自然秩序所可能造成的影響；而其核心，又主要針對「人君」而設。所不同的是，〈洪範〉比較著重內在之道德層面，而《呂氏春秋》則以外在之施政爲主軸。所重有別，然皆爲人君治理天下所不可偏廢者。

綜上所述，兩周文獻雖未見「災異」之名，然相關記載卻已頗多準災異之論。此類說辭與後世災異理論相關者，又可別爲三大系統：「陰陽、五行與分野」、「〈洪範〉庶徵」及「月令禁忌」。這三大系統，前者以「天文異象」爲詮釋主體，側重於「天→人」之影響關係；後兩者則以「氣候異常」爲論述主體，著重於「人→天」之影響關係。諸說雖各有偏重，然皆爲漢儒災異論述之所本。至於漢儒如何在前人之基礎上踵事增華，此即下節討論之重點。

第二節　災異詮釋之經典基礎與方法原則
──兼論災異對兩漢政治之影響

如前所述，月令禁忌等準災異之論雖來源甚古，然「災異」之名卻甚晚起。其中《公羊傳》雖有「記災」、「記異」之分判，然除僖公十五年「震夷伯之廟」，《傳》云：「天戒之」(頁138)；宣公十五年「冬，蝝生」，《傳》云：「上變古易常，應是而有天災」(頁209) 等略具災異色彩外，其餘皆僅從書法之例的角度加以解釋，並未援此以論其災異之應。至於《左傳》，其書雖屢載時人對

於異象之詮釋，然諸家所論皆不成系統。降及兩漢，陸賈《新語》雖頗論及災異之說，然其書猶存有文獻上之爭議，似難據以爲論。而漢初言《易》之田何、丁寬，言《詩》之申公、轅固生，言《禮》之高堂生、徐生等，如史傳所載，亦未聞曾涉入災異之說。至於傳《書》之伏生，《尚書大傳》〈洪範五行傳〉雖已有完整之災異理論，然〈洪範五行傳〉是否爲伏生所作，歷來頗有爭議〔註 19〕；能否據此認定伏生之學已內涵災異之說，似仍有待斟酌。是有漢自高祖建國以迄文、景，此七十餘年間之學術實難謂已有明顯之災異色彩，更遑論災異詮釋之學的建立。惟前引《漢書・董仲舒傳》云：「董仲舒治《公羊春秋》，始推陰陽，爲儒者宗。」而董生所推闡者，如前文所述，又實爲「陰陽災異」之說。且班書一云「始」、再云「宗」；是兩漢首開災異之風者，實非董仲舒莫屬。以下即援董生之說，並傳以兩漢史籍之相關記載，就兩漢災異詮釋之學的形成略作討論；繼而探討災異對於兩漢政治之影響，以窺兩漢災異思潮之一斑。

一、經典基礎的確立

自武帝立五經博士後，儒家經典之學，乃逐漸成爲兩漢學術之重鎭。惟如前所述，漢初經學並未浸染災異之風；首援災異以釋經典，又進而以經典作爲災異詮釋之基礎者，其說實肇端於董仲舒。而董生所依經典，則是孔子手書之《春秋》。《春秋》內含孔子立說之「微言大義」，此乃先秦兩漢學者之共識；然以《春秋》內蘊「災異譴告」之旨，則爲董生之「創造性」詮釋。《漢書・董仲舒傳》云：

　　孔子作《春秋》，上揆之天道，下質諸人情，參之於古，考之於今。
　　故《春秋》之所譏，災害之所加也；《春秋》之所惡，怪異之所施也。

〔註19〕〈洪範五行傳〉之作者爲誰，歷來有幾種不同說法：1、或以之爲伏生所作。如《尚書正義》疏云：「〈五行傳〉，伏生之書也。」（頁170）王先謙《漢書補注》引王鳴盛之說云：「〈志〉先引《經》，是《尚書・洪範》文；次引《傳》，是伏生〈洪範五行傳〉。」（頁600）2、或以之爲夏侯始昌所作。如趙翼云：「然則勝所引〈洪範五行傳〉，蓋即始昌所作也。」（說見：《二十二史箚記》〔臺北：中華書局，1981 年 6 月影印《四部備要》本〕，卷2，頁14 下。）3、或以之爲伏生門人追述師說所共撰而成。如《四庫全書總目》〈尚書大傳提要〉云：「然則此《傳》乃張生、歐陽生所述，特源出勝爾，非勝自撰也。」（頁163）諸說有別，未詳孰是。在未有確切證據之前，若冒然將〈洪範五行傳〉歸諸伏生，似有斷之過勇之嫌，茲暫存之。

書邦家之過，兼災異之變，以此見人之所爲，其美惡之極，乃與天
地流通而往來相應，此亦言天之一端也。（頁 2515）

如董生所云，孔子作《春秋》乃本諸天道人情；而其褒貶，則藉由「災害」、
「怪異」之記錄加以呈現。透過災異，人之行爲善惡即無所逃於天地之間；
而天人相應之理，亦緣此得以彰顯。災異既有如此大用，故董生又以之爲《春
秋》「至意」之一端，且將之納入「十指」之林。其說云：

《春秋》至意有二端，不本二端之所從起，亦未可與論災異也，小
大微著之分也。……故書日蝕、星隕、有蜮、山崩、地震、夏大雨
水、冬大雨雹、隕霜不殺草、自正月不雨至於秋七月、有鸛鴿來巢。
《春秋》異之，以此見悖亂之徵。是小者不得大，微者不得著，雖
甚末，亦一端。孔子以此效之，吾所以貴微重始是也。（《春秋繁露·二
端》：頁 155～156）

《春秋》二百四十二年之文，天下之大，事變之博，無不有也。雖
然，大略之要有十指。十指者，事之所繫也，王化之所由得流也。……
切刺譏之所罰，考變異之所加，天之端，一指也。……（《春秋繁露·十
指》：頁 145）

如董生所述，《春秋》之文雖所涉甚廣；然其要旨，則可歸結爲「二端」與「十
指」。其中「災異」又爲「二端」、「十指」所共具〔註20〕，是依董生之意，「災
異」又實爲《春秋》「至意之要」。以災異爲《春秋》立意之核心，災異之說
即有其源於儒家經典之依據；經典基礎既明，災異之說自此乃登堂入室，而
漸成兩漢學術之主流。董生以降，儒家經典「災異化」即蔚爲風潮；除《春
秋》外，《易》、《書》、《詩》等，無不成爲漢儒論述災異之憑藉。如前引《漢
書·翼奉傳》云：「《易》有陰陽，《詩》有五際，《春秋》有災異，皆列終始，
推得失，考天心，以言王道之安危。」《漢書·敘傳》則云：「《河圖》命庖，
《洛書》賜禹，八卦成列，九疇攸敘。世代寔寶，光演文武，《春秋》之占，
咎徵是舉。告往知來，王事之表。述〈五行志〉第七。」（頁 4243）是依漢儒之
見，幾可謂「五經皆災異」矣！災異詮釋之經典基礎的確立，此乃兩漢災異

〔註20〕 其中〈十指〉所言雖不以「災異」爲名，然前引董說云：「《春秋》之所譏，
災害之所加也。」「國家之失乃始萌芽，而天出災害以譴告之；譴告之而不知
變，乃見怪異之驚駭之。」是在董生用法中，「災異」、「變異」、「災害」、「怪
異」並無實質內涵之差異。以此觀之，〈十指〉所謂「切刺譏之所罰，考變異
之所加」，無疑仍指「災異」而言。

之風盛行不墜的主要原因之一。除此之外，災異詮釋之方法原則日趨完善，以及災異具有實務之效用，亦是此風沛然莫之能禦的主要因素。

二、方法原則之建構

前文論及兩周準災異之論時，本文曾經指出，彼時所藉以詮釋異象與人事之關係者，主要有陰陽、五行、分野、庶徵及月令等；其中除月令之說已臻於完備外，餘皆屬草創階段，並未形成完整之理論系統。降及兩漢，雖說災異詮釋之主軸不變；然其蔓生枝衍，進而成為一系統之解釋理論者，又非兩周之片言斷語所能及其一二。以下即分就陰陽五行、月令禁忌與星象分野等層面，對此略作討論。

（一）陰陽五行

以陰陽、五行詮釋異象，先秦典籍已見其例（說詳前文）。而將此法運用得漓淋盡致的，則是董仲舒。董生云：

> 天地之氣，合而為一，分為陰陽，判為四時，列為五行。（《春秋繁露·五行相生》；頁362）

> 天有十端，十端而止已：天為一端，地為一端，陰為一端，陽為一端，火為一端，金為一端，木為一端，水為一端，土為一端，人為一端，凡十端而畢，天之數也。（《春秋繁露·官制象天》；頁216~217）

> 天、地、陰、陽、木、火、土、金、水，九，與人而十者，天之數畢也，故數者至十而止，書者以十為終，皆取之此。（《春秋繁露·天地陰陽》；頁465）

依董生之意，天地乃由陰陽、五行之氣所構成；而陰陽、五行之氣則歸於天所統屬，故又云：「天統氣。」（《三代改制質文》；頁191）天既統轄著陰陽、五行之氣，故其意向，亦藉由「氣」的形式而呈現。《春秋繁露·天地陰陽》云：

> 天意難見也，其道難理，是故陰陽出入，虛實之處，所以觀天之志；辨五行之本末、順逆、小大、廣狹，所以窺天之道也。（頁467）

天意雖然難見，但透過陰陽、五行之氣，天意依舊有跡可尋。就陰陽而言，董仲舒云：

> 故陽氣出於東北，入於西北，發於孟春，畢於孟冬，而物莫不應是。陽始出，物亦始出；陽方盛，物亦方盛；陽初衰，物亦初衰。物隨

陽而出入，數隨陽而終始，三王之正隨陽而更起。以此見之，貴陽而賤陰也。……丈夫皆賤皆爲陽，婦女雖貴皆爲陰。陰之中亦相爲陰，陽之中亦相爲陽。諸在上者皆爲其下陽，諸在下者皆爲其上陰。

（《春秋繁露‧陰尊陽卑》：頁324～325）

陽，天之德也；陰，天之刑也。……。是故陽常居實位而行於盛，陰常居空位而行於末。天之好仁而近，惡戾之變而遠，大德而小刑之意也。先經而後權，貴陽而賤陰也。（同上：頁327）

天之志，常置陰空處，稍取之以爲助。故刑者德之輔，陰者陽之肋也，陽者藏之主也。天下之昆蟲隨陽而出入，天下之草木隨陽而生落，天下之三王隨陽而更正，天下之尊卑隨陽而序位。……陽貴而陰賤，天之制也。（《春秋繁露‧天辨在人》：頁336～337）

君臣、父子、夫婦之義，皆取諸陰陽之道。君爲陽，臣爲陰；父爲陽，子爲陰；夫爲陽，妻爲陰。（《春秋繁露‧基義》：頁350）

如董仲舒所述，既然天意主導一切，而天意又貴陽賤陰、任德不任刑，故人倫之序，亦當以此爲基準。倘人倫之序違反此一基準（或者說「陰凌陽」），上天即會降下災異。例如：

（莊公二十八年冬，大水，亡麥禾）董仲舒以爲：夫人衰姜淫亂，逆陰氣，故大水也。（《漢書‧五行志》：頁1339）

（成公五年秋，大水）董仲舒……以爲：時成幼弱，政在大夫，前此一年再用師，明年復城鄆以彊私家，仲孫蔑、叔孫僑如顓會宋、晉，陰勝陽。（同上：頁1345）

（僖公三十三年，十二月，李梅實）董仲舒以爲：李梅實，臣下彊也。（同上：頁1412）

凡此，皆爲「陰凌陽」而引發災異之顯證。其他漢儒之說，亦頗援此以論災異。如建始元年四月，黃霧四塞。楊興、駟勝對曰：「陰盛侵陽之氣也。」（《漢書‧元后傳》：頁4017）建始三年十二月，地震。杜欽對曰：「臣聞日蝕地震，陽微陰盛也。……此必適妾將有爭寵相害而爲患者。」（《漢書‧杜欽傳》：頁2671）永元四年六月，日有食之。丁鴻上封事曰：「臣聞日者陽精，守實不虧，君之象也。月食陰精，盈毀有常，臣之表也。故日食者，臣乘君，陰陵陽，月滿不虧，下驕盈也。」（《後漢書‧丁鴻列傳》：頁1265）其他例證尚多，茲不枚舉。至於五行，

董仲舒云：

> 火干木，蟄蟲蚤出，蚖雷蚤行；土干木，胎夭卵毈，鳥蟲多傷；金
> 干木，有兵；水干木，春下霜。土干火，則多雷；金干火，草大夷；
> 水干火，夏雹；木干火，則地動。金干土，則五穀傷有殃；水干土，
> 夏寒雨霜；木干土，　蟲不爲；火干土，則大旱。水干金，則魚不
> 爲；金干金，則草木再生；火干金，則草木秋榮；土干金，五穀不
> 成。木干水，冬蟄不藏；土干水，則蟄蟲冬出；火干水，則星墜；
> 金干水，則冬大寒。（《春秋繁露・治亂五行》：頁 383〜384）

此乃五行失序所引發之災異現象。除此之外，與藉五行以說災異有關者，另
有前文所提及之〈洪範〉「庶徵」。然如前所述，〈洪範〉雖有「五行」、「五事」
之說，但並未將二者合而爲一；首將「五行」與「五事」相配以言災異者，
依現有文獻觀之，其說或當始於董仲舒。《春秋繁露・五行五事》云：

> 王者與臣無禮，貌不肅敬，則木不曲直，而夏多暴風。風者，木之
> 氣也，其音角也，故應之以暴風。王者言不從，則金不從革，而秋
> 多霹靂。霹靂者，金氣也，其音商也，故應之以霹靂。王者視不明，
> 則火不炎上，而秋多電。電者，火氣也，其音徵也，故應之以電。
> 王者聽不聰，則水不潤下，而春夏多暴雨。雨者，水氣也，其音羽
> 也，故應之以暴雨。王者心不能容，則稼穡不成，而秋多雷。雷者，
> 土氣也，其音宮也，故應之以雷。（頁 387〜389）

如上引文所示，董生實已將「五行」與「五事」嵌合爲一，其配置方式爲：
貌木、言金、視火、聽水、思土。此種配置方式，亦見〈洪範五行傳〉、《漢
書・五行志》、鄭注《尚書大傳》及《尚書》孔疏。孔疏云：「木有華葉之容，
故貌屬木。言之決斷，若金之斬割，故言屬金。火外光，故視屬火。水內明，
故聽屬水。土安靜而萬物生，心思慮而萬事成，故思屬土。」（頁 170）如孔疏所
云，此種配置方式乃依五行、五事之「性質」而分。除此之外，另有依五行、
五事之「序次」而分者。如《論衡》云：

> 〈鴻範〉五行二曰火，五事二曰言。言、火同氣，故童謠、詩歌爲
> 妖言。（〈訂鬼〉：頁 942〜943）
>
> 諺曰：眾口鑠金。口者，火也。五行二曰火，五事二曰言，言與火
> 直，故云鑠金。……金制于火，火、口同類也。（〈言毒〉：頁 956）

王充所言雖不完整，但其說既云「五行二曰火，五事二曰言」，則彼時當有依

五行、五事之「序次」為說者。倘此推論不誤，則依此說，五行與五事之配置當為：貌木、言火、視土、聽金、思水。惟文獻有闕，其詳細內容為何，今已莫究其詳。而藉五行五事以說災異，並將之推至頂峰者，自非《漢書・五行志》莫屬。其文俱在，茲不詳述。

（二）月令禁忌

藉月令以言災異，此乃漢儒於陰陽五行之外，最常見的表述方式之一。此說之理論已見前述，本文在此僅略舉實例數則，以見漢儒藉月令以言災異之概況。相關例證如：

1、和帝永元十六年，旱。魯恭云：「比年水旱傷稼，人飢流冗。今始夏，百穀權輿，陽氣胎養之時。自三月以來，陰寒不暖，物當化變而不被和氣。《月令》：『孟夏斷薄刑，出輕繫。行秋令則苦雨數來，五穀不熟。』又曰：『仲夏挺重囚，益其食。行秋令則草木零落，人傷於疫。』夫斷薄刑者，謂其輕罪已正，不欲令久繫，故時斷之也。臣愚以為今孟夏之制，可從此令，其決獄案考，皆以立秋為斷，以順時節，育成萬物，則天地以和，刑罰以清矣。」（《後漢書・魯恭列傳》；頁 880）

2、章帝年間，盛夏多寒。韋彪上書諫云：「伏見立夏以來，當暑而寒，殆以刑罰刻急，郡國不奉時令之所致也。……」（《後漢書・韋彪列傳》；頁 918）

3、順帝陽嘉二年，熒惑失度。郎顗云：「又比熒惑失度，盈縮往來，涉歷輿鬼，環繞軒轅。火精南方，夏之政也。政有失禮，不從夏令，則熒惑失行。……」（《後漢書・郎顗列傳》；頁 1056）

不僅群臣上書藉月令以言災異，漢帝亦每因災異而下詔要求群臣「敬順時令」。例如：

1、元帝初元三年六月詔云：「蓋聞安民之道，本繇陰陽。間者陰陽錯謬，風雨不時。朕之不德，庶幾群公有敢言朕之過者，今則不然。媮合苟從，未肯極言，朕甚閔焉。永惟烝庶之饑寒，遠離父母妻子，勞於非業之作，衛於不居之宮，恐非所以佐陰陽之道也。其罷甘泉、建章宮衛，令就農。百官各省費，條奏毋有所諱。有司勉之，毋犯四時之禁。」（《漢書・元帝本紀》；頁 284）

2、成帝陽朔二年詔云：「昔在帝堯立羲、和之官，命以四時之事，令不失其序。……今公卿大夫或不信陰陽，薄而小之，所奏請多違時政。傳以不知，周行天下，而欲望陰陽和調，豈不謬哉！其務順四時月令。」

《漢書・成帝本紀》；頁 312）

3、明帝永平十八年十二月詔云：「比年牛多疾疫，墾田減少，穀價頗貴，
　　人以流亡。……有司明慎選舉，進柔良，退貪猾，順時令，理冤獄。……」

《後漢書・章帝本紀》；頁 132～133）

4、順帝永建四年正月詔云：「朕託王公之上，涉道日寡，政失厥中，陰
　　陽氣隔，寇盜肆暴，庶獄彌繁，憂悴永歎，痎如疾首。……務崇寬和，
　　敬順時令，遵典去苛，以稱朕意。」（《後漢書・順帝本紀》；頁 255～256）

諸帝詔書或申毋犯時令之意、或強調施政當以時令爲本、或將敬順時令與選
舉進賢相提並論；時令之重要性，於此亦可窺其一二。且觀詔書所云，漢帝
之所以要求臣工敬順時令，其實又與災異密切相關；是漢人已將月令納入災
異之列，成爲災異論述所不可或缺之組成要素。

（三）星象分野

分野之說，其源甚古；前引《左傳》所載，即已涉及此一論題。惟彼時
星象分野尚屬草創階段，故所論仍不成體系。降及兩漢，分野之說乃漸臻齊
備。然古人對於天區各有不同之劃分方式，且州、國之稱又因時代的不同而
有所改變，再加上諸說之間立論基準有別，故又衍爲各種不同之分野理論。《史
記・天官書》云：

北斗七星，所謂「旋、璣、玉衡，以齊七政」。杓攜龍角，衡殷南斗，
魁枕參首。用昏建者杓；杓，自華以西南。夜半建者衡；衡，殷中
州河、濟之閒。平旦建者魁；魁，海岱以東北也。（頁 1291）

此說之立義，殆以「北斗」爲基準。惟所論僅依地域爲分，並未涉及具體州
國之歸屬問題，當屬早期之分野型態。比較完整的說法，則見《晉書・天文
志》。其文云：

北斗七星在太微北，七政之樞機，陰陽之元本也。……魁第一星曰
天樞，二曰琁，三曰璣，四曰權，五曰玉衡，六曰開陽，七曰搖光；
一至四爲魁，五至七爲杓。……石氏……曰：「一主秦，二主楚，三
主梁，四主吳，五主燕，六主趙，七主齊。」（頁 290～291）

如《晉書》所引石氏之說，則北斗與州國之對應關係當爲：天樞→秦、天璇
→楚、天璣→梁、天權→吳、玉衡→燕、開陽→趙、搖光→齊。此即北斗分
野之完整表述型態。

除北斗分野之外，《史記・天官書》尚有以「五星」爲基準之分野說。其

文云：

> 秦之疆也，候在太白，占於狼、弧。吳、楚之疆，候在熒惑，占於
> 鳥衡。燕、齊之疆，候在辰星，占於虛、危。宋、鄭之疆，候在歲
> 星，占於房、心。晉之疆，亦候在辰星，占於參罰。（頁1346）

《史記》此說雖未論及「塡星」，然就其形式架構而言，其藉「五星」以言州
國占候之意，似亦有跡可尋。然此說或以一星對應數國，從災異詮釋的角度
來說，難免出現適此適彼之困擾。故除前引《左傳・襄公廿八年》梓愼之說
外，漢儒之間，則鮮有援此爲論者。

星象分野中最具理論系統者，當屬以「二十八宿」及「十二次」爲基準
之分野模式。《呂氏春秋・有始覽》云：

> 何謂九野？中央曰鈞天，其星角、亢、氐。東方曰蒼天，其星房、
> 心、尾。東北曰變天，其星箕、斗、牽牛。北方曰玄天，其星婺女、
> 虛、危、營室。西北曰幽天，其星東壁、奎、婁。西方曰顥天，其
> 星胃、昴、畢。西南曰朱天，其星觜嶲、參、東井。南方曰炎天，
> 其星輿鬼、柳、七星。東南曰陽天，其星張、翼、軫。

> 何謂九州？河、漢之間爲豫州，周也。兩河之間爲冀州，晉也。河、
> 濟之間爲兗州，衛也。東方爲青州，齊也。泗上爲徐州，魯也。東
> 南爲揚州，越也。南方爲荊州，楚也。西方爲雍州，秦也。北方爲
> 幽州，燕也。（頁657～658）

「二十八宿」之「完整名稱」，即首見於此。〔註21〕然而，《呂氏春秋》雖將
「二十八宿」與「九野」相配；但如上引文所示，其說並未具體指陳「二十
八宿」與「九州」之配屬關係。降及兩漢，二十八宿與地上州國之配屬關係
才漸趨完整。《史記・天官書》云：

> 角、亢、氐，兗州。房、心，豫州。尾、箕，幽州。斗，江、湖。
> 牽牛、婺女，楊州。虛、危，青州。營室至東壁，并州。奎、婁、
> 胃，徐州。昴、畢，冀州。觜嶲、參，益州。東井、輿鬼，雍州。
> 柳、七星、張，三河。翼、軫，荊州。（頁1330）

〔註21〕 案：二十八宿之「完整名稱」雖首見於《呂氏春秋》，然其「觀念」，則起源
甚早。近來更有學者據濮陽所出土之「蚌塑」，推斷此一觀念形成於六千五百
年以前。詳參王大有：〈6500年前的蚌塑四象二十八宿渾天蓋天系統──美學
考察引出曠世大發現〉，《濮陽教育學院學報》，第2期（2002年5月），頁1～2。

將二十八宿與地上州國相配，其說當首見於此。然其說或以「州」為言，或概略性地統舉「江、湖」、「三河」以為說，顯非完整之配屬型態。比較完整之說法，則《淮南子・天文》云：

> 星部地名：角、亢，鄭；氐、房、心，宋；尾、箕，燕；斗、牽牛，越；須女，吳；虛、危，齊；營室、東壁，衛；奎、婁，魯；胃、昴、畢，魏；觜嶲、參，趙；東井、輿鬼，秦；柳、七星、張，周；翼、軫，楚。（頁122～123）

此即二十八宿分野模式之典型。此後之相關說法，雖其配屬關係不盡相同，然大體歸本於此。如《漢書・地理志》云：

> 秦地，於天官東井、輿鬼之分野也。……魏地，觜觿、參之分野也。周地，柳、七星、張之分野也。…… 韓地，角、亢、氐之分野也。……趙地，昴、畢之分野。……燕地，尾、箕分野也。……齊地，虛、危之分野也。……魯地，奎、婁之分野也。……宋地，房、心之分野也。衛地，營室、東壁之分野也。……楚地，翼、軫之分野也。……吳地，斗分野也。……粵地，牽牛、婺女之分野也。（頁1641～1669）

二說之別，茲表列說明如下：

書名　州國	淮南子	漢書
越（粵）	斗、牛	牽牛、婺女
吳	須女	斗
齊	虛、危	虛、危
衛	營室、東壁	營室、東壁
魯	奎、婁	奎、婁
魏	胃、昴、畢	觜嶲、參
趙	觜觿、參	（胃）、昴、畢
秦	東井、輿鬼	東井、輿鬼
周	柳、七星、張	柳、七星、張
楚	翼、軫	翼、軫
鄭	角、亢	
韓		角、亢、氐
宋	氐、房、心	房、心
燕	尾、箕	尾、箕

上表加注黑底者，即爲《漢書》與《淮南子》相異之部份。就州國之名而言，《漢書》雖以「粵」代「越」，以「韓」代「鄭」；然如〈地理志〉所云，「粵」、「越」所轄之地殊無差別；而「鄭」滅於「韓」，是韓、鄭亦無地域之別。（見頁 1669、1652）至於星域配屬，二說之別亦僅是局部之調整；就結構上來說，其實亦無二致。

其後之十二次分野，又與《淮南子・天文》及《漢書・地理志》之說微有差別。十二次之觀念，亦起源甚早。如《楚辭・天問》云：「九天之際，安放安屬？隅隈多有，誰知其數？天何所沓，十二焉分？」〔註 22〕比較完整的說法，則見《漢書・律曆志》。茲將其說表列如下：

十二次	初	中	終
星紀	斗十二度	牽牛	婺女七度
玄枵	婺女八度	危	危十五度
諏訾	危十六度	營室十四度	奎四度
降婁	奎五度	婁四度	胃六度
大梁	胃六度	昴八度	畢十一度
實沈	畢十二度	井	井十五度
鶉首	井十六度	井三十一度	柳八度
鶉火	柳九度	張三度	張十七度
鶉尾	張十八度	翼十五度	軫十一度
壽星	軫十二度	角十度	氐四度
大火	氐五度	房五度	尾九度
析木	尾十度	箕七度	斗十一度

如上表所示，〈律曆志〉雖有十二次之名，然其說僅及十二次之度數終始、及其與二十八宿之相對位置，並未論及地上州國之配屬問題。將十二次與地上州國嵌合爲一者，則鄭注《周禮・保章氏》云：

> 星紀，吳、越也；玄枵，齊也；諏訾，衛也；降婁，魯也；大梁、
> 趙也；實沈，晉也；鶉首，秦也；鶉火，周也；鶉尾，楚也；壽星，
> 鄭也；大火，宋也；析木，燕也。（頁 152）

其說可表列如下：

〔註22〕〔宋〕朱熹撰：《楚辭集注》（臺北：文津出版社，1987 年 10 月），頁 51。

十二次	二十八宿	州國
星紀	斗、牛	吳、越
玄枵	女、虛、危	齊
娵訾	室、壁	衛
降婁	奎、婁	魯
大梁	胃、昂、畢	趙
實沈	觜、參	晉
鶉首	井、鬼	秦
鶉火	柳、星、張	周
鶉尾	翼、軫	楚
壽星	角、亢	鄭
大火	氐、房、心	宋
析木	尾、箕	燕

　　如上表所示，此說乃將「吳、越」合而爲一，另以「晉」代「魏」，且取「鄭」捨「韓」。而其星域配屬，除移「女」於「齊」外，餘皆與《漢書‧地理志》相同。

　　以上所述，乃兩漢所見分野理論之大略。然漢儒之實際論述又有配合「十二辰」以爲說者（如劉歆，說見下文），故分野理論之完整表述型態，當如下表所列：

十二次	十二辰	廿八宿	州國
星紀	子（正月）	斗、牛	吳、越
玄枵	丑（二月）	女、虛、危	齊
諏訾	寅（三月）	室、壁	衛
降婁	卯（四月）	奎、婁	魯
大梁	辰（五月）	胃、昂、畢	趙
實沈	巳（六月）	觜、參	晉
鶉首	午（七月）	井、鬼	秦
鶉火	未（八月）	柳、星、張	周
鶉尾	申（九月）	翼、軫	楚
壽星	酉（十月）	角、亢	鄭
大火	戌（十一月）	氐、房、心	宋
析木	亥（十二月）	尾、箕	燕

　　至於漢儒藉分野以釋災異之實例，《漢書·五行志》所錄甚多，茲以董仲舒與劉歆為例，略舉數則說明如下：

（莊公十八年三月，日有食之）董仲舒以為宿在東壁，魯象也。……劉歆以為晦魯、衛分。（頁 1483）

（莊公二十五年六月，日有食之）董仲舒以為宿在畢，主邊兵夷狄象也。……劉歆以為五月二日魯、趙分。（頁 1484）

（莊公二十六年十二月，日有食之）董仲舒以為宿在心，心為明堂，文武之道廢，中國不絕若線之象也。……劉歆以為十月二日楚、鄭分。（頁 1484）

（襄公二十一年十月，日有食之）董仲舒以為宿在軫、角，楚大國象也。……劉歆以為八月秦、周分。（頁 1491）

（昭公十七年六月，日有食之）董仲舒以為時宿在畢，晉國象也。……劉歆以為六月二日魯、趙分。（頁 1495～1496）

（昭公二十二年十二月，日有食之）董仲舒以為宿在心，天子之象也。……劉歆以為十月楚、鄭分。（頁 1496～1497）

（昭公二十四年五月，日有食之）董仲舒以為宿在胃，魯象也。（頁 1497）

（昭公三十一年十二月，日有食之）董仲舒以為宿在心，天子象也。……劉歆以為二日宋、燕分。（頁 1498）

（定公十五年八月，日有食之）董仲舒以為宿在柳，周室大壞，夷狄主諸夏之象也。……劉歆以為六月晉、趙分。（頁 1499）

上引董生之說，涉及兩種不同的詮釋標準。一是就「星辰寓意」的角度立論，如「心為明堂」、「心，天子象也」、「畢主邊兵」即是。《史記·天官書》云：「心為明堂，大星天王。」（頁 1295）「畢曰罕車，為邊兵。」（頁 1305）董生之說，即緣此而來。一是從「分野」的角度切入，如「宿在軫、角，楚大國象」、「畢，晉國象也」即是。此類說法與前引《淮南子》之說相同。然其說一云「宿在東壁，魯象也」、再云「宿在胃，魯象也」，又與前引《淮南子》之說相悖。雖說魯、衛、魏地理位置相近，然諸說差異若是，足見漢初於州國分野尚無一定之見解。至於劉歆之說，若比觀上表所列，則不一致之處實所在多有。對此，王先謙云：

劉歆說《春秋》日食，各占其分野之國，蓋本《左氏》「去魯地如衛

地」之旨而推衍之。如周正月，日在星紀，爲吳、越分；其前月，
日在析分，爲燕分。如正月朔食，以燕之。二月爲齊、越，三月爲
齊、衛，四月爲魯、衛，五月爲魯、越（案：依上下文觀之，此處當作「趙」），
六月爲晉、趙，七月爲秦、晉，八月爲周、秦，九月爲周、楚，十
月爲楚、鄭，十一月爲鄭、宋，十二月爲宋、燕也。若食在晦者，
則以本月及後月日之所在分野之二國占之。如嚴公十八年三月食，
劉以爲食在晦；宣公十七年六月食，劉亦以爲三月晦，故皆云魯、
衛分。三月之晦與四月之朔等也。〔註23〕

如王氏所云，則劉歆之說實亦以「十二次」爲基準，只不過又配上「十二辰」
而已。而其推衍之法，則是以日蝕「所在之地」及其「將至之地」（即前引《左傳·
昭公七年》所謂「去魯地如衛地」之說）爲準。換言之，一次日變所影響之州國有二，
而各國所居辰次有別，故一國實當二月之占。表中所列與劉說有別者，其緣
在此。

　　除以上所述外，漢儒尚有依據「歷史經驗」及「瑞興非時」之觀念以說
災異者。以「歷史經驗」作爲論斷吉凶（或論述災異）之根據，先秦典籍即已見
其端緒。如幽王二年，西周三川皆震，伯陽父除以陰陽失序作解，推導出「源
塞，國必亡」之結論外，又以「昔伊、洛竭而夏亡，河竭而商亡」之歷史經
驗作爲相關推論之佐證。（說詳前文）又如《左傳·昭公十七年》，「客星居玄枵
之維首」，裨灶以爲「逢公以登，星斯于是乎出。」（頁782）以逢公死時亦有客
星出現，作爲晉侯將死之論斷根據。而昭公十七年冬，有星孛于大辰，西及
漢，梓愼曰：「往年吾見之，是其徵也。」（說見前文）漢儒言災異，亦有本諸「歷
史經驗」以爲論述之張本者。例如：

1、宣帝地節三年夏，京師大雨雹。蕭望之對曰：「《春秋》昭公三年大雨
　　雹，是時季氏專權，卒逐昭公。鄉使魯君察於天變，宜亡此害。今陛
　　下以聖德居位，思政求賢，堯舜之用心也。然而善祥未臻，陰陽不和，
　　是大臣任政，一姓擅勢之所致也。」（《漢書·蕭望之傳》；頁3273）

2、成帝元延三年，蜀郡岷山崩，雝江，江水逆流。劉向以爲：「周時岐
　　山崩，三川竭，而幽王亡。岐山者，周所興也。漢家本起於蜀漢，今
　　所起之地山崩川竭，星孛又及攝提、大角，從參至辰，殆必亡矣。」
　　（《漢書·五行志》；頁1457）

〔註23〕〔清〕王先謙：《漢書補注》（臺北：藝文印書館，1955年6月），頁622。

3、順帝鴻嘉二年，上封宋娥爲山陽君，又封梁冀爲襄邑侯。左雄上封事曰：「夫裂土封侯，王制所重。高皇帝約，非劉氏不王，非有功不侯。孝安皇帝封江京、王聖等，遂致地震之異。永建二年，封陰謀之功，又有日食之變。數術之士，咸歸咎於封爵。今青州飢虛，盜賊未息，民有乏絕，上求稟貸。陛下乾乾勞思，以濟民爲務。宜循古法，寧靜無爲，以求天意，以消災異。誠不宜追錄小恩，虧失大典。」（《後漢書·左雄傳》；頁 2021）

上引諸說，蕭望之乃援季氏之例以言大臣任政之失；劉向則藉周幽王二年「西周三川皆震」之故事，說解岷山崩所可能造成之影響，並配合星辰異象，進而得出漢家將亡之結論；左雄則依安帝時因封江京、王聖而引發災異之故事，勸戒順帝遵循古法，愼其裂土之舉。凡此，皆爲藉歷史經驗以推災異之顯例。至於「瑞興非時」之說，如桓帝永康元年八月，黃龍見巴郡。《續漢志》云：

> 桓帝時政治衰缺，而在所多言瑞應，皆此類也。又先儒言：瑞興非時，則爲妖孽，而民訛言生龍語，皆龍孽也。（頁 3344）

在一般情況下，「黃龍」本當爲「祥瑞」之象徵，然因所見「非時」，反成妖孽之應。又如安帝延光三年，五色大鳥見新豐，時或有之以爲鳳皇者。惟《續漢志》云：

> 凡五色大鳥似鳳者，多羽蟲之孽。是時安帝信中常侍樊豐、江京、阿母王聖及外屬耿寶等讒言，免太尉楊震，廢太子爲濟陰王，不悊之異也。……帝之時，羌胡外叛，讒慝內興，羽孽之時也。《樂叶圖徵》說五鳳皆五色，爲瑞者一，爲孽者四。（頁 3300）

依《續漢志》之意，是時安帝多行非是，且羌胡外叛，讒慝內興，實不應有瑞應之見；又引《樂叶圖徵》「鳳皆五色，爲瑞者一，爲孽者四」之說，以證五色大鳥見新豐乃妖孽，而非祥瑞。

綜上所述，漢儒藉以論述災異之方法原則，主要有陰陽五行、月令禁忌及星象分野等。至於災異在政治上之實際效用，學界前輩如孫廣德、李漢三等已頗多闡述；茲參酌眾人之說，整理分述如後。

三、災異與兩漢政治

兩漢自武帝以「災異之變，何緣而起」策問董生以來，災異之說即與政

治問題密切相關。以漢帝所下詔書而言，其所涉及者，至少含括下詔罪己、條責群臣、徵求諫言、察舉選士、救災舉措等諸多層面；若加上群臣奏議所論（相關文獻，請參〈附錄三〉），則災異所涉政治問題，更是不勝枚舉。爲免流於繁瑣，本文在此僅舉其犖犖大者，藉以會觀其要。

（一）責任歸屬

如前所述，上天之所以降下災異，乃在告誡人君修德改政。惟就人事而言，災異既爲「國家失政」所引起；則執掌國家大政者，實亦難辭其咎。以兩漢而言，彼時執掌國家大政者，除帝王與三公外，外戚亦佔有一定之份量；故兩漢每於災異生發之際，其所究責之對象，大體上都以這三者爲主。〔註24〕以下即帝王、三公與外戚爲例，就兩漢有關災異責任之歸屬問題略作說明。

1、下詔罪己

王者必須爲災異負責，此乃君權天授觀念下，所必然衍生之問題。而漢帝用以表達自己應爲災異負責者，其最常見之形式，即是「下詔罪己」。檢諸兩漢史籍，漢帝因災異下詔罪己，其例首見文帝初年。史載文帝二年十一月，日有食之。詔曰：

> 朕聞之，天生民，爲之置君以養治之。人主不德，布政不均，則天示之災以戒不治。乃十一月晦，日有食之，適見于天，災孰大焉！朕獲保宗廟，以微眇之身託于士民君王之上，天下治亂，在予一人，唯二三執政猶吾股肱也。朕下不能治育群生，上以累三光之明，其不德大矣！（《漢書・文帝本紀》：頁116）

以災異爲「人主不德」之所致，且明申「天下治亂，在予一人」；是災異之生，其責任理當由王者一體承受。然詔書又云「二三執政猶吾股肱」，既然君臣一體，則災異之咎似又當由君臣共同分擔。以此觀之，此詔亦有「暗示」執政大臣應爲災異負責之意。然比諸「天下治亂，在予一人」之說，文帝要求大臣負責之意尚不明顯。文帝以後，兩漢諸帝因災異下詔者，相關記載可謂不

〔註24〕當然，兩漢亦有將災異之責歸咎女主或閹宦者。其歸咎女主者，如成帝建始三年十二月，日蝕、地震。谷永對曰：「日食地震，皇后貴妾專寵所致。」（《漢書・谷永傳》：頁3451）杜欽則云：「臣聞日蝕地震，陽微陰盛也。……此必適妾將有爭寵相害而爲患者。」（《漢書・杜欽傳》：頁2671）而歸之閹宦者，如安帝延光二年十二月，地震。楊震上疏曰：「此中臣近官盛於持權用事之象也。」（《後漢書・楊震列傳》：頁1765）惟相較於帝王、三公與外戚，此類事例較爲少見，故不詳述。

絕如縷。茲整理表列如〈附錄四〉，以資參考。

如〈附錄四〉所示，兩漢諸帝因災異下詔者凡 90 見；除西漢高、惠、景、平四帝外，餘皆曾因災異而頒下詔書。其中明示「自責」或「罪己」之意者 45 見（參〈附錄四〉加注「＊」者），適佔災異詔總數 50%。兩漢諸帝之所以屢因災異「下詔罪己」，當然是希望藉此「消伏災異」；然下詔罪己此種「形式上」之宣示，又何以能達致消伏災異之目的？此與古人「修德禳災」之說有關。《尚書・伊訓》云：「古有夏先後，方懋厥德，罔有天災。山川鬼神，亦莫不寧。暨鳥獸魚鱉咸若。」（頁114）孔《傳》：「言能以德禳災。」如孔《傳》所云，則修德可以禳災，其說由來已久。而其實例，如《史記・封禪書》云：

> 至帝太戊，有桑穀生於廷，一暮大拱，懼。伊陟曰：「妖不勝德。」
> 太戊修德，桑穀死。……後十四世，……有雉四登鼎耳雊。武丁懼。
> 祖己曰：「修德。」武丁從之，位以永寧。（頁1356）

「妖不勝德」，故修德可長保其位。漢儒對此，所見亦同。如董生云：「五行變至，當救之以德；施之天下，則咎除。」（《春秋繁露・五行變救》；頁384）《史記・天官書》亦云：「日變修德，月變省刑，星變結和。……太上修德，其次修政，其次修救，其次修禳，正下無之。」（頁1351）修德可以禳災，但下詔罪己又與修德何干？此又與「以過自讓」之說有關。《春秋考異郵》云：

> 僖公三時不雨，帥群臣禱山川，以過自讓。（頁782）

> 僖公之時，雨澤不澍，比于九月，人大驚懼，率群臣禱山川，以六過自讓，紬女謁，放下讒佞郭都之等十三人，誅領人之吏受貨賂趙祝等九人，曰：辜在寡人，方今天旱，野無生稼，寡人當死，百姓何謗，請以身塞無狀也。（頁783）

《後漢書・黃瓊列傳》則云：

> 昔魯僖遇旱，以六事自讓，躬節儉，閉女謁，於讒佞者十三人，誅稅民受貨者九人，退舍南郊，天立大雨。（頁2034）

如上引文所示，魯僖公以六過自讓而天立大雨，衡諸修德可以禳災之說，則「以過自讓」亦當為修德項目之一。以過自讓與修德有關，下詔罪己又是以過自讓之體現；以此觀之，下詔罪己實亦修德之一種。漢帝屢因災異下詔罪己，其緣即出乎此——透過「下詔罪己」此種「自讓」之方式體現帝王「修德」之意，並藉由修德禳除災異，進而達致「位以永寧」之最終目的。

　　當然，除了帝王自覺必須對災異負責外，兩漢群臣亦有直指災異乃帝王舉錯失中所致者。除上節所引《白虎通》、申屠剛、郎顗、蔡邕之說外，其他如成帝建始三年十二月，日有食之。谷永對曰：「意豈陛下志在閨門，未恤政事，不慎舉錯，婁失中與？內寵大盛，女不遵道，嫉妒專上，妨繼嗣與？」（《漢書‧谷永傳》；頁3444）又如成帝鴻嘉二年三月，雉蜚集於庭。王音上言曰：「天地之氣，以類相應，譴告人君，甚微而著。」又曰：「皇天數見災異，欲人變更，終已不改。天尚不能感動陛下，臣子何望？獨有極言待死，命在朝暮而已。」（《漢書‧五行志》；頁1417~1418）凡此，皆為臣下要求王者必須為災異負責之顯例。

2、策免三公

　　王者必須對災異負責，其義已如前述。然隨著「移過」、「宰相必須對陰陽負責」及「代君受過」之觀念的興起，災異之政治責任乃漸有下移的傾向。「移過」之說，其源甚早。如《左傳‧哀公六年》云：

> 是歲也，有雲如眾赤鳥，夾日以飛三日。楚子使問諸周大史，周大史曰：「其當王身乎若？若滎之，可移於令尹、司馬。」王曰：「除腹心之疾，而寘諸股肱，何益？不穀不有大過，天其夭諸？有罪受罰，又焉移之？」遂弗滎。（頁1007）

如《左傳》所述，雖然王者必須對異常現象負責，但卻可藉由「滎」的儀式，將災禍「轉稼」至大臣身上。此外，《呂氏春秋‧制樂》云：

> 周文王立國八年，歲六月，文王寢疾五日而地動，東南西北，不出國郊，百吏皆恐請曰：「臣聞地之動，為人主也。今王寢疾五日而地動，四面不出周郊，群臣皆恐，曰：『請移之。』文王曰：『若何其移之也？』對曰：『興事動眾，以增國城，其可移之乎？』文王曰：『不可。夫天之見妖也，以罪有罪也。我必有罪，故天以此罰我也。今故興事動眾以興國城，是重吾罪也。不可。』」（頁347）

> 宋景公之時，熒惑在心，公懼，召子韋而問焉，曰：「熒惑在心，何也？」子韋曰：「熒惑者，天罰也；心者，宋之分野也；禍當於君。雖然，可移於宰相。」公曰：「宰相所與治國家也，而移死焉，不祥。」子韋曰：「可移於民。」公曰：「民死，寡人將誰為君乎？寧獨死。」子韋曰：「可移於歲。」公曰：「歲害則民饑，民饑必死。為人君而殺其民以自活也，其誰以我為君乎？是寡人之命固盡已，子無復言

矣。」……（頁347～348）〔註25〕

《呂覽》所載，雖與《左傳》所錄事例有別；然其要旨，實無二致。蓋謂王者必須爲災異負責，然相關責任又可藉由某些「儀式」加以轉移，從而達致避凶之效果。雖二書所記乃以王者「不移過」於下爲標榜，但由此亦可推知，移過於下之觀念由來已久，端視王者如何取捨而已。且觀《史記》所述，此種移過於下之觀念恐非「個案」而已，而是長久以來之「傳統」。《史記·孝文本紀》云：

> 蓋聞天道，禍自怨起，而福繇德興。百官之非，宜由朕躬。今祕祝
> 之官移過于下，以彰吾之不德，朕甚不取。其除之。（頁427）

《史記·封禪書》則云：

> 祝官有祕祝，即有菑祥，輒祝祠移過於下。（頁1377）

如《史記》所錄，先秦以來即有「祕祝之官」職司「移過於下」之「業務」，足見此風曾盛極一時。雖然文帝罷去祝祕之官，且以己身獨當災異之責；但隨著宰相必須對「陰陽」負責之觀念的興起，王者移過於下，似又找到新的理論基點。《史記·陳平世家》云：

> 宰相者，上佐天子理陰陽，順四時，下育萬物之宜，外鎮撫四夷諸
> 侯，內親附百姓，使卿大夫各得任其職焉。（頁2061～2062）

《漢書·丙吉傳》則云：

> 宰相不親小事，非所當於道路問也。……三公典調和陰陽，職當憂，
> 是以問之。（頁3147）

《後漢書·陳忠列傳》亦云：

> 臣聞三公：上則台階，下象山岳；股肱元首，鼎足居職；協和陰陽，
> 調訓五品；考功量材，以序庶僚。（頁3147）

宰相（或曰三公）之職既在「調和陰陽」，則陰陽不和，其咎自當由宰相概括承受；既然如此，則爲人臣而傷害陰陽，自是罪無可恕。故《漢書·王尊傳》云：「夫人臣而傷害陰陽，死誅之罪也。」（頁3235）人臣「自覺」必須對災異負責，此又與「代君受過」之說有關。而首開其例者，即是周公。《尙書·金縢》云：

> 既克商二年，王有疾，弗豫。……史乃冊祝曰：「惟爾元孫某遘厲虐
> 疾，若爾三王是有丕子之責于天，以旦代某之身。」（頁185～186）

〔註25〕同類記載又見《史記·宋微子世家》、《淮南子·道應》、《論衡·變虛》、《新序·雜事》。其文俱在，茲不備引。

周公願以身代武王死，此乃人臣代君受過之「典型」。至董仲舒，此一理念乃又衍爲「君不名惡，臣不名善」之論。其說云：

> 且《春秋》之義，臣有惡，擅（或作「君」）名美。（《春秋繁露・竹林》：頁53）

> 是故《春秋》君不名惡，臣不名善，善皆歸於君，惡皆歸於臣。（《春秋繁露・陽尊陰卑》：頁325～326）

如董生所云，既然依《春秋》之義，「善皆歸於君，惡皆歸於臣」；則人臣代君受過，除有周公之典型可供依循外，更有源於儒家經典之理論依據。既然人臣有代君受過之義務，則災異之責任歸屬就不僅僅只是帝王一人而已，臣下也必須負起相對的責任。故自董仲舒以降，每逢災異發生之際，王者除下詔罪己外，又進而要求臣下共同承擔災異之責任；而作爲臣下者，亦每每自覺必須對災異負責，而引咎辭職、或引咎自劾。王者要求臣下負起災異之責任，前引文帝二年十一月詔即已略見端緒；但眞正「明示」臣下必須對災異負責者，其說實肇始於宣帝年間。史載五鳳四年四月，日有食之。帝詔曰：

> 皇天見異，以戒朕躬。是朕之不逮，吏之不稱也。（《漢書・宣帝本紀》：頁268）

詔書雖明示罪己之意，然所謂「吏之不稱」，則又將災異之責歸咎於臣下。自此以降，君主因災異下詔譴責臣下即屢見不鮮，甚有將災異之責全歸諸臣下者。如成帝鴻嘉四年正月詔云：

> 數敕有司，務行寬大，而禁苛暴，訖今不改。一人有辜，舉宗拘繫，農民失業，怨恨者眾，傷害和氣，水旱爲災，關東流冗者眾，青、幽、冀部尤劇，朕甚痛焉。未聞在位有惻然者，孰當助朕憂之！（《漢書・成帝本紀》：頁318）

詔書雖示痛心之意，然其所痛者，乃臣下苛暴不改，以致造成「農民失業，怨恨者眾，傷害和氣，水旱爲災」之後果，而非「朕之不逮」。是如詔書所云，直可謂「天下治亂，在於有司」矣！與文帝「天下治亂，在予一人」，不啻有天壤之別！其他例證尙多（詳參〈附錄四〉加注「◎」號之部份），茲不俱引。臣下必須爲災異負責，其中又以「策免三公」最爲典型。

「三公」之稱，歷代各有不同。《尚書・周官》云：「立太師、太傅、太保，茲惟三公，論道經邦，爕理陰陽。」（頁270）此周代之三公。西漢則有二說。一以丞相、大司馬、御史大夫爲三公。如《通典》云：「漢以丞相、大司馬、御史大夫爲三公。」（頁488）一以司馬、司空、司徒爲三公。如《漢書・百官志》

注引《韓詩外傳》云：「三公之得者何？曰司馬、司空、司徒也。」（頁3562）降及東漢，三公之名又有不同。《通典》云：「後漢又以太尉、司徒、司空爲三公。」（頁488）本文所謂「三公」，即泛指兩漢諸說而言。漢帝因災異策免三公，史云：

> 安帝即位，（徐防）以定策封龍鄉侯。食邑千一百戶。其年以災異寇賊策免，就國。凡三公以災異策免，始自防也。（《後漢書·徐防列傳》：頁1502）

依范書所錄，漢帝因災異策免三公，當始於安帝；而首被策免者，則爲徐防。又依〈張禹列傳〉，徐防被策免時之官銜爲「太尉」（見頁1499）；是范書所錄，實以「太尉、司徒、司空」爲基準。然若將基準放寬，則三公之免與災異有關，實首見於文帝初年。《漢書·文帝本紀》云：

> （三年冬）十一月丁卯晦，日有蝕之。詔曰：「前日詔遣列侯之國，辭未行，丞相朕之所重，其爲朕率列侯之國。」遂免丞相勃，遣就國。
> （頁119）

〈本紀〉所云，雖未明示周勃之免乃因日蝕而起，然日後張匡云：「往者丞相周勃再建大功，及孝文帝時纖介怨恨，而日爲之食，於是退勃使就國。」（《漢書·王商傳》：頁3372）如張匡所言，文帝之所以遣周勃就國，實與日蝕密切相關。

史書「明示」三公「去職」乃因災異而起者，則史載元帝永光元年，「春霜夏寒，日青亡光」，帝以詔條責丞相、御史曰：「郎有從東方來者，言民父子相棄。丞相、御史案事之吏匿不言邪？將從東方來者加增之也？何以錯繆至是？欲知其實。方今年歲未可預知也，即有水旱，其憂不細。公卿有可以防其未然，救其已然者不？各以誠對，毋有所諱。」於是丞相于定國惶恐求去，「上書自劾，歸侯印，乞骸骨」；而帝雖謙稱「萬方有罪，罪在朕躬」，但仍賜定國「安車駟馬、黃金六十斤，罷就第。」（《漢書·于定國傳》：頁3044～3045）與徐防不同的是，于定國乃「自劾」去職，而非漢帝明令「策免」。三公因災異「明令策免」者，則以薛宣爲尹始。史載成帝時薛宣爲相，會「邛成太后崩，喪事倉卒，吏賦斂以趨辦」。後上聞之，以過丞相御史，遂「冊免」宣曰：

> 君爲丞相，出入六年，忠孝之行，率先百僚，朕無聞焉。朕既不明，變異數見，歲比不登，倉廩空虛，百姓饑饉，流離道路，疾疫死者以萬數，人至相食，盜賊並興，群職曠廢，是朕之不德而股肱不良也。（《漢書·薛宣傳》：頁3393）

薛宣之所以被策免，「邛成太后崩，喪事倉卒」是主因；「變異數見，歲比不

登」只不過是欲加之罪而已。雖然如此，薛宣因「變異」被「冊免」，卻是不容否認之事實。除此之外，漢帝因災異策免三公之例尚多，茲整理表列如〈附錄五〉，以資參考。

　　如〈附錄五〉所示，兩漢三公因災異被策免者多矣！〔註 26〕而其所涉災異，則含攝日食、地震、寇賊、水雨、疾疫、星變及較爲籠統之陰陽不和、陰霧愆陽等現象；其中又以日食、地震佔大多數。前引《後漢書‧順帝本紀》云：「典籍所忌，震食爲重。」比觀〈附錄五〉所列，可知漢人的確存在此一觀念。至於某人何以因某件災異而策免，則又與所司職務有關。《漢書‧百官志》注引《韓詩外傳》云：

> 司馬主天，司空主土，司徒主人。故陰陽不和，四時不節，星辰失度，災變非常，則責之司馬。山陵崩阤，川谷不通，五穀不植，草木不茂，則責之司空。君臣不正，人道不和，國多盜賊，民怨其上，則責之司徒。（頁 3562）

《韓詩外傳》所云，證諸〈附錄五〉所列，其不合之處雖所在多有；然整體而言，此一現象是存在的。如東漢諸帝策免太尉 22 人次，其中與「天」有關者（如日蝕、日變、星變、陰陽不和）14 人次，約佔 60％；若扣除語意不明之部份（如

〔註26〕兩漢因災異策免三公，除〈附錄五〉所列外，另《北堂書鈔》引《東觀漢記》云：「太尉張酺、鄭洪、徐防、趙喜、隨延、寵桓，並以日蝕免。」（《東觀漢記校注》：頁889）惟其說頗多疑竇，茲略述如下：1、張酺：依范書，張酺免太尉在永元十二年九月（見〈和帝本紀〉：頁188），與東漢諸帝策免三公自徐防始之說不合。2、鄭洪：依吳樹平之說，「鄭洪」乃「鄭弘」之訛。今檢范書，鄭弘爲太尉在元和元年（見〈章帝本紀〉：頁146）；亦與東漢諸帝策免三公自徐防始之說不合。3、徐防：依〈張禹列傳〉，徐防免太尉係因「寇賊雨水」，而非「日蝕」；且後漢諸史亦未聞徐防因日蝕免太尉之說。4、趙喜：《後漢書》未見其名，吳樹平以爲當作「趙熹」。惟《後漢書》未載趙熹爲太尉及免太尉之事；今所見僅《資治通鑑》云：「（建武廿七年）以太僕趙熹爲太尉。」（頁1417）又云：「（永元三年）太尉趙熹、司徒李訢免。」（頁1437）依《資治通鑑》所錄，則趙熹免太尉乃在徐防之前，且永元三年未有日蝕之記錄；是趙熹之免是否因日蝕而起，實甚可疑。5、隨延：《後漢書》未見其名。依吳樹平之說，「隨延」乃「施延」之訛。今檢《後漢書》，施延免太尉在鴻嘉四年四月（見〈順帝本紀〉：頁264），然李賢注引《東觀記》云：「以選舉貪污策罷。」（頁265）並未云以災異。又依〈順帝本紀〉，鴻嘉四年日蝕乃閏六月之事，然彼時施延早已免太尉之官，可見施延之免與日蝕無涉。6、寵桓：《後漢書》未見其名。依吳樹平之說，「寵桓」當爲「朱寵、桓焉」之訛。倘吳說不誤，則「寵桓」當爲傳鈔而訛。綜上所述，《北堂書鈔》所引或與後漢史籍所錄不合，或乃輾轉傳鈔之誤；故本文並未援之以爲策免三公之例。

但言「災異」者 6 人），則其比例更接近 80％。以此觀之，漢帝策免三公，當與彼時所發生之災異現象有關。

兩漢三公除被「策免」者外，亦有「引咎辭職」或「引咎自劾」者；而人臣之間，亦有認為災異不當由帝王負責，而將之歸諸群臣者。其引咎辭職或引咎自劾者，除前引于定國之外，其他如王莽天鳳三年二月，「地震，大雨雪」，大司空王邑上書言「視事八年，功業不效，司空之職尤獨廢頓，至乃有地震之變。願乞骸骨。」（《漢書‧王莽傳》；頁 1414）哀帝綏和二年秋，「日月不明，五星失行」，大司空師丹上書自謝曰：「災異數見，此臣之大罪也。」（《漢書‧師丹傳》；頁 3504）明帝永平十三年十月，「日有食之」，時三公因此「免冠自劾」。（《後漢書‧明帝本紀》；頁 117）至於人臣上書認為帝王不應為災異負責，而將一切責任歸諸群臣者，如明帝永平三年八月，日有食之。時鍾離意上書云：「陛下躬行孝道，敬畏天地之禮，勞恤黎元之恩。然而天氣未和，日月不明，咎在群臣不能宣化理職。」（《後漢紀》；頁 254～255）又如元帝建昭五年六月，日有食之。張匡上書對曰：「竊見丞相商作威作福，從外制中，取必於上，性殘賊不仁，遣票輕吏微求人罪，欲以立威，天下患苦之。」（《漢書‧王商傳》；頁 3372）既然災異之責皆在群臣，則漢帝因災異究責三公，似又可從「廣納諫言、從善如流」之角度獲得合理的解釋。雖說兩漢不乏人臣將災異歸咎三公之例，然漢帝因災異究責三公，漢儒對此並非毫無異議。如陳忠云：

> 今之三公，雖當其名而無其實，選舉誅賞，一由尚書，尚書見任，重於三公，陵遲以來，其漸久矣。……近以地震策免司空陳褒，今者災異，復欲切讓三公。昔孝成皇帝以妖星守心，移咎丞相，使賁麗納說方進，方進自引，卒不蒙上天之福，徒乖宋景之誠。故知是非之分，較然有歸矣。又尚書決事，多違故典，罪法無例，詆欺為先，文慘言醜，有乖章憲。宜責求其意，割而勿聽。上順國典，下防威福，置方員於規矩，審輕重於衡石，誠國家之典，萬世之法也。」
>
> （《後漢書‧陳忠列傳》；頁 1565）

仲長統〈法誡〉則云：

> 光武皇帝慍數世之失權，忿彊臣之竊命，矯枉過直，政不任下，雖置三公，事歸臺閣。自此以來，三公之職，備員而已，然政有不理，猶加譴責。而權移外戚之家，寵被近習之豎，親其黨類，用其私人，內充京師，外布列郡，顛倒賢愚，貿易選舉，疲駑守境，貪殘牧民，

撓擾百姓，忿怒四夷，招致乖叛，亂離斯瘼。怨氣並作，陰陽失和，
三光虧缺，怪異數至，蟲螟食稼，水旱為災，此皆戚宦之臣所致然
也。反以策讓三公，至於死免，乃足為叫呼蒼天，號咷泣血者也。(《後
漢書·仲長統列傳》;頁1657)

如二人所述，光武以降三公早已「有名無實」，故不當再藉災異而策免三公。
二人雖陳辭剴切，但終究無法改變因災異而策免三公之情況。蓋如〈附錄五〉
所示，安帝以迄桓、靈，正是兩漢因災異策免三公之全盛時期;二人之說，
顯然沒有發揮大大的作用。

3、究責外戚

兩漢因災異究責外戚者，除上引仲長統之說外，茲再引數則如下，以觀
其要:

(1) 宣帝地節三年夏，京師雨雹。蕭望之上疏曰:「今陛下以聖德居位，
思政求賢，堯舜之用心也。然而善祥未臻，陰陽不和，是大臣任政，
一姓擅勢之所致也。」(《漢書·蕭望之傳》;頁3273)「一姓」者，「霍氏」
之謂也。時霍禹為大司馬，兄子山領尚書，親屬皆宿衛內侍，故蕭
望之以為雨雹殆為霍氏所致。

(2) 元帝初元二年七月，地震。翼奉奏封事曰:「今左右亡同姓，獨以
舅后之家為親，異姓之臣又疏。二后之黨滿朝，非特處位，勢尤奢
僭過度，呂、霍、上官足以卜之，甚非愛人之道，又非後嗣之長策
也。陰氣之盛，不亦宜乎!」(《漢書·翼奉傳》;頁3174)「二后」者，其
中之一當指孝元王皇后。《漢書·外戚傳下》云:「孝元王皇后，成
帝母也。家凡十侯，五大司馬，外戚莫盛焉。」(頁3973) 顏注云:「十
侯者，陽平頃侯禁、禁子敬侯鳳、安成侯崇、平阿侯譚、成都侯商、
紅陽侯立、曲陽侯根、高平侯逢時、安陽侯音、新都侯莽也。五大
司馬者，鳳、音、商、根、莽也。」(同上) 翼奉所謂后黨滿朝，殆即
指此。

(3) 成帝建始元年四月，黃霧四塞。楊興、駟勝對曰:「陰盛侵陽之氣
也。高祖之約也，非功臣不侯，今太后諸弟皆以無功為侯，非高祖
之約，外戚未曾有也，故天為見異。」(《漢書·元后傳》;頁4017) 時大司
馬大將軍王鳳始用事，帝又封太后同母弟王崇為安成侯，而鳳庶弟
譚等亦皆賜爵關內侯，故楊興等以黃霧四塞為外戚過盛所致。

（4）成帝河平二年正月，鐵官冶鐵，鐵散如流星。梅福上書曰：「方今
　　君命犯而主威奪，外戚之權日以益隆，陛下不見其形，願察其景。
　　建始以來，日食地震，以率言之，三倍《春秋》，水災亡與比數。
　　陰盛陽微，金鐵爲飛，此何景也！漢興以來，社稷三危。呂、霍、
　　上官皆母后之家也，親親之道，全之爲右，當與之賢師良傅，教以
　　忠孝之道。今乃尊寵其位，授以魁柄，使之驕逆，至於夷滅，此失
　　親親之大者也。」《漢書‧梅福傳》；頁 2922）

（5）安帝延光四年四月，雨雹。孔僖對曰：「此皆陰乘陽之徵也。今貴
　　臣擅權，母后黨盛，陛下宜脩聖德，慮此二者。」《後漢書‧儒林列傳‧
　　孔僖傳》；頁 2563）

　　上引諸家所論，其所陳災異雖或不一；然將災異歸咎外戚，可謂如出一
轍。而諸說之所以究責外戚，殆皆出於「王權陵夷」之憂慮。以此觀之，災
異之說實亦存有《春秋》「尊王」之義，此其不容抹殺者也！

（二）政務興革

　　兩漢面對災異，除追究災異之相關責任外；更重要的，則是如何消伏災
異。前述帝王下詔罪己、策免三公、究責外戚等，基本上亦可由此一角度加
以理解。除此之外，漢帝爲了消伏災異，亦同時進行許多政務改革，如整頓
吏治、廢除苛政、減免賦稅、寬疏利民、節制奢侈、疏理冤獄等。其中較爲
特出者，則爲「復宗廟」、「罷邊屯」、「博士弟子毋置員」及「察舉選士」等
數項。茲簡述如下：

1、復宗廟

　　兩漢宗廟，始於高祖立「太上皇廟」；至元帝即位，時全國宗廟總數已達
「百六十七所」。這些宗廟，每年「上食二萬四千五百五十五」、「用衛士四萬
五千一百二十九人、祝宰樂人萬二千一百四十七人」，耗費可謂不計其數。於
是永光四年，帝乃下詔議罷郡國廟；嗣後韋玄成等又奏曰：「太上皇、孝惠、
孝文、孝景廟皆親盡宜毀」，於是乃罷太上皇廟。未幾，因元帝寢疾，且夢神
靈譴罷諸廟祠，於是又盡復之。（以上詳參《漢書‧韋玄成傳》；頁 3115～3118）罷而又復，
元帝久病未癒固是主因；惟罷復之間，災異又居關鍵角色。《漢書‧平當傳》
云：

　　自元帝時，韋玄成爲丞相，奏罷太上皇寢廟園，當上書言：「……今
　　聖漢受命而王，繼體承業二百餘年，孜孜不息，政令清矣。然風俗

未和，陰陽未調，災害數見，意者大本有不立與？何德化休徵不應
之久也！……高皇帝聖德受命，有天下，尊太上皇，猶周文武之追
王太王、王季也。此漢之始祖，後嗣所宜尊奉以廣盛德，孝之至也。
《書》云：『正稽古建功立事，可以永年，傳於亡窮。』」上納其言，
下詔復太上皇寢廟園。（頁3049）

昔《左傳》曾云：「國之大事，在祀與戎。」（〈成公十三年〉；頁460）祭祀既爲國之
大事，則宗廟之罷復，理當經過慎密的思考與籌劃。元帝復太上皇寢廟，災
異雖僅是原因之一；然國之大事因災異而更張，足見災異對國政有舉足輕重
之影響。

2、罷邊屯

屯田以實邊防（軍屯），原是漢武帝爲「斷匈奴右臂」所定之策略〔註27〕，
後乃漸成兩漢邊防政策之主軸。惟此政策，頗有因災異而罷者。如宣帝地節
三年十月，地震。詔罷「車騎將軍、右將軍屯兵。」（《漢書・宣帝本紀》；頁249）
又明帝建初元年，大旱穀貴，楊終以爲廣陵、楚、淮陽、濟南之獄，徙者萬
數，又遠屯絕域，吏民怨曠，乃上疏曰：「今以比年久旱，災疫未息，躬自
菲薄，廣訪失得，三代之隆，無以加焉。臣竊桉《春秋》水旱之變，皆應暴
急，惠不下流。自永平以來，仍連大獄，有司窮考，轉相牽引，掠考冤濫，
家屬徙邊。加以北征匈奴，西開三十六國，頻年服役，轉輸煩費。又遠屯伊
吾、樓蘭、車師、戊己，民懷土思，怨結邊域。……昔殷民近遷洛邑，且猶
怨望，何況去中土之肥饒，寄不毛之荒極乎？且南方暑濕，障毒互生。愁困
之民，足以感動天地，移變陰陽矣。陛下留念省察，以濟元元。」書奏，「帝
從之，聽還徙者，悉罷邊屯。」（《後漢書。楊終列傳》；頁1597～1598）以此觀之，災
異所影響於國之大事者，實不僅是祭祀而已；邊防政策之改易，顯然也是其
中之一。

3、博士弟子毋置員

兩漢經學昌明，除大家輩出外；另一項重要原因，則爲「後繼有人」。而
經學傳承之所以不乏其人，又頗得於「博士弟子」之設置。兩漢「博士弟子」
之設，最早始於武帝元朔元年；至成帝末，博士弟子已達「三千」之數。《漢

〔註27〕《漢書・西域傳贊》云：「孝武之世，圖制匈奴，患其兼從西國，結黨南羌，
乃表河西，列四郡，開玉門，通西域，以斷匈奴右臂，隔絕南羌、月氏。單
于失援，由是遠遁，而幕南無王庭。」（頁3928）

書‧儒林傳序》載其度制演變云：

> 古者政教未洽，不備其禮。請因舊官而興焉。爲博士官置弟子五十
> 人，復其身。太常擇民年十八以上儀狀端正者，補博士弟子。……
> 昭帝時舉賢良文學，增博士弟子員滿百人，宣帝末增倍之。元帝好
> 儒，能通一經者皆復。數年，以用度不足，更爲設員千人，國置五
> 經百石卒史。成帝末，或言孔子布衣養徒三千人，今天子太學弟子
> 少，於是增弟子員三千人。（頁 3594～3596）

如〈儒林傳序〉所云，博士弟子之設，其初殆僅「五十人」而已；後昭、宣二帝雖續有增補，但也不過「二百」之數。博士弟子員額大幅增加，實肇端於元帝時期。其間又因災異，一度取消博士弟子員額之限制。史載元帝初元五年四月，有星孛於參，帝乃詔曰：「博士弟子毋置員，以廣學者。」（《漢書‧元帝本紀》；頁 285）至此以降，「學者滋盛，弟子萬數。」（《後漢書‧翟酺列傳》；頁 1606）其後雖因用度不足，更爲設員「千人」；然學者滋盛，又實得益於災異之助矣！

4、察舉選士

兩漢選士，始於漢高祖十一年二月；至武帝，始正式確立「察舉」之制。《漢書‧武帝本紀》云：「元光元年冬十一月，初令郡國舉孝廉各一人。」（頁 160）又云：「（元封五年）令州郡察舉吏民有茂才（秀才）異等可爲將相及使絕國者。」（頁 197）自此以降，州舉「茂才」，郡舉「孝廉」，乃成兩漢固定之選士制度。而漢帝因災異下詔選士，又在察舉成爲定制之前。史載文帝二年十一月，日有食之。詔云：「舉賢良方正能直言極諫者，以匡朕之不逮。」（《漢書‧文帝本紀》；頁 116）文帝以後，兩漢因災異下詔選士即屢見不鮮；茲整理表列如〈附錄七〉，以資參考。

如〈附錄七〉所示，兩漢因災異下詔舉士凡 33 次；其中西漢 15 次，東漢 18 次。以兩漢下詔舉士 56 次爲計〔註28〕，則漢帝因災異下詔舉士，幾佔兩漢察舉選士總數之 60%。而諸帝所舉科目，則含攝賢良方正、文學高第、茂才異等、幽逸修道、明陰陽災異、勇猛知兵法等；其中又以賢良方正次數最多，計 21 次。昔《通典》曾謂：「漢諸帝凡日蝕、地震、山崩、川竭，天地大變，皆詔天下郡國舉賢良方正極言直諫之士，率以爲常。」（〈歷代制上〉；頁 314）衡諸〈附錄七〉所列，其說甚是。而此風之盛，又疑與董生有關。《漢書‧

〔註28〕說本鄧嗣禹：《中國考試制度史》（上海：上海書店，1996 年），頁 31～34。

董仲舒傳》載董生對策云：

> 今吏既亡教訓於下，或不承用主上之法，暴虐百姓，與姦爲市，貧
> 窮孤弱，冤苦失職，甚不稱陛下之意。是以陰陽錯繆，氛氣充塞，
> 群生寡遂，黎民未濟，皆長吏不明，使至於此也。（頁 2512）

既然「陰陽錯謬」乃「長吏不明」所致，故欲消伏災異，就必須重新拔擢人
才：「舉賢良」、「舉孝悌」與「舉廉潔」。（《春秋繁露・五行變救》；頁 384～386）然董生
指陳災異之責咎在長吏，又下開漢帝因災異條責群臣之風；此或非董生意料
所及，然其流風之蔽，董生恐亦難辭其咎。

（三）整肅異己

漢儒陳述災異，其說雖或本於尊君之理念；惟諸家所述，亦頗有明哲保
身、阿諛奉承、甚或黨於外戚者。其明哲保身者，如《漢書・張禹傳》云：「（成
帝）永始、元延之間，日蝕地震尤數，吏民多上書言災異之應，譏切王氏專政
所致。上懼變異數見，意頗然之，未有以明見，乃車駕至禹弟，辟左右，親
問禹以天變，因用吏民所言王氏事示禹。禹自見年老，子孫弱，又與曲陽侯
不平，恐爲所怨。禹則謂上曰：『《春秋》二百四十二年間，日蝕三十餘，地
震五，或爲諸侯相殺，或夷狄侵中國。災變之異深遠難見，故聖人罕言命，
不語怪神。性與天道，自子贛之屬不得聞，何況淺見鄙儒之所言！陛下宜修
政事以善應之，與下同其福喜，此經義意也。新學小生，亂道誤人，宜無信
用，以經術斷之。』上雅信愛禹，由此不疑王氏。後曲陽侯根及諸王子弟聞
知禹言，皆喜說，遂親就禹。」（頁 3351）張禹所言雖有苦衷，然其說實已違背
漢儒論說災異之本旨，故仍爲時人所鄙，而譏之爲「佞臣」。（詳參《漢書・朱雲傳》；
頁 2915）其阿諛奉承者，如明帝建初二年夏，旱。時言事者以爲「不封外戚之
故」，並因此上奏，建議宜依外戚以恩澤封侯之「舊典」，加封外親。（《後漢書・
馬皇后本紀》；頁 411）其黨於外戚者，如成帝時，谷永善言災異，然所論「黨於王
氏」，「專攻上身與後宮而已。」（《漢書・谷永傳》；頁 3473）此類說辭雖或出於一己
之私，然尚不足爲大病。其尤病者，則是藉災異以行政治鬥爭之實。茲略舉
數例如下，以觀其要：

1、元帝初即位，時外戚許史、中書宦官弘恭、石顯等弄權；而蕭望之、
周堪、劉向等則欲罷退之。先是，劉向因地震使外親上變事，言「地
動殆爲恭等」，「宜退恭、顯以章蔽善之罰」。然書奏，劉向「免爲庶
人」、蕭望之「自殺」。後帝感悟，乃擢周堪、張猛等；然恭、顯又數

譖毀之。於是劉向復上封事，以災異不息乃「讒邪並進」之所致。而恭、顯見其書，愈怨向等，乃藉是歲「夏寒，日青無光」，指陳堪等「用事之咎」；於是帝乃左遷「堪爲河東太守、猛槐里令」。（《漢書·劉向傳》；頁1929～1948）

2、哀帝建平三年，無鹽邑山有石立，孫寵、息夫躬據此誣言東平王雲欲以獲封，於是與中郎右師譚、中常侍宋弘上變事，告「東平王雲以故與其后日夜祠祭祝詛上，欲求非望。」後雲等伏誅，而孫寵、息夫躬等竟因此而封侯。（《漢書·息夫躬傳》；頁2180）

3、元嘉元年，桓帝欲封大將軍梁冀等，時司徒黃瓊上言，以冀「合食四縣」。冀由是怨恨，於是乃藉十一月京師地震，策免之。（《後漢書·黃瓊列傳》；頁2306）

4、靈帝即位之初，時外戚、宦官爭鬥日熾；會日有食之，陳蕃乃勸竇武曰：「昔蕭望之困一石顯，近者李、杜諸公禍及妻子，況今石顯數十輩乎！蕃以八十之年，欲爲將軍除害，今可且因日食，斥罷宦官，以塞天變。」（《後漢書·竇武列傳》；頁2242）

5、靈帝末年，時太史望氣，言當有大臣戮死者。董卓乃使人誣衛尉張溫與袁交通，「殺之，以塞天變」。（《後漢書·董卓列傳》；頁2330）

以上所舉，皆爲藉災異以整肅異己之顯例。而其尤甚者，則是「假造災異」。《漢書·翟方進傳》云：

綏和二年春，熒惑守心。尋奏記言：「應變之權，君侯所自明。往者數白三光垂象，變動見端，山川水泉，反理視患，民人訛謠，斥事感名。三者既效，可爲寒心。今提揚眉，矢貫中，狼奮角，弓且張，金歷庫，土逆度，輔湛沒，火守舍，萬歲之期，近慎朝暮。上無惻怛濟世之功，下無推讓避賢之效，欲當大位，爲具臣以全身，難矣！大責日加，安得但保斥逐之戮？閫府三百餘人，唯君侯擇其中，與盡節轉凶。」方進憂之，不知所出。會郎賁麗善爲星，言大臣宜當之。上乃召見方進。還歸，未及引決，上遂賜冊曰：「……欲退君位，尚未忍。君其孰念詳計，塞絕姦原，憂國如家，務便百姓以輔朕。朕既已改，君其自思，強食慎職。使尚書令賜君上尊酒十石，養牛一，君審處焉。」方進即日自殺。（頁3421～3423）

翟方進因災異而自殺，在兩漢災異史上，實爲重大之事件。然據今人考證，

綏和二年並未發生「熒惑守心」之現象；故此事件，顯係人為所造。而假造此次異變者，王莽似難脫干係。〔註 29〕因「假災異」而自殺，翟方進可謂空前絕後矣！〔註 30〕

綜上所述，災異影響於兩漢政治者，實含攝內政、邊防、制度與人事等多重層面。而漢儒藉災異以論時政，其間雖或有出於一己之私者；然整體而言，則又以歸於善道為核心。而此核心，一言以蔽之，曰「修德改政」是也。昔趙翼以為，兩漢諸帝多戰慄謹慎以求治，故有庸主而無暴君〔註 31〕；災異之正面功能，於此亦可略窺一二。

第三節　讖緯災異論述之主要內涵

讖緯多言災異，此由明清諸家所輯佚文，即可略窺其要。也正因為災異於緯書之中佔有一定之比重，故學者所論，亦頗兼及此一論題。〔註 32〕惟諸家所述，皆僅止於概述而已；欲藉此以觀讖緯災異論述之全豹，似仍略嫌疏缺。下文擬就讖緯所涉災異之論再作整理、分析，以明讖緯災異論述之主要內涵及其與前述諸說之異同。

一、讖緯之災異觀

前文業已指出，漢人對於「災」、「異」，所見略有不同：就董生而言，「災」、「異」無實質內涵之差異，但有「災先異後」、「災輕異重」之分判。而就《白虎通》及何休等人而言，「災」、「異」有「害物」與否之區別，然無「輕重」之判分；且其先後關係乃「異先災後」，而非「災先異後」。此一觀念之轉變，雖無涉於災異理論質性之改易；然就觀念發展的角度而言，亦不可謂全無意義。而檢諸古籍所載，此一轉變，又實肇端於讖緯。何則？蓋《白虎通》之

〔註 29〕 說詳張嘉鳳、黃一農：〈中國古代天文對政治的影響——以漢相翟方進自殺為例〉，《清華學報》第 20 卷第 2 期（1980 年 12 月），頁 367。

〔註 30〕 兩漢三公因災異自殺，翟方進並非首例。最早因災異自殺者，當為成帝時之御史大夫尹忠。史載建始四年秋，河決東郡；時尹忠以河決不憂職，自殺。（詳見《漢書・成帝本紀》：頁 308～309）但因「假災異」而自殺者，恐僅翟方進一人。

〔註 31〕 《二十二史箚記》，卷 2，〈漢詔多懼辭〉，頁 16 下。

〔註 32〕 如呂凱：《鄭玄之讖緯學》（臺北：臺灣商務印書館，1982 年 5 月），頁 49～56；鍾肇鵬：《讖緯論略》（瀋陽：遼寧教育出版社，1992 年 11 月），頁 89、151～152；冷熙德：《超越神話》（北京：東方出版社，1996 年 5 月），頁 219～223。

說，乃引自《春秋緯》而來；而在《春秋潛潭巴》明示「災之爲言傷也，隨事而誅；異之爲言怪也，先感動之也」以前，漢儒並未提出類似之見解。其後《論衡》所引「儒者」之說，或即指《春秋緯》而言；而何休所論，恐亦本諸於此。以此觀之，讖緯於兩漢「災」、「異」觀念之演變，實亦扮演關鍵之角色，而與董生之說並駕齊驅矣！除此以外，讖緯對於災異之理解，即不出董生所立「災異譴告」之範圍。如其說云：

> 凡異所生，災所起，各以其政。變之則除，其不可變，施之亦除。（《易稽覽圖》：頁143）

> 夫八卦之效也，皆指時，卦當應他卦氣。及至其災，各以其衝應之，此天所以示告於人者也。（《易通卦驗》：頁208）

> 凡天象之變異，皆本於人事之所感。故逆氣成象，而妖星生焉。（《春秋元命苞》：頁634）

> 人合天氣五行陰陽，極陰反陽，極陽生陰。故應人行以災不祥，在所以感之。（《春秋考郵異》：頁986）

> 行有玷缺，氣逆於天，情感變出，以戒人也。（《孝經援神契》：頁986）

依緯書之意，災異之所起，乃導因於人事政務之失；而天之所以降下災異，則是藉此「示告於人」。此類說法，與董生所謂「凡災異之本，盡生於國家之失。國家之失乃始萌芽，而天出災害以譴告之」、「邪氣積於下，怨氣畜於上；上下不和，則陰陽繆戾而妖孽生矣」，其實並無二致。而禳救之法，亦在「修德改政」。例如：

> 夏雹者，治道煩苛，繇役急促，教令數變，無有常法。……救之舉賢良，爵有功，務寬大，無誅罰，則災除。（《易緯》：頁333）

> 土星以火入而悖，火必猖狂不能止，亢陽之氣莫可消沮，國必大旱。……救之，行寬政，下赦令，輕繇役，薄賦斂，乃止。（《春秋文曜鉤》：頁683～684）

> 天棓、天槍爲妖，皆主兵革，其禍最重。……人主及皇后大臣，各急修仁德，可以已之。（《春秋考異郵》：頁803）

> 蛇群入市，雉死廟堂中，主失國。野鳥跾跾，或致鸛鴿，君王危。……其類令君修德，因禍爲福。（《春秋潛潭巴》：頁844）

> 熒惑犯氐，后有陰謀，言人有罪斥者。……王者修德，治內法外，

其咎可免。（《洛書雒罪級》：頁 1278）

此類說辭，實亦不出前文所述之外。惟在禳救之術上，讖緯亦有發漢儒所未嘗言者。如鄭注《易稽覽圖》「變之則除，其不可變，施之亦除」云：「不可變，謂賢者也。施之者，死者不可復生，封祿其子孫，使得血食，則災除也。」如鄭注所云，則讖緯於修德改政外，又提出封祿賢者之後以除災之說。檢諸兩漢文獻，此殆爲讖緯首出之義。

二、讖緯災異論述所涉相關理據

如前所述，漢儒所藉以詮釋災異者，主要有《易》、《詩》、《書》、《春秋》等儒家經典，以及陰陽、五行、分野、月令等方法原則。讖緯所論，大體上亦是以此數說爲基礎；然其引申增益，又頗有出於舊說之外者。

（一）經典基礎之引伸

以儒家經典作爲詮釋災異之基礎，此乃董生以降，漢儒論說災異之通則。而讖緯所論，除於《春秋》方面未見理論之引申外，其他如《易》、《詩》、《書》等，則皆有進一步之發展。茲擇要簡述如下：

1、孟、京卦氣理論之增衍

以卦氣說災異，其說始於孟喜。〔註33〕唯孟喜之說僅及「四正卦」，並未將八卦嵌合於十二月之中。一行〈卦議〉引孟喜之說云：

> 坎、震、離、兌，二十四氣，次主一爻，其初則二至、二分也。坎以陰包陽，故自北正，微陽動於下，升而未達，極於二月，凝涸之氣消，坎運終焉。春分出於震，始據萬物之元，爲主於內，則群陰化而從之，極于南正，而豐大之變窮，震功究焉。離以陽包陰，故自南正，微陰生於地下，積而未章，至于八月，文明之質衰，離運終焉。仲秋陰形于兌，始循萬物之末，爲主於內，群陽降而承之，極於北正，而天澤之施窮，兌功究焉。故陽七之靜始於坎，陽九之動始于震，陰八之靜始于離，陰六之動始于兌。故四象之變，皆兼六爻，而中節之應備矣。（《新唐書·曆志》：頁 599）

如《新唐書》所錄，孟喜所用以解說一年節候之變化者，殆僅依「坎、震、離、兌」立義，並未涉及「乾、坤、艮、巽」四卦。至京房，以八卦配十二

〔註33〕如《四庫全書總目》云：「陰陽災異之說，始於孟喜得別書而託之田王孫；焦延壽又別得書而託之孟喜，其源實不出於經師。」（頁 1435）

月，才又有進一步之發展。其說以艮主立春，當正月；震主春分，當二月；巽主立夏，當四月；離主夏至，當五月；坤主立秋，當七月；兌主秋分，當八月；乾主立冬，當十月；坎主冬至，當十一月。〔註 34〕惟京房之說並未及於三、六、九、十二這四個月的卦象配屬問題。比較明確的說法，當見於《易緯》。〈乾鑿度〉云：

> 八卦成列，天地之道立，雷、風、水、火、山、澤之象定矣，其布散用事也。震生物於東方，位在二月；巽散之於東南，位在四月；離長之於南方，位在五月；坤養之於西南方，位在六月；兌收之於西方，位在八月；乾制之於西北方，位在十月；坎藏之於北方，位在十一月；艮終始之於東北方，位在十二月。八卦之氣終，則四正四維之分明，生長收藏之道備，陰陽之體定，神明之德通，而萬物各以其類成矣。（頁 8）

以八卦配八節，實以此說最爲完整；而八卦之所以配以八節，則是爲了解說災異。《易通卦驗》云：「凡易八卦之氣，驗應各如其法度，則陰陽和，六律調，風雨時，五穀成熟，人民取昌。此聖帝明王所以致太平法。故設卦觀象，以知有亡。夫八卦謬亂，則綱紀敗壞，日月星辰失其行，陰陽不和，四時易政。八卦氣不效，則災異氣臻，八卦氣應失常。……夫卦之效也，皆指時，卦當應他卦氣，及至其災，各以其衝應之，此天所以示告於人者也。」（頁 208）惟〈乾鑿度〉所言，又與京房之說略有差異。蓋京房以「坤」當「七月」，「艮」當「正月」；而〈乾鑿度〉則以「坤」當「六月」，「艮」當「十二月」。然上引〈乾鑿度〉亦僅及十二月之八而已，其餘正月、三月、七月、九月又將歸諸何卦？〈乾鑿度〉又云：

> 艮漸正月，巽漸三月，坤漸七月，乾漸九月。（頁 8）

換言之，八卦之中，艮、巽、坤、乾實各主「二月」。然正月處艮、震之間，三月處震、巽之間，七月處坤、兌之間，九月處兌、乾之間，何必非以艮、巽、坤、乾四卦「漸」之不可？緯書對此，未見進一步之說明。然以「八卦」

〔註34〕說參朱伯崑：《易學哲學史》（北京：華夏出版社，1995 年 1 月），頁 142；劉玉建：《兩漢象數易學研究》（南寧：廣西教育出版社，1997 年 9 月），頁 287。惟劉說以爲「京房在孟氏四正卦說的基礎上，第一次明確地將八卦與一年十二個月完整地加以相配」，則似有推求太過之嫌。蓋京房之說並未論及三、六、九及十二這四個月之配卦問題，如何能說已「完整地」將八卦與一年十二個月相配？

配「十二月」，先天上本就存在「八」與「十二」如何「整合」之問題。緯書作者提出「漸」之觀點，無疑是一種新的嘗試；八卦與一年十二月之配屬，至此才有一完整的對應形式。是完整地將八卦與一年十二月相配者，其說實始於讖緯，而非京房。

2、齊詩五際說之發展

《齊詩》之學，其要有三：一曰四始，二曰五際，三曰六情。〔註35〕其中與災異密切相關者，則爲「五際」之論。所謂「五際」，前引《漢書·翼奉傳》云：

> 《易》有陰陽，《詩》有五際，《春秋》有災異。（頁3172）

「五際」之稱，實首見於此。惟歷來有關「五際」之說解，諸說之間略有不同。顏注引應劭曰：

> 君臣、父子、兄弟、夫婦、朋友也。（頁3173）

又引孟康曰：

> 《詩內傳》：「卯、酉、午、戌、亥也。言陰陽始際會之歲，於此有變改之政也。」（同上）

應、孟所言，衡諸下引《詩緯》之論，當以孟說爲是。惟顏注所引孟康之語，李賢注《後漢書·郎顗列傳》則作：「《韓詩外傳》云……」（頁1069）同出孟康而差異若是，其中必有一說爲誤。今檢《漢紀》云：

> 齊人轅固生爲景帝博士，亦作《詩外內傳》。由是有魯、韓、齊之學。
> 〔註36〕

是《齊詩》亦有《內傳》、《外傳》。陳喬樅引臧鏞堂之說，以孟康所引《詩內傳》即「《齊詩內傳》之文」〔註37〕，其說殆本乎此。又，王先謙云：「《後漢書》言荀爽嘗著《詩傳》，爽之詩學，太邱所授，其爲齊學明矣。轅固生作《詩內外傳》，荀悅特著於《漢紀》，尤足證荀氏家學皆治《齊詩》，故言之獨詳耳。」〔註38〕既然《漢紀》所言不虛，則孟康所引「《詩內傳》」，無疑即指「《齊詩

〔註35〕陳喬樅云：「《齊詩》之學，宗旨有三：曰四始，曰五際，曰六情。」〔清〕趙爾巽等撰：《清史稿·儒林傳》（北京：中華書局，1986年8月），頁13248。
〔註36〕〔漢〕荀悅撰；張烈點校：《漢紀》（北京：中華書局，2002年6月），頁435。
〔註37〕〔清〕陳喬樅：《齊詩翼氏學疏證》（上海：上海古籍出版社，1995年，《續修四庫全書》本），頁64。
〔註38〕〔清〕王先謙：《詩三家義集疏》（臺北：明文書局，1988年10月），〈序例〉，頁8。

內傳》」。

如上所述，「五際」之說實出《齊詩》系統；而其要旨，則是藉「卯、酉、午、戌、亥」以言陰陽交會之際當有變改之政。其後《詩緯》本諸此義，於改政之外，又提出「革命」之說。《詩汜歷樞》云：

> 卯酉爲革政，午亥爲革命。神在天門，出入候聽。（頁480）

> 卯，〈天保〉也；酉，〈祈父〉也；午，〈采芑〉也；亥，〈大明〉也。
>
> （頁480）

> 然則亥爲革命，一際也；亥又爲天門，出入候聽，二際也；卯爲陰陽交際，三際也；午爲陽謝陰興，四際也；酉爲陰盛陽微，五際也。
>
> （頁481）

今案：〈汜歷樞〉所云，前後頗有不一致者。蓋依前二段之說，卯配〈天保〉、酉配〈祈父〉，二者乃「革政」之義；而午配〈采芑〉、亥配〈大明〉，二者則寓「革命」之旨。其配屬關係雖甚完整，然「五際」有「五」，篇數但「四」；於義而言，似有未足。而第三段所述，義尤爲費解。蓋前二段以「午亥」爲「革命」，此段則但舉「亥爲革命」之義；而「午」則釋爲「陽謝陰興」，似又與「革命」之義無涉。且其說又以「亥」居「二際」，於義又有重複之嫌。何以如此？陳喬樅《齊詩翼氏學疏證》以爲：「『亥又爲天門』句，當作『戌亥之間又爲天門』。」（卷2，頁3）衡諸上引孟康之說、宋均所注〔註39〕及下引郎顗所論，其說甚是。是《詩緯》所謂「五際」，實亦就「卯、酉、午、戌、亥」而言。然〈汜歷樞〉所述僅及《詩》之「四篇」，又如何能與「卯、酉、午、戌、亥」相配？疑《詩緯》所缺一篇，當爲〈十月之交〉。《漢書・翼奉傳》云：「臣奉竊學《齊詩》，聞五際之要〈十月之交〉篇。」（頁3173）〈十月之交〉既爲「五際之要」，則於理而言，自當在「五際」之中。〔註40〕然「卯、酉、午、戌、亥」何以具有「改政」與「革命」之義？其配以〈天保〉、〈祈父〉、〈采芑〉、〈十月之交〉、〈大明〉者，又當如何解釋？就「午亥爲革命」而言，《後漢書・郎顗列傳》云：

> 臣伏惟漢興以來三百三十九歲。於《詩》三基，高祖起亥仲二年，
> 今在戌仲十年。《詩汜歷樞》曰：「卯酉爲革政，午亥爲革命，神在

〔註39〕宋均注云：「神，陽氣君象也。天門，戌亥之間，乾所據者。」（頁480）

〔註40〕另參譚德興：〈《齊詩》「四始五際」與漢代政治〉，《貴州文史叢刊》，2000年第5期，頁56。

天門，出入候聽。」言神在戌亥，司候帝王興衰得失，厥善則昌，

厥惡則亡。（頁1065）

如〈郎顗列傳〉所云，「午亥」之所以與「革命」有關，實又涉及「《詩》三基」之義。所謂「三基」，李賢注云：「『基』當作『朞』。」是《齊詩》之說，又有依「三期」以推算帝王興衰之法。至於此法之要，《詩汎歷樞》云：

凡推其數，皆從亥之仲起，此天地所定位。陰陽周而復始，萬物死

而復蘇；大統之始，故王命一節爲之十歲也。（頁480）

依〈汎歷樞〉所云，「三期」推算之法，乃以「戌仲」爲首始；且「十歲」爲一節，「三期」即是「三十年」。換言之，三期者，乃以三十年爲週期之推算方法。孔廣森推衍其義云：

其法以卅年管一辰。凡甲子、甲午旬首者爲仲；甲戌、甲辰旬首者

爲季；甲申、甲寅旬首者爲孟。率十年一移，故謂之三朞。今據陽

嘉二年癸酉上推延光三年甲子，爲戌仲之始；前卅年而永元六年，

入酉仲；又前卅年而爲永平七年，入申仲；又前卅年而建武十年，

入未仲；又前卅年而元始四年，入午仲，是王莽革命之際也。又前

二百九年得高祖元年乙未，入亥仲二年矣。〔註41〕

「午亥」之所以爲「革命」，其義在此。而「卯酉」之所以爲「革政」，疑與陰陽消長之義有關。蓋此二際正處陰陽交會之處，從月令的角度來說，正爲春政轉換至夏政、秋政轉換至多政之關鍵時刻。而〈天保〉、〈祈父〉、〈采芑〉、〈十月之交〉、〈大明〉之所以配「卯、酉、午、戌、亥」，似亦與此諸篇之內容有關。蓋〈大明〉述文王興周之意、〈采芑〉言宣王中興之旨、〈十月之交〉論幽王亡周之誡；其與革命有關者，殆或緣此而來。而〈祈父〉述不體下情之怨，故寓革政之旨。然〈天保〉乃祝頌之詩，又如何涉及革政之意？文獻有闕，茲暫存之。至於「五際」所涉災異之旨，翼奉上元帝〈封事〉云：

臣奉竊學《齊詩》，聞五際之要〈十月之交〉篇，知日蝕地震之效昭

然可明，猶巢居知風，穴處知雨，亦不足多，適所習耳。……今年

太陰建於甲戌，律以庚寅初用事，曆以甲午從春。曆中甲庚，律得

參陽，性中仁義，情得公正貞廉，百年之精歲也。正以精歲，本首

王位，日臨中時接律而地大震，其後連月久陰，雖有大令，猶不能

〔註41〕〔清〕孔廣森：《經學卮言》（上海：上海古籍出版社，1995年，《續修四庫全書》本），卷3，第173冊，頁281。

復，陰氣盛矣。……今左右亡同姓，獨以舅后之家爲親，異姓之臣
又疏。二后之黨滿朝，非特處位，勢尤奢僭過度，呂、霍、上官足
以卜之，甚非愛人之道，又非後嗣之長策也。陰氣之盛，不亦宜乎！

（《漢書・翼奉傳》：頁3173～3174）

翼奉所云，乃藉〈十月之交〉所記日蝕、地震，並參以情性律曆之說，以言
異變所徵人事之應。「五際」與「災異」有關，此其顯例。緯書對此，亦有闡
述。《詩推度災》云：

及其食也，君弱臣強，故天垂象以見徵。辛者，正秋之王氣；卯者，
正春之臣位。日爲君，辰爲臣。八月之日交，卯食辛矣。辛之爲君，
幼弱而不明；卯之爲臣，秉權而爲政。故辛之言新，陰氣盛而陽微
生，其君幼弱而任卯臣也。（頁469）

如〈推度災〉所云，辛爲王者之氣，卯爲臣下之位；辛卯日蝕，乃陰凌陽之
象，故寓臣侵君之旨。但「辛」、「卯」何以分別象徵「君」、「臣」？《毛詩
正義》云：「〈月令〉：『其日甲乙。』是從甲至癸爲日也。《左傳》曰：「辰在
子卯。」又曰：「辰在申。」是從子至亥爲辰也。雖十日甲剛乙柔，其中有五
剛五柔，要十日皆爲幹，故日爲君也。而十二辰亦子陽丑陰，其中有六陽六
陰，以對十日皆爲支，故辰爲臣。」（頁406）如孔疏所云，「日」、「辰」因有主
幹與分支之別，故可用以象徵「君」、「臣」之義。緯書之說，或亦取義於此。

如上所述，《齊詩》「五際」之說，其要有二：一是藉之以明災異譴告之
旨，一是藉之以言革命、改政之義。其中革命、改政之義又實賴讖緯而得以
略窺其要，讖緯之發明《詩》義者，於此亦可見其一端。

3、〈洪範〉庶徵與星占系統的結合

人君五事是否各得其正，與自然氣候是否各以其序有關，此乃〈洪範〉
庶徵立意之核心。其後〈洪範五行傳〉又敷衍其義，以五事失中除引發氣候
異常外，又有妖、孽、禍、痾、祥等怪異之變。從〈洪範〉發展至〈洪範五
行傳〉，雖其具體內涵已有所改變，但有一點是相同的：二說皆未涉及天文異
象之問題。西漢諸儒藉〈洪範〉以言災異者，基本上亦恪守此一傳統；此觀
《漢書・五行志》所載夏侯勝、劉向、劉歆之論，即可知其端倪。將〈洪範〉
所論合以天文異象者，則《漢書・五行志》云：

皇之不極，是謂不建。厥咎眊，厥罰恆陰，厥極弱。時則有射妖，
時則有龍蛇之孽，時則有馬禍，時則有下人伐上之痾，時則有日月

亂行、星辰逆行。（頁1458）

〈五行志〉所述，無疑是〈洪範〉咎徵之學的再次發展；惟其說乃引申「皇極」之義而來，並未涉及五事。將五事與天文異象嵌合爲一，其說或當始於讖緯。《尚書緯》云：

> 時雨、時暘、時燠、時寒、時風，此休徵也。人主五事修明，則雜
> 星之吉者出而應之。恆雨、恆暘、恆寒、〔恆燠〕、恆風，此咎徵也。
> 人主五事失道，則雜星之凶者出而應之。（頁395）

依〈洪範〉，人主五事修明，則時雨、時暘、時燠、時寒、時風；人主五事失道，則恆雨、恆暘、恆寒、恆燠、恆風。《尚書緯》所論，自是本此而來。然其中又微有差異者。蓋如上引文所示，人主五事是否修明，其所直接影響者，乃是雜星吉凶之應，而非雨、暘、燠、寒、風是否各以其序。換言之，〈洪範〉所強調之節候變化，至此乃爲天文異象所取代。將天文異象納入五事，此乃〈洪範〉庶徵理論另一層次之引申發展。

（二）方法原則之發展

藉陰陽、五行、分野、月令等以究異變與人事之關係，自兩周以降，此類說辭即屢見不鮮。讖緯所用以解說災異者，基本上亦不出此範圍之外；然其特重星占之學，又爲讖緯災異論述之主要特徵。也正因爲讖緯以星占作爲解說災異之主體，故在方法原則上，亦首重星占之義。其見於具體論述者，則表現爲分野理論之闡述及月令系統之轉化兩方面。至於陰陽、五行，現存緯書佚文雖不乏藉陰陽以釋災異之例〔註42〕，惟所佔比重甚微；而五行之說，讖緯所論主要集中在王命問題上（說詳本文第五章），亦鮮少純就五行失序的角度解說災異。既然陰陽、五行非讖緯所論之重點，故下文所論，亦以分野與月令爲主。

1、分野體系之增益

如前所述，分野之說其源甚古；而諸說所論，又可別爲北斗分野、五星分野、十二次分野與廿八宿分野等不同系統。其中五星分野因有適此適彼之困擾，故漢儒鮮有援以爲論者；現存緯書佚文未見此說，疑亦與此有關。〔註43〕

〔註42〕 如《春秋考異郵》云：「陰盛臣逆，民悲情發，則水出河決也。」（頁788）「旱
　　　　者，陽氣移精不施，君上失制，奢淫僭差，氣亂感天，則旱徵見。」（頁789）
〔註43〕 《春秋元命苞》云：「五星流爲兗州。」（頁641）依此文觀之，緯書所論似亦涉
　　　　及五星分野之說。然《史記・天官書》乃以五星分配各州國，此說則以五星

除此之外，其餘諸說皆見於現存緯書佚文所論。

（1）北斗分野

前文業已指出，北斗分野於《史記・天官書》已見其端緒；而其完整之配置型態，則見於《晉書・天文志》。北斗分野由簡而繁，其間位居承先啓後之角色者，即是讖緯。有關北斗，《春秋運斗樞》云：

> 北斗七星，所謂璇璣玉衡，以齊七政。杓攜龍角，衡殷南斗，魁枕
> 參首，是謂帝車，運乎中央，臨制四鄉，分陰陽，建四時，均五行，
> 移節度，定諸紀，皆繫于斗。（頁713）

此一說法，全襲《史記・天官書》。惟《史記》所論，以「杓」象徵「華以西南」，以「衡」象徵「殷中州河、濟之間」，以「魁」象徵「海岱以東北」（說見前文），並未明確指陳「北斗」與地上「州國」之配屬關係。首立此義者，實爲讖緯。《尚書緯》云：

> 北斗居天之中，當崑崙之上，運轉所指，隨二十四氣，正十二辰，
> 建十二月。又州國分野年命，莫不政之，故爲七政。（頁393）

如《尚書緯》所云，北斗不僅如《史記》所說掌控著四方、陰陽、五行與節候變化而已；地上州國之「分野年命」，亦皆繫之於此。至於北斗所繫州國分野之詳細內容，《春秋文曜鉤》云：

> 北斗七星主九州。（頁668）

> 雍州，屬魁星。……冀州，屬樞星……兖州、青州，屬璣星。……
> 徐、揚之州，屬權星。……荊州，屬衡星。……梁、荊，屬開〔陽〕
> 星。……豫州，屬搖星。（頁664）

此外，《春秋合誠圖》則云：

> 樞星爲雍州，璇星爲冀州，璣星爲青、兖州，權星爲徐、揚州，衡
> 星爲荊州，開陽星爲揚州，標光星爲豫州。（頁769）

二說所述雖略有不同，但以北斗配屬九州，義則無別。然州數有「九」，北斗僅「七」，此二者又如何能嵌合爲一？《春秋文曜鉤》云：

> 九州屬北斗，星有七，州有九；但兖、青，徐、揚並屬二州，故七
> 星主九州也。（頁666）

依〈文曜鉤〉之意，「七星」之所以能與「九州」相配，此乃兖、青（屬璣星），

配屬一州。是此說所論，實與五星分野無關。

徐、揚（屬權星）各併爲一州之故。但璣、權何以各主二州？緯書對此，未再深論。惟於理而言，倘兗、青，徐、揚各併爲一州，則州國之數就不得云之爲「九」，可見讖緯所論仍有不能自圓其說之處。其後《晉書・天文志》改以「國」爲論，北斗分野之說才漸臻於齊備。

（2）十二次分野

《洛書》云：

> 從南斗十二度至須女七度爲星紀，在丑，揚州，（依上下文觀之，此處疑闕「吳、越也」三字）。須女八度至危十五度爲玄枵，在子，青州，齊也。危十六度至奎四度爲娵訾，在亥，并州，衛也。奎五度至胃六度爲降婁，在戌，徐州，魯也。胃七度至畢十一度爲大梁，在酉，冀州，趙也。畢十二度至井十五度爲實沈，在申，益州，晉、魏也。井十六度至柳八度爲鶉首，在未，雍州，秦也。柳九度至張十七度爲鶉火，在午，周、三河也。張十八度至軫十一度爲鶉尾，在巳，荊州，楚也。軫十二度至互（案：當作「亢」）四度爲壽星，在辰，兗州，鄭、韓也。互〔亢〕五度至尾九度爲大火，在卯，豫州，宋也。尾十度至斗十一度爲析木，在寅，幽州，燕也。（頁1286～1287）

與前文所述相同，此說亦將十二次與十二辰合而爲一，用以說明列宿與州國之對應關係。惟如前所述，十二次之說雖本於《漢書・律曆志》，然〈律曆志〉並未論及十二次與地上州國之配屬問題。倘《洛書》此段文字於光武編定圖讖時即已有之，則將十二次與地上州國配屬爲一者，其說或即源於讖緯。其後鄭玄注《周禮・保章氏》所謂「星紀，吳、越也；玄枵，齊也；娵訾，衛也；降婁，魯也；大梁、趙也；實沈，晉也；鶉首，秦也；鶉火，周也；鶉尾，楚也；壽星，鄭也；大火，宋也；析木，燕也」，亦疑與此說有關。此外，

《尙書璇璣鈐》云：

> 日以子丑二辰變色，齊、楚之邦非兵即旱。
>
> 日以寅卯二辰變色，燕、宋之郊青草不生。
>
> 日以辰巳日變色，鄭、楚之邦水旱不調。
>
> 日以午未二辰變色，西秦與東周各有強兵相侵。
>
> 日以申酉二辰變色，趙、魏之邦兵甲滿野。
>
> 日以戌亥二辰變色，魯、衛之邦君臣不和。（頁379）

此文所述，雖以日色之變化為主；然其用以解釋日色變化所示寓意者，實亦與十二次分野有關。惟〈璇璣樞〉所論，又與前引劉歆之說有別。茲表列說明如下：

州國＼十二辰＼論者	劉歆	緯書
吳、越	子↓	丑↑
齊	丑↓	子↑
衛	寅↓	亥↑
魯	卯↓	戌↑
趙	辰↓	酉↑
晉（魏）	巳↓	申↑
秦	午↓	未↑
周	未↓	午↑
楚	申↓	巳↑
鄭	酉↓	辰↑
宋	戌↓	卯↑
燕	亥↓	寅↑

　　案：上引〈璇璣樞〉首則，其說以「齊、楚」配「子、丑」；然齊、楚一東一南，此處將二國牽合為一，於義似有未妥。且下文已將「鄭、楚」並列，故此處之「楚」，疑當作「吳」或「越」。倘此推論不誤，則〈璇璣樞〉所及諸國，實與劉歆所論相同。然其辰次配屬有別者，蓋如上表所示，劉歆之說乃依十二辰之「順行」方向立義；讖緯之說正相對反，改由十二辰之「逆行」方向而論。然十二辰何以能逆向而行？此說所論，似有刻意造作之嫌。又，《春秋潛潭巴》云：

　　　　箕主正月，……房主二月，……角主三月，……軫主四月，……張主五月，……東井主六月，……氐（案：依上下文觀之，「氐」疑當作「參」）主七月，……昴主八月，……奎主九月，……東壁主十月，……虛主十一月，……斗主十二月。（頁843～845）

案：此說以箕主正月（相應於十二次為析木），漸次及於斗主十二月（相應於十二次為星紀）；乍看之下，似與前引劉歆之說有別。蓋依劉歆，星紀主正月（相應於廿八宿

爲斗、牛)，而漸次於析木主十二月（相應於廿八宿爲尾、箕)；二說之間，似有一月之差。然細覈二說，其不同者實在於所準度次之異，而非分野觀念有別。何則？蓋如《漢書·律曆志》及上引《洛書》所云，從星辰運次的角度來說，斗初見於星紀而終於析木。斗既跨越星紀與析木，則斗所居月次，在認定上難免出現依此準彼之差異。劉歆以星紀主正月，很顯然的，其說殆以斗之「初度」爲基準；而〈潛潭巴〉以斗主十二月，其所據者，又實爲斗之「終度」。二說之所以相差一月者，其緣在此。此外，《詩含神霧》又云：

> 齊地處孟春之位。……陳地處季春之位。……曹地處季夏之位。……
> 秦地處仲秋之位。……唐地處孟冬之位。……魏地處季冬之位。(頁
> 460～461)

此說雖不完整，然其依「十二紀」立論，則甚顯明。而十二紀與十二次，就其所涉十二月而言，又實爲一體之兩面。惟觀文中所舉國名，又頗有出於前引《史記·天官書》、《淮南子·天文》及《漢書·地理志》之外者。以此觀之，此說又或別有所本，而與前述之系統有別。

（3）廿八宿分野

《尚書考靈曜》云：

> 中央曰鈞天，其星角、亢。東方昊天，其星房、心。東北變天，其
> 星斗、箕。北方玄天，其星須女。西北幽天，其星奎、婁。西方成
> 天，其星胃、昴。西南朱天，其星參、狼。南方赤天，其星輿鬼、
> 柳。東南陽天，其星張、翼、軫。(頁352)

此說所論，實本諸《呂氏春秋·有始覽》；而其內容、順序略有不同者，疑乃傳鈔散佚或好事者有意爲之所致。除《尚書緯》外，《春秋緯》亦兼及此論。《春秋元命苞》云：

> 軫、畢間爲天街，散爲冀州，分爲趙國。
>
> 牽牛流爲楊州，分爲越國。
>
> 軫星散爲荊州，分爲楚國。
>
> 虛、危之精，流爲青州，分爲齊國。
>
> 東井、鬼星，散爲雍州，分爲秦國。
>
> 觜、參流爲益州。
>
> 箕星散爲幽州，分爲燕國。

營室流為并州，分為衛國。（頁641～642）

此文所述雖間有殘缺，然細究其說，又實與《漢書‧地理志》所論無別。除此之外，現存緯書佚文與分野有關者，尚所在多有。如《詩推度災》云：「邶國結蝓（宋均注曰：謂營室星）之宿，鄘國天漢之宿，衛國天宿斗衡，王國天宿箕斗，鄭國天宿斗衡，魏國天宿牽牛，唐國天宿奎婁，秦國天宿白虎，氣生玄武，陳國天宿大角，檜國天宿招搖，曹國天宿張弧。」（頁472）《春秋元命苞》云：「天弓星主司弓弩，流為徐州，別為魯國。」「鉤鈐星別為豫州。」（頁641～642）《論語讖》云：「上臺上星主兗豫，下星主荊揚；中臺上星主雍梁，下星主冀州；下臺上星主青州，下星主徐州。」（頁1084）此數說所論，兼及北斗、廿八宿所屬諸星及三臺、天弓、鉤鈐等星宿；而所及國名，亦有出於東周十三國之外者。然此非兩漢分野理論之主軸，茲不詳述。

2、月令系統之轉化

人事之吉凶休咎與人君是否配合時令施政有關，此乃《管子》以降，《呂氏春秋》、《禮記‧月令》、《淮南子‧時則》以及兩漢君臣所深信不移者。然如前所述，《管子》、《呂氏春秋》等對於月令之闡述，基本上與〈洪範〉所論相同，皆從氣候異常的角度切入，而未及於天文變異。讖緯所論，雖立意要旨不變；然其重心，實已轉至天文異象。如《尚書考靈曜》云：

> 氣在於春，其紀歲星，是謂大門。禁民無得斬伐有實之木，是謂伐生絕氣。於其時諸道皆通，與氣同光。備倉璧。乘倉馬以出游，衣青之時，而是則歲星得度，五穀滋矣。

> 氣在於夏，其紀熒惑，是謂發氣之陽，可以毀消金銅，舉與氣同光。使民備火，皆盛以寶。是謂敬天之明，必勿行武，與季夏相輔。初夏之時衣赤，與季同期，而是則熒惑順行，甘雨時矣。

> 氣在於季夏，其紀填星，是謂大靜。無立兵，立兵命曰：犯命奪人一畝，償以千里，殺人不當，償以長子。不可起土功，是謂觸天，犯地之常，滅德之光。可以居正殿安處，舉有道之人，與之慮國家，以順盛時。時利以布大德，修禮義。不可以行武事，可以大赦罪人。其禮衣黃，是謂順陰陽，奉天之常，而主德中央。而是則填星得度，地無災，遠者來矣。

> 氣在於秋，其紀太白，是謂大武。用時治兵，是謂得功，非時治兵，

其令不昌。禁民無得毀消金銅，是謂犯陰之則。當秋之時，使太白不明，秋以起土功，與氣俱彊，煞猛獸，事欲急。以順秋金衣白之時，而是則太白出入當，五穀成熟，民人昌矣。

氣在於冬，其紀辰星，是謂陰明。無發冬氣，使物不藏，無害水道，與氣相葆。物極於陰，復始爲陽。其時衣黑，與氣同則。如是則辰星宜放其鄉，冬藏不泄，少疾喪矣。（頁361～364）

此說所論，就其形式架構而言，實乃兼合《淮南子‧天文》與〈時則〉兩篇而來。其中〈天文〉雖有論及五星失次所引發之變異現象，〔註44〕然〈天文〉與〈時則〉畢竟互不統屬，五星失次，似與時令無關。然如《尚書考靈曜》所云，政順時令則五星得度、民人昌、五穀熟、地無災、少疾喪；是五星運次已與月令系統合而爲一。至於政逆時令所引發之天文變異，現存緯書佚文此類記載頗多，茲略舉數則如下，以見其意：

歲星爲規，熒惑爲矩，鎮星爲繩，太白爲衡，辰星爲權。權、衡、規、矩、繩，並皆有所起。周而復始，故政失於春，歲星滿偃，不居其常。政失於夏，熒惑逆行。政失於季夏，鎮星失度。政失於秋，太白失行，出入不當。政失於冬，辰星不效其鄉。五政俱失，五星不明。（《尚書考靈曜》：頁350～351）

春政亂者，奪民時，獵野獸，則歲星逆行。（《春秋緯》：頁923）

人主失春令，傷木氣，則客星出東方。逆夏令，傷火氣，則客星出南方。逆秋令，傷金氣，則客星出西方。逆冬令，傷水氣，則客星出北方。（《洛書甄曜度》：頁1267）

人君政令有失，依前引《管子》、《呂氏春秋》所論，其所引發者，殆爲「氣候異常」之變。然依緯書之意，人君施政倘若違反時令之規範，則其所生之變，又實爲天文異象，而非氣候異常。是月令原以「氣候異常」爲軸心之表述型態，至此已爲「天文異象」所取代。讖緯轉化月令之說，其義在此。

三、讖緯災異論述之主要型態

兩漢對於災異之詮釋，就其類型而言，至少含攝「天文異象」（如日、月之蝕）、「氣候異常」（如旱、多雨）、「物異之變」（如蝗）、「地貌變動」（如山崩、地震）以及「人

〔註44〕如其說云：「熒惑常以十月入太微，……爲亂爲賊，爲疾爲喪，爲饑爲兵。」（頁90）

妖之異」（如男化爲女、人死復生）等各種層面。此觀兩《漢書》〈天文〉、〈五行〉二
〈志〉即可知其大略。至於讖緯所論，依現存佚文觀之，其說除未涉及「人
妖之異」外，其餘大體皆有論及。惟就其比重而言，則又以天文異象與氣候
異常爲主體。以下即以此二層面所涉諸義爲例，就讖緯災異論述之主要型態
略作說明。

（一）星占之驗

藉天文異象以究人事之變，現存緯書各篇，幾皆可見此義。而諸說所及
星宿，又以日、月、五星、廿八宿較具系統。惟廿八宿之說，雖《春秋緯》
以之爲「日、月、五星之所由，吉凶之要處。」（頁928）然檢諸現存緯書佚文，
二十八宿雖不乏作爲「敘述主體」之例〔註45〕；惟就整體而言，廿八宿之作
用似有偏於「參照系統」之傾向。因此，只要參考其他星宿之相關用例，廿
八宿所示星占之義即可比觀而得。故下文所述，亦僅以日、月、五星爲主。

1、日蝕

現存緯書佚文與「日變」有關之說頗多，例如：「日蝕」、「日冠」、「日背」、
「日暈」、「日刺」、「日珥」、「日割」、「日璚」、「日並照」、「日夜出」、「日畫
昏」、「日無光」……等。其中日蝕因涉及君國之命運，故於諸多異象中，又
實居首要之地位。其說云：

> 日之蝕，帝消。（《詩含神霧》：頁465）
>
> 日蝕，君傷。（《詩推度災》：頁472）
>
> 日食皆象君之進退爲盈縮，當《春秋》撥亂，日食三十六，故曰至
> 譴也。（《春秋感精符》：頁738）
>
> 日之蝕，國絕也。（《春秋感精符》：頁749）
>
> 日蝕之後，必有亡國，殺君奔走，乖離相誅，專政擁主，滅兵車，
> 天下昏亂，邦不寧。（《春秋潛潭巴》：頁846）

如上引諸說所示，日蝕所象徵者，實乃君國王命之改易，故云「帝消」、「君
傷」、「國絕」。也正因爲日蝕所示之變甚重，故又名之曰「至譴」。惟就現存

〔註45〕此處所謂「敘述主體」，指純依廿八宿本身以論其災異之應，而未及於廿八宿
　　　與其他星宿之相互關係者。如「角暈五重，貫流星，三運三夕，大國王死，
　　　更王，不出三年。」（《易緯》：頁337）「氐、房出以其時，土木無重役。氐、房
　　　出不以時，土木有害民。」（《春秋文曜鉤》：頁708～709）這類的用法。

緯書佚文觀之，日蝕所示人事之變，實又不僅此於此。《春秋感精符》云：

> 日以從上蝕者，子爲害。（頁749）

> 日蝕從下起，妻害急。（頁749）

> 日蝕傍者，臣欲作禍之應。（頁750）

此依日蝕所起方位，以言其所寓事變；而其所述，又不全從帝消、國絕的角度立論。此外，讖緯之說尚有依日蝕所在廿八宿之位次而論者。如《春秋感精符》云：

> 日蝕亢中，其邦君有憂。

> 日在心而蝕，兵喪並起。

> 日蝕尾、箕中，皇尊有憂。

> 日蝕入斗，將相有憂，其國饑凶。

> 日蝕須女，邦有女主憂，天下女工不爲。

> 日蝕營室，王者自將兵，天下擾動。

> 日蝕奎，南邦不寧，有白衣之會。

> 日蝕婁，則王者郊祀不時，天下不和。

> 日蝕昴，王宗謀國，同姓自立。

> 日蝕畢，邊王死，邊軍自殺其將，若軍校尉誅，遠國謀亂。

> 日蝕觜，臣殺主，慎之。

> 日蝕參，大臣有憂，大臣自相戮，以外且內，遠國強。

> 日蝕輿鬼，其國君不寧。

> 日蝕柳，王者以疾，不安宮室。（頁750～751）

很顯然的，此類說辭並未涉及分野之問題。然細繹其說，似又與星辰寓意及星宿所在方位有關。如上引「日蝕須女」及「日蝕畢」兩則，其相關說解即與《史記·天官書》所釋星辰寓意略同。除此之外，其餘數說即未詳所出。蓋從星辰寓意的角度來說，《河圖聖洽符》云：

> 南斗者，天子之廟，主紀天子壽命之期。（頁1203）

> 須女者，主娶嫁事也。（頁1203）

> 虛危，天蓋也。（頁1203）

營室，主土（案：「土」字疑衍）天子廟。（頁1203）

東壁，主土功之事。（頁1203）

奎者，溝瀆也。（頁1204）

婁者，聚眾也。（頁1204）

胃者，倉廩也。（頁1204）

昴者，白衣。（頁1204）

畢者，揚兵。（頁1204）

注（案：「注」之前當闕「柳爲鳥」三字）者，木功也。（頁1204）

張者，主酒食。（頁1204）

翼者，賓客也。（頁1205）

軫者，平事也。（頁1205）

〈聖洽符〉之說，大體與《史記・天官書》所述相合；然比觀上引《春秋感精符》所論，二者顯然大異其趣。如〈天官書〉以奎主溝瀆，〈感精符〉卻以日蝕奎爲「白衣之會」；〈天官書〉以婁主聚眾，〈感精符〉卻以日蝕婁爲「王者郊祀不時」之象；〈天官書〉以柳主木草，〈感精符〉卻以日蝕柳爲「王者以疾」。以此觀之，讖緯之說不僅與《史記》所錄有別，且諸緯之間亦頗有不合之處。緯書出自眾手，於此亦可見其一二。

讖緯言日蝕最爲特殊者，則是以「日蝕之期」作爲推闡之基準。此類說法，又可分成兩種不同之表述型態：「日蝕天干」與「日蝕六十甲子」。其援「天干」以論日蝕之應者，如《孝經雌雄圖》云：

子日日蝕者，燕國王死；期在五月、十一月。

丑日日蝕者，越國王死；期在六月、十二月。

寅日日蝕者，齊國王死；期在七月、正月。

卯日日蝕者，魯國王死；期在八月、二月。

辰日日蝕者，楚國王死；期在九月、三月。

巳日日蝕者，宋國王死；期在十月、四月。

午日日蝕者，梁國王死；期在五月、十一月。

未日日蝕者，沛國王死；期在六月、十二月。

中日日蝕者，陳國王死；期在七月、正月。

酉日日蝕者，鄭國王死；期在八月、二月。

戌日日蝕者，韓衛王死；期在九月、三月。

亥日日蝕者，秦魏王死；期在十月、四月。（頁1036）

此類說辭，就其形式架構而言，實與十二次分野頗為接近；然其內容，則相去甚遠。蓋此說除所述國名與十二次分野有別外，辰次與州國之配屬關係亦無一相同者。以此觀之，《孝經雌雄圖》所論或又源於另一系統，而與十二次分野之說無關。

至於援「六十甲子」以言日蝕所徵事變者，其說主要見於《春秋潛潭巴》。茲整理表列如下，以見其意：

日蝕之期	所徵事變	日蝕之期	所徵事變
甲子	有兵、狄強起	甲午	大蟲螟蝗興、主貪暴、民流亡
乙丑	大旱、大夫執綱	乙未	天下多邪氣
丙寅	蟲、久旱、多水	丙申	諸侯相攻、夷狄內攘
丁卯	旱、有兵	丁酉	侯侵王
戊辰	地動、陰強	戊戌	有土殃、主后死、天下諒陰
己巳	地動、火災	己亥	小人用事、君子縶
庚午	火燒後宮、有兵	庚子	君疑其男
辛未	大水	辛丑	主疑臣
壬申	水盛	壬寅	天下苦兵、大臣驕橫
癸酉	連陰不解、淫雨數出、有兵	癸卯	司徒亡國、後有大蟲
甲戌	草木不滋、王令不行	甲辰	四騎脅、大水
乙亥	陽不明、多無冰	乙巳	東國發兵
丙子	五月大霜	丙午	民多流亡
丁丑	誅三公	丁未	王者崩
戊寅	天下大風、無園果	戊申	地動搖、侵兵強
己卯	地賊起、砂石踴	己酉	妃死
庚辰	彗東出、有寇兵	庚戌	臣相侵
辛巳	妃謀王、子用兵	辛亥	子為雄
壬午	久雨旬望	壬子	妃后專恣、女謀王

癸未	仁義不明	癸丑	水湯湯
甲申	蟲、四月大霜	甲寅	雷電擊殺、骨肉相攻
乙酉	仁義不明、賢人消	乙卯	雷不行、姦人入宮
丙戌	臣憎主、獄不理、多冤訟	丙辰	山水淫淫
丁亥	匿謀滿王室	丁巳	下有敗兵
戊子	宮室內淫	戊午	久旱
己丑	臣代其主、天下皆亡	己未	失名主
庚寅	誅相、大水、多死傷	庚申	夷狄內攘
辛卯	臣伐其主	辛酉	女謀王
壬辰	河決海溢、久霜連陰	壬戌	女謁且興
癸巳	在陽位者權不行	癸亥	大人崩

　　同為日蝕，但所徵事變有別者，依上引《孝經雌雄圖》及《春秋潛潭巴》所論，主要是因為日蝕所起之「日」不同。此一推斷方式，與兩《漢書‧五行志》所錄諸家之說迥異。以《漢書‧五行志》所錄為例，前引董仲舒、劉歆對於日蝕所示咎徵之判斷，主要是根據分野理論及星辰本身所寓含之象徵意義。然觀上引緯書之說，其用以判斷日蝕所徵事變者，實皆出於分野理論之外；且就日蝕所徵「帝消、國絕」之義而言，上引諸說除「丁未」、「癸亥」、「己未」數日略及此義外，餘皆與日蝕所徵寓義無關。是其所賴以推斷日蝕所示咎徵者，當又別有所本。也正因為所本系統有別，故其說雖間有合於《漢書‧五行志》所錄者〔註46〕，然不合之處亦所在多有。例如：

　　（1）隱公三年二月「己巳」，日有食之。〈潛潭巴〉以「己巳」日蝕為「地動火災」之應，然〈五行志〉卻以之為「臣弒從中成之形也，後衛州吁弒君而立。」

　　（2）桓公三年七月「壬辰」，日有食之。〈潛潭巴〉以「壬辰」日蝕為「河決海溢、久霜連陰」之兆；董仲舒、劉向則以之為「魯、宋弒君」

〔註46〕如僖公十二年三月「庚午」，日有食之。〈潛潭巴〉以「庚午」日蝕為「有兵」之徵，與董仲舒、劉向所謂「是時楚滅黃，狄侵衛、鄭，莒滅杞」之說相合。又如宣公八年七月「甲子」，日有食之。〈潛潭巴〉以「甲子」日蝕為「有兵、狄強起」之兆，亦與董仲舒、劉向所謂「楚商臣弒父而立，至于嚴王遂彊。諸夏大國唯有齊、晉，齊、晉新有篡弒之禍，內皆未安，故楚乘弱橫行，八年之間六侵伐而一滅國」之說相近。又如襄公二十四年八月「癸巳」，日有食之。〈潛潭巴〉以「癸巳」日蝕為「在陽位者權不行」，亦與董仲舒所謂「象陽將絕，夷狄主上國之象也」之說相符。

　　等之應。

（3）莊公三十年九月「庚午」，日有食之。〈潛潭巴〉以「庚午」日蝕爲「火燒宮室、有兵」之兆；董仲舒、劉向則以之爲「後魯二君弒，夫人誅」等之徵。

（4）僖公五年九月「戊申」，日有食之。〈潛潭巴〉以「戊申」日蝕爲「地動、陰強」之兆；董仲舒、劉向則以之爲齊桓「不內自正，而外執陳大夫」等之戒。

（5）成公十六年六月「丙寅」，日有食之。〈潛潭巴〉以「丙寅」日蝕爲「蟲、久旱、多水」之兆；董仲舒、劉向則以之爲「後晉敗楚、鄭于鄢陵，執魯侯」之應。

（6）襄公十四年二月「乙未」，日有食之。〈潛潭巴〉以「乙未」日蝕爲「天下多邪氣」之兆；董仲舒、劉向則以之爲「後衛大夫孫、甯共逐獻公，立孫剽」之徵。

（7）襄公二十年十月「丙辰」，日有食之。〈潛潭巴〉以「丙辰」日蝕爲「山水淫淫」之兆；董仲舒則以之爲「陳慶虎、慶寅蔽君之明，邾庶其有叛心，後庶其以漆、閭丘來奔，陳殺二慶」之應。

（8）襄公廿七年十二月「乙亥」，日有食之。〈潛潭巴〉以「己亥」日蝕爲「陽不明、多無冰」之兆；董仲舒則以之爲「禮義將大滅絕之象也。」

（9）昭公廿一年七月「壬午」，日有食之。〈潛潭巴〉以「壬午」日蝕爲「久雨旬望」之兆；董仲舒則以之爲「周景王老，劉子、單子專權，蔡侯朱驕，君臣不說」之象。

（10）定公五年三月「辛亥」，日有食之。〈潛潭巴〉以「辛亥」日蝕爲「子爲雄」之兆；董仲舒、劉向則以之爲「魯陽虎作亂，竊寶玉大弓，季桓子退仲尼，宋三臣以邑叛」之象。

　　如上所述，〈潛潭巴〉對於某日日蝕所徵事變之判斷，實頗出董仲舒與劉向所論之外。以上乃就《春秋》所錄而言，至於西漢所見日蝕，〈潛潭巴〉所述，亦與《漢書・五行志》所載諸說有別。例如：惠帝七年五月「丁卯」，日有食之。劉向以之爲「微陰始起而犯至陽」之徵，〈潛潭巴〉則以「丁卯」日蝕爲「旱、有兵」之兆。昭帝元鳳元年七月「己亥」，日有食之。劉向以爲己亥日蝕「其占重」，〈潛潭巴〉則以「己亥」日蝕爲「小人用事」之兆。永始

元年九月「丁巳」，日有食之。谷永以爲丁巳日蝕爲「酒亡節之所致」，〈潛潭巴〉則以「丁巳」日蝕爲「下有敗兵」之兆。永始二年二月「乙酉」，日有食之。谷永以爲乙酉日蝕爲「賦斂不得度，民愁怨之所致」，〈潛潭巴〉則以「乙酉」日蝕爲「仁義不明、賢人消」之兆。凡此，皆足證讖緯有關日蝕之說解，其所出系統殆與兩漢諸說有別。

2、月變

與「日變」之情況類似，現存緯書佚文有關「月變」之記載亦俯拾皆是。例如：「月蝕」、「月珥」、「月暈」、「月晝見」、「月生足」、「月生芒」、「月生齒」、「月生爪」、「月犯星」……等。其中又以月蝕、月犯列宿最爲常見。以下即以這二種類型爲例，就讖緯有關月變之論略加說明。

（1）月蝕

相較於日蝕，月蝕在兩漢史籍之相關記載中，似乎不具任何「災異譴告」之寓義。〔註47〕之所以如此，《漢書‧天文志》云：

《詩傳》曰：「月食非常也，比之日食猶常也，日食則不臧矣。」謂

之小變，可也；謂之正行，非也。（頁1291）

既然月蝕只是「小變」，則兩漢史籍不重其義，殆亦其緣有自。〔註48〕然在緯

〔註47〕如《漢書‧五行志》所錄日蝕多矣，然〈天文志〉卻僅錄宣帝地節元年正月「月食熒惑」（頁1308）、及成帝建始四年十一月「月食塡星，星不見」（頁1310）這兩則有關「月蝕」之記載而已。然後者明云「星不見」，是此處所載，當屬「月掩行星」之例，並非今日習稱之「月蝕」。至於「月蝕熒惑」一事，孟康云：「凡星入月，見月中，爲星食月；月奄星，星滅，爲月食星。」（頁1309）是此處所載，亦屬「月掩行星」之例，而非「月蝕」。而《後漢書‧天文志》所錄與「月蝕」有關者，其中靈帝中平三年十月「月食心後星」（見頁3260）一則，其爲「月掩行星」，至爲明顯。此外，桓帝永壽三年十二月「月蝕非其月」及延熹八年正月「月蝕非其月」（見頁3374）兩則，考《史記集解》引徐晏云：「史書不紀月食。」（頁422）是此處所錄，亦疑與今日習稱之「月蝕」無關。又，《漢書‧天文志》云：「凡月食五星，其國皆亡：歲以飢，熒惑以亂，塡以殺，太白彊國以戰，辰以女亂。」（頁1286）惟細繹〈天文志〉前後文義，此處所云，乃以「五星」爲論述主體，是其所述，恐亦與今日所習稱之「月蝕」無關。至於《河圖帝覽嬉》所謂：「月蝕歲星，其鄉大戰，大拔邑。」（頁1122：原誤作「其鄉火，戰大拔邑」，今據《開元占經》改正）「月蝕熒惑，其國以起兵饑，又以亂亡。」（頁1123）「月蝕塡星，女主死：其國以伐亡，若以殺亡。」（頁1123）「月蝕太白，強國以饑亡；不必九年，以城亡。」（頁1123：原誤作「不出九年，以亡城」，今據《開元占經》改正）「月蝕辰星，其國以女亂亡，若兵饑，期不出三年。」（頁1123）此類說法，因未詳諸說之所指（「同宿而蝕」或「月掩行星」），茲暫存之。

〔註48〕案：兩漢史籍於月蝕所錄甚少，又疑與《春秋》之「例」有關。蓋《春秋》

書，月蝕雖稱不上「至譴」，但也絕非「小變」而已。有關月蝕之象徵寓意，
讖緯之說云：

> 月蝕則糴貴，故月蝕則正臣下刑。（《易通卦驗》：頁253）

> 月蝕，大臣刑。（《詩推度災》：頁472）

> 月蝕盡，女主當之。（《河圖帝覽嬉》：頁1124）

此一說法，殆本諸陰陽立義。如馬王堆帛書《稱》云：

> 凡論必以陰陽□大義。天陽地陰，春陽秋陰，夏陽冬陰，晝陽夜陰；
> 大國陽小國陰，重國陽輕國陰。有事陽而無事陰，信者陽而屈者陰。
> 主陽臣陰，上陽下陰；男陽〔女陰〕，〔父〕陽〔子〕陰，兄陽弟陰，長陽
> 少〔陰〕，貴〔陽〕賤陰，達陽窮陰。……諸陽者法天，……諸陰者法
> 地。（頁464）

《黃帝內經・陰陽離合論》云：

> 天爲陽，地爲陰；日爲陽，月爲陰。（頁98）

董仲舒則云：

> 陽，天之德也；陰，天之刑也。（《春秋繁露・陽尊陰卑》：頁327）

> 君爲陽，臣爲陰；父爲陽，子爲陰；夫爲陽，妻爲陰。（《春秋繁露・基
> 義》：頁350）

既然月屬陰，則依比類相感之原則，月變所影響者，亦以同屬陰類之人事物
爲主。月蝕之所以與「大臣」、「女主」有關，其理在此。惟觀現存緯書佚文
所論，月蝕之象徵意義，實又不僅止於此。如其說云：

> 月生未滿蝕，盡經五辰，天子失位，不盡者，臣失位。（《易緯》：頁335）

> 兩三月並蝕，天下大禍，殃亂起，小國毀，大國伐，天子爭國。（同
> 上：頁336）

月蝕既與「天子失位」、「天下大禍」、「天子爭國」有關，則其象徵意義，實
又與日蝕相差無幾。除此之外，《河圖帝覽嬉》尚有從月蝕所起方位與時間
而論者。例如：

> 月蝕從上始，謂之失道，國君當之；從下始，謂之失法，將軍當之；

二百四十二年，所記異變一百二十二見，惟獨不見「月蝕」之記載。徐晏所
謂「史書不紀月食」，其說或即衍生於此。既然《春秋》不錄月蝕，則《史記》、
《漢書》於月蝕著墨甚少，殆亦存有《春秋》之義歟？

從傍始，謂之失令，相當之。又曰：從上始，爲君親；從下始，爲
赤子；蝕其陰，爲女喪；蝕其陽，爲男喪。（頁1123～1124）

月未望而蝕從上始，而盡無光，天子坐之。（頁1123）

月春蝕東方，王死之；夏蝕南方，王死之；季夏蝕中央，王死之；
秋蝕西方，王死之；冬蝕北方，王死之，國以謀亡。（頁1124）

月蝕以晨，相及太子當之；以夕，君當之。（頁1123）

正月月蝕，賤人病，糴石三千。二月月蝕，貴人病，糴石三千。三
月月蝕，人主當之，糴石四千。四月月蝕，主人當之。五月月蝕，
饑。六月月蝕，赤地千里。七月月蝕，有兵。八月月蝕，兵罷。九
月月蝕，饑，一曰有戰。十月月蝕，藏穀，一曰起軍。十一月月蝕，
有喪，兵圍城，破軍殺將。十二月月蝕，不盡，是謂當其數，不占。
（頁1124）

上引諸說，或依月蝕所在「上、下」之位而論，而其立意要旨，實又歸本於
陰陽。故云：「從上始，爲君親；從下始，爲赤子；蝕其陰，爲女喪；蝕其陽，
爲男喪。」或依月蝕所在「四方」之位而論，而「四方」之所以與「王死」
有關，又疑本諸五行配置理論，只是略其中央之帝而已。或依月蝕所在「時
辰」而論，然其說似與「晝陽夜陰」之原則相悖，實不知其所本爲何。或依
月蝕所在「月份」而論，但何以月蝕某月即會引發某些事變，則語義略嫌不
明。文獻有闕，茲暫存之。

（2）月犯列宿

如上所述，兩《漢書‧天文志》雖不乏「月蝕」之記載；然二書所錄，
實皆與今日所習稱之「月蝕」無關。至於「月犯列宿」，《漢書‧天文志》但
錄宣帝本始四年四月「辰星在翼，月犯之」（頁1308）、及陽朔元年七月「月犯心
星」（頁1310）兩則，而《後漢書‧天文志》更僅錄安帝永初三年正月「月犯心
後星」（頁3239）一則。以此觀之，月犯列宿亦非兩《漢書‧天文志》記錄之重
點。兩漢首重月犯列宿之星占意義者，其說亦當始於讖緯。《河圖帝覽嬉》云：
「月犯列宿，其國有憂。」（頁1121）既然月犯列宿與所應州國有關，則其所徵
事變，自也不容小覷。

①月犯五星

《河圖帝覽嬉》云：

月犯歲星，其國饑一年，二年乘之，主死。（頁1121）

月犯熒惑，國內降貴人兵死。（頁1119）

月犯填星，為亡地，期不出十二年，其國以饑亡，一曰天下且有大喪。（頁1119）

月犯太白，強侯作難，戰不勝，人君死，亡國。（頁1119）

月犯辰星，兵大起，上卿死。一曰廷尉有憂，期不出三年。（頁1120）

上引諸說所述月犯五星之應，基本上與《漢書‧天文志》、《晉書‧天文志》所錄相同。《漢書‧天文志》云：

（漢宣帝本始四年七月，月犯辰星）占曰：「兵起，上卿死。」（頁1308）

《晉書‧天文志》則云：

（魏明帝青龍二年十月，月犯太白）占曰：「人君死，又為兵。」（頁346～347）

（晉成帝咸康五年四月，月犯歲星）占曰：「國饑，人流。」（頁347）

（魏明帝景初元年十月，月犯熒惑）占曰：「貴人死。」（頁347）

（晉穆帝升平五年三月，月犯填星）占曰：「為大喪。」（頁348）

此類說法，實與〈帝覽嬉〉相差無幾。很顯然的，以上三種文獻實皆系出同門。而首立此義者，倘《河圖帝覽嬉》此文成於光武編定圖讖之時，則相關說法，或即出於讖緯。

②月犯廿八宿

現存《河圖帝覽嬉》佚文除列敘月犯五星所徵事變外，亦頗述及月犯廿八宿所徵之應。例如：

月犯牽牛，將軍奔，天下牛多死。

月犯須女，天下女主多患。

月犯虛，空邑復起。

月犯危，治樓臺室屋者多。

月犯東壁，大亂，人民多死。

月犯奎，大亂，人多死者。

月犯婁，人君多淫獵。

月犯胃，倉庫散，若有令，一曰其國有變。

月犯昂，天子破匈奴，不出五年，中若有白衣會。

月犯畢，天子用法誅罰急，貴人有死者。

月犯觜觿，小將有死者。

月犯鬼，大臣有誅，一曰國有憂。

月犯柳，有土功事。

月犯亢，兵起，期不出五年。

月犯氐，其國有軍，將死。一曰將當之。

月犯房，天子有憂，四足之蟲多死。

月犯心，亂臣在旁伐國，期不出三年，其下有亡國。

月犯尾，君臣不和。

月犯箕，有客讒人者。（頁 1119～1122）

此類說辭，大致上與《史記・天官書》所錄星宿寓意相符。換言之，讖緯有關月犯廿八宿所徵事變之判斷，其說殆本於星宿本身之象徵意義。其間有小異者，如《史記・天官書》以亢「主疾」（見頁 1297），《河圖帝覽嬉》則認為月犯亢為「兵起」之徵；《史記・天官書》以氐「主疫」（同上），《河圖帝覽嬉》則認為月犯氐為「將死」之兆。然而，《河圖帝覽嬉》此類說法雖與《史記》有別，但卻同於《晉書・天文志》所錄。如晉穆帝永和四年十月「月犯亢」，《晉書・天文志》云：「占曰：『兵起，將軍死。』」（頁 373）又，晉穆帝永和五年六月「月犯氐」，《晉書・天文志》云：「占曰：『大將當之。』」（頁 377）以此觀之，從《史記》發展至《晉書》，星辰寓意之內含實已略有改變；而其轉換之關鍵，又疑與讖緯有關。

3、五星之變

藉五星以言占驗，其說非自讖緯始；然從各種不同角度闡述五星之變者，兩漢文獻實皆無出讖緯之右。依現存緯書佚文所示，讖緯所用以推闡五星之變者，主要有兩種方式：一是依五星本身之變化而論，一是藉星體間之相互關係而論。惟相關佚文甚多，且所涉細節又至為繁瑣；下文所論，但擇要略申其義。

（1）五星色澤、盈縮之變化

讖緯依五星之變化以言其所徵事變者，大致而言，又以色澤與盈縮為主。

《史記·天官書》云：

> 五星色白圜，爲喪旱；赤圜，則中不平，爲兵；青圜，爲憂水；黑
> 圜，爲疾，多死；黃圜，則吉。（頁1322）

依《史記》所論，五星有白、赤、青、黑、黃之不同變化；且「黃」屬「吉」，其他爲「凶」。然此說但就五星之「整體」而言，並未涉及細部之問題。讖緯所論，雖義有合於《史記》者；然不同之處，實亦所在多有。《春秋文曜鉤》云：

> 歲星……色赤黃，以文德豐極，君臣和合。色青白而赤耀，其國有
> 乖戾之謀，大臣發計，主有憂懼。（頁680）

> 塡星黃而潤澤，歲必大熟。若變而青，不有蟲災，則國有憂。變而
> 白，國有喪。變而黑且赤，國有水與兵。（頁690~691）

> 辰星當效而出，色白爲旱，黃爲福，……，赤爲兵，黑爲水，青爲
> 疫。（頁695）

> 熒惑……色怒赤不移者，國有大旱半年，民死無數。（頁707）

《春秋文曜鉤》所云，就「塡星」而言，大致上與《史記》所述相符；然就「歲星」、「熒惑」與「辰星」而言，除「黃」爲「休徵」與《史記》意旨相同外，其餘諸色所示咎徵實皆略有差異。是依讖緯所論，五星色澤變化實不專主一義；星體有別，則其所示咎徵亦各有不同。

至於藉五星盈縮以言其所示咎徵者，讖緯所論雖與《史記》略有不同；然其敷衍之跡，亦至爲明顯。例如：

> 太白盈則將相謀，縮則侯族患。（《春秋元命苞》：頁639）

> 塡星盈縮，下士逆謀，兵乃生。（《洛書》：頁1295）

> 塡星盈縮，九州騷動，四方相賊。（《洛書》：頁1295）

> 塡星出入不行其次，其國不可舉事用兵，若背之，大凶。（《河圖》：頁
> 1235）

> 陽弱臣逆，則塡星盈縮。王者禮、義、德、殺、刑盡失，塡星乃動
> 而盈。（《春秋漢含孳》：頁817）

上引數說，前三則或爲讖緯新出之義；然《河圖》與《春秋漢含孳》所論，顯即檃括《史記》而來。《史記·天官書》云：「（塡星）若當居而不居，既已居之，又西東去，其國失土，不乃失女，不可舉事用兵。……禮、德義、殺、

刑盡失，而塡星乃爲之動搖。」（頁1319～1320）讖緯所述，除個別文字略有差異外，其要旨實無二致。讖緯斥取前人舊說以成文，於此亦可見其端緒。

（2）五星合鬥與相犯列宿

讖緯藉星體間之相互關係以言其所徵事變者，主要以「五星合鬥」及「五星相犯列宿」等現象爲主。就前者而言，《春秋文曜鉤》云：

> 塡星與木星合，則變謀更事，主且失勢。（頁678）

> 塡星與火合，則大旱，陽行害。（頁679）

> 塡星與金合，則爲白衣之會。（頁679）

> 熒惑與木鬥，兵荒肆害。（頁678）

> 熒惑與土鬥，則子弟亂。（頁679）

> 熒惑與金鬥，陰不利。（頁679）

> 熒惑與水鬥，則以暴敗。（頁679）

所謂「合」、「鬥」，《史記・天官書》云：「同舍爲合，相陵爲鬥。」（頁1321）換言之，兩星（含）以上或五星同處某一位置爲「合」，而某星侵入他星所在位置則稱之爲「鬥」。從排列組合的角度來說，「五星合鬥」至少包含「二十種」不同之可能性；現存緯書佚文未見如此周延之解釋者，疑乃文獻散佚之故。雖然如此，五星「合」、「鬥」各有不同之象徵意義，觀此亦可略知其要。惟《漢書・天文志》云：「土與金合國亡地，與木合則國饑。」（頁1286）比觀上引〈文曜鉤〉之說，二者顯又大異其趣。此一差異，又疑與所出系統不同有關。

至於五星相犯列宿，現存緯書佚文此類記載比比皆是；然其大宗，又以五星犯守二十八宿爲主。以下僅以《春秋文曜鉤》所錄爲例，略舉數則說明如下：

五星	犯守列宿所示咎徵
歲星	歲星守箕，司空歲水。
	歲星犯箕，盜起宮中，天下大亂，兵起。
	歲星守心，天子有慶，賜錦。
	歲星守營室，天下皆以饑爲憂。
	歲星之虛，五穀大熟。
	歲星犯守牽牛，大臣謀其主，大人有戮死者。

熒惑	熒惑犯房宿，將軍爲亂，王者惡之。
	熒惑守心，海內哭。
	熒惑守箕，天下分離，臣下謀，咎在人主自恣。
	熒惑守營室，專于妻妃。
熒惑	熒惑入虛，咎在毀傷。
	熒惑之畢，有德令。
塡星	塡星入氐，中宮有妊娠之喜，若貴妃有專寵者。
	塡星犯心，臣有逆謀，天下不利。犯其左，太子不得立。犯其右，庶子不得祿，奸臣構禍，國不安寧。
	塡星犯箕，若入宮中，天下大亂，兵起。
	塡星守須女，后宮有喜，賤女暴貴，若后宮專政，女謁橫行。
	塡星守虛，土壅水，有土功事，若宮女多病虐之憂。
	塡星守危，人民有憂。
	塡星守牽牛之南，國多狂犬傷人。守牽牛之北，民多狂病。
太白	太白入房，天子以微誅。
	太白入昴，天子以歲誅。
	太白入張，天子以微誅。
	太白入虛，天子以微誅。
辰星	辰星之南斗，天下大水，五穀傷，人民饑。辰星居南斗，河戍間道不通。
	辰星守牽牛，國以水爲敗，犧牲疫，牛多死。
	辰星之虛，兵起，大水出。
	辰星之營室，天下徭役，民不寧其處。
	辰星守房、心間，經六十日，地裂大水。

　　如上表所列，讖緯所用以推闡五星相犯二十八宿所徵事變者，主要是根據「犯」、「守」等條件而論。《史記・天官書》集解引孟康曰：「犯，七寸已內光芒相及也。」又引韋昭曰：「自下往觸之曰『犯』，居其宿曰『守』。」(頁1319) 換言之，五星光芒觸及列宿所在位置爲「犯」(緯書或稱之爲「入」、「之」)，而停留於列宿所在位置則稱之爲「守」(緯書或稱之爲「舍」、「留」、「在」、「居」)。除此之外，五星犯守某宿之所以會引發某一事變，又與五行及五星所犯列宿之方位、寓意有關。其涉及五行者，如「辰星」於五行屬「水」，故辰星犯守列宿所生事變與「水」有關；「太白」於五行屬「金」，故太白犯守列宿所生事變與「誅伐」有關。其與方位有關者，如塡星守牽牛之「南」，國多狂犬傷人；守牽牛

之「北」，民多狂病。其與星辰寓義有關者，如「須女」與「女事」有關，故「塡星守須女」或爲「后宮有喜」、或爲「后宮專政」；而「心爲明堂」，主天子事，故「熒惑守心」爲「海內哭」之徵兆。比較特殊的是，並非所有五星相犯列宿之現象皆爲咎徵。如「熒惑守心」爲極凶之兆，然「歲星守心」卻爲「天子有慶」之徵；而「辰星之虛」爲「兵起，大水出」之徵，然「歲星之虛」卻爲「五穀大熟」之兆。五星相犯列宿，其義大體如是。

如上所述，讖緯所涉星占之驗，至少含攝日、月、五星、二十八宿等各類星體；而其用以推闡星變所示咎徵者，除依星宿所示寓意加以說明外，又涉及星體之色澤、盈縮，星變所起之方位、時間，星宿間之合鬥、犯守等各個層面。從災異的角度來說，讖緯之所以特重星占之驗，又疑與讖緯之災異觀有關。蓋如前引《春秋潛潭巴》所云：「災之爲言傷也，隨事而誅；異之爲言怪也，先發感動之也。」既然「異先災後」，則就理論上而言，若能先從源頭止住「異」，則「災」即無由而生。以此觀之，讖緯之所以側重「異象」之闡述，殆或出於「防患未然」之考慮。

（二）卦氣之變

《易通卦驗》云：

> 凡易八卦之氣，驗應各如其法度，則陰陽和，六律調，風雨時，五穀成熟，人民取昌，此聖帝明王所以致太平法。故設卦觀象以知有亡。夫八卦繆亂，則綱紀壞敗，日月星辰失其行，陰陽不和，四時易政。八卦氣不效，則災異氣臻，八卦氣應失常。……夫卦之效也，皆指時，卦當應他卦氣，及至其災，各以其衝應之，此天所以示告於人者也。（頁207～208）

如〈通卦驗〉所云，日月星辰是否各如其次、陰陽風雨是否各順其時、人倫綱紀是否各安其位，實皆取決於八卦之氣是否「如其法度」。至於此「法度」之實際內容，〈通卦驗〉云：

> 乾，西北也，主立冬。人定白氣出，直乾，此正氣也。
>
> 坎，北方也，主冬至。夜半黑氣出，直坎，此正氣也。
>
> 艮，東北也，主立春。雞鳴黃氣出，直艮，此正氣也。
>
> 震，東方也，主春分。日出青氣出，直震，此正氣也。
>
> 巽，東南也，主立夏。食時青氣出，直巽，此正氣也。

離，南方也，主夏至。日中赤氣出，直離，此正氣也。

坤，西南也，主立秋。晡時黃氣出，直坤，此正氣也。

兌，西方也，主秋分。日〔入〕白氣出，直兌，此正氣也。（頁208〜215）

如上引文所示，所謂「法度」，主要包含三項條件：方位、節氣與時辰。凡卦氣與本卦所當方位、節候與時辰相應者，即謂之「如其法度」；且因上述條件各其得正，故又名之曰「正氣」。反之，倘卦氣與本卦所當方位、節氣與時辰不合，則謂之「卦氣不效」；一旦卦氣不效，即會引發災異。以乾卦為例，〈通卦驗〉云：

氣出右，萬物半死；氣出左，萬物傷。乾氣不至，則立夏有寒，傷禾稼，萬物多死。人民疾疫，應在其衝。乾氣見於冬至之分，則陽氣火盛，當藏不藏，蟄蟲冬行。乾為君父，為寒為冰為金為玉，於是歲，則立夏蚤蟄，夏至寒。乾得坎之寒，則夏雨雪水冰。乾氣退，傷萬物。（頁208〜209）

所謂「氣出右」、「氣出左」，主要是從乾氣所當方位及其相應之節氣而言。蓋乾氣本當於立冬人定之時初見西北，倘氣出於右（依廿四節氣，立冬之右為「霜降」），則「萬物半死」；氣出於左（依廿四節氣，立冬之左為「小雪」），則「萬物傷」。除卦氣不正會引發災異外，卦氣不時，同樣會有災異之咎：節氣已屆而乾氣未至，則與「立冬」相對之「立夏」（所謂「各以其衝應之」，其義在此）即會出現當暖還寒之現象，從而導致禾稼傷、萬物死之後果。反之，倘節氣未屆而乾氣已至，則陽氣過盛之結果，即會引發「蟄蟲多行」之變。其餘諸卦義略同此，茲整理表列如下：

卦氣	卦氣不正		卦氣不時	
	氣出右	氣出左	氣縮	氣盈
乾	萬物半死	萬物傷	立夏有寒、傷禾稼、萬物多死、人民疫疾	陽氣火盛、當藏不藏、蟄蟲多行、傷萬物
坎	天下旱	涌水出	夏至大寒雨雪、涌泉出、歲多大水	水氣乘出、歲多水災、江河決、山水涌出、天下旱
艮	萬物霜	山崩涌水出	立秋山陵多崩、萬物華實不成、五穀不入	萬物不成、氣過山崩、數有雲霧霜
震	萬物半死	蛟龍出	歲中少雷、萬物不實、人民疾熱	雷氣盛、龍蛇數見、不雲而雷、歲中少雷、萬物不茂

巽	風橛木	萬物傷人民疾濕	歲中大風、發屋揚砂、禾稼盡	風、氣過折木、萬物不成、濕傷人民
離	萬物半死	赤地千里	無日光、五穀不榮、人民病目痛、冬無冰	其歲日無光、陰必害之
坤	萬物半死	地動	萬物不茂、地數震、牛羊多死	其歲地動搖、江河水乍存乍亡、地分裂、水泉不泯
兌	萬物不生	虎害人	歲中多霜、草木枯落、人民疥瘙	萬物不成、虎狼爲災、澤枯、萬物不成

在正常情況下，八卦之氣本當驗應各如其法度；卦氣之所以不效，實乃國家失政之所致。《易通卦驗》云：

> 不順天地，君臣職廢，則乾坤應變。……政令不行，白黑不別，愚智同位，則日月無光，精見五色，此離坎之應也，皆八卦變之效也。
>
> 故曰八卦變象，皆在于己。（頁218）

此一說法，與董生所謂「凡災異之本，盡生於國家之失」意旨略同。故又云：「凡異所生，災所起，各以其政」、「觀本所起，以知存亡。」（《易稽覽圖》；頁143、144）此外，鄭注「皆在於己」云：「己，人君也。」既然卦氣之變皆因人君而起，則讖緯所訴求者，其實還是以國君爲主體。此一看法，又與〈洪範〉、《呂氏春秋》殊途同歸。而其落實於具體觀測者，則是藉日晷之度以推闡卦氣不時所生異變。《易通卦驗》云：

> 其晷之如度者，則歲美，人民和順。晷不如度者，則其歲惡，人民爲訛言，政令爲之不平。晷進則水，晷退則旱。……晷不如度數，則陰陽不和，舉錯不得，發號出令、置官立吏，使民不得其時，則晷爲之進退，風雨寒暑爲之不時。（頁204）

《易緯》則云：

> 推廿四氣之影盈縮，豎八尺之表，于日中視其晷。晷如度者，則其歲五穀昌；晷不如度，則歲不登，民人多疾疫饑亡，占萬事□不失。
>
> （頁335）

如上引文所示，所謂「晷如度」，其義實與「八卦之氣，驗應各如其法度」所差無幾。至於讖緯所推廿四節氣之日影盈縮，茲依《易通卦驗》所論，整理表列如下：

節氣	晷長	當至不至之災		未當至而至之災
冬至	丈三尺	萬物大旱 大豆不爲	人足太陰脈虛 多病振寒	人足太陰脈盛 多病暴逆 臚張心痛
小寒	丈二尺四分	先小旱 後小水	人手太陰脈虛 多病喉脾	人手太陰脈盛 多熱
大寒	一尺八分	旱後水 麥不成	人足少陰脈虛 多病蹶逆 惕善驚	人足少陰脈盛 人多病 上氣嗌腫
立春	丈一尺二分	兵起 來年麥不成	人足少陽脈虛 多病疫瘲	人足少陽脈盛 多病粟疾疫
雨水	九尺一寸六分	旱 麥不爲	人手少陽脈虛 人多病心痛	人手少陽脈盛 人多病目
驚蟄	八尺二寸	霧 稚禾不爲	人足太陽脈虛 多疫病瘲	人足太陽脈盛 多病癰疽脛腫
春分	七尺二寸四分	先旱後水 歲惡	人手太陽脈虛 人多病痺痛	人手太陽脈盛 多病癃疥
清明	六尺二寸八分	菽豆不爲	人足陽明脈虛 多病疥虛 振寒洞泄	人足陽明脈盛 人多病溫暴死
穀雨	五尺三寸二分	水物稻等不爲	人足陽明脈虛 人多病癰疽瘧 振寒霍亂	人足陽明脈盛 人多病溫黑腫
立夏	四尺三寸六分	旱 五穀大傷 牛畜病	人手陽明脈虛 多病寒熱 齒齲	人手陽明脈盛 多病頭腫嗌
小滿	三尺四寸	多凶言 有大喪 先水後旱	人足太陽脈虛 人多病滿筋 急痺痛	人足太陽脈盛 人多病衝氣腫
芒種	二尺四分	多凶言 國有狂令	人足太陽脈虛 多病血痺	人足太陽脈盛 多蹶眩頭病痺
夏至	四寸八分	邦有大殃 陰陽并傷	口乾嗌痛	人手陽脈盛 多病肩痛
小暑	二尺四寸四分	前小水 後小旱 有兵	人足陽明脈虛 多病泄注腹病	人足陽明脈盛 多病臚腫

大暑	三尺四寸	外兵作 來年饑	人手少陽脈虛 多病筋痺胸痛	人手少陽脈盛 多病脛痛惡氣
立秋	四尺三寸六分	暴風爲災 年歲不入	人足少陽脈虛 多病癘	人手少陽脈盛 多病咳嗽 咽喉腫
處暑	五尺三寸二分	國有淫令 四方兵起	人手太陰脈虛 多病脹、身熱	人手太陰脈盛 多病脹 身熱不汗出
白露	六尺二寸八分	六畜多傷	人足太陰脈虛 人多病痤疽泄	人足太陰脈盛 多病心脹閉疝瘕
秋分	七尺二寸四分	草木復榮	人手少陽脈虛 多病溫悲心痛	人手少陽脈盛 多病痀脇鬲痛
寒露	八尺二寸	來年穀不成 六畜鳥獸被殃	人足蹶陰脈虛 多病疕疼腰痛	人足蹶陰脈盛 多病痛痀中熱
霜降	九尺一寸六分	萬物大耗 來年多大風	人足蹶陰脈虛 多病腰痛	人足蹶陰脈盛 多病喉風腫
立冬	丈一寸二分	地氣不藏 立夏反寒 早旱晚水 萬物不成	人手少陽脈虛 多病溫心煩	人手少陽脈盛 多病臂掌痛
小雪	丈一尺八分	來年五穀傷 蠶麥不爲	人心主脈虛 多病肘腋痛	人心主脈盛 多病腹耳痛
大雪	丈二尺四分	溫氣泄 夏蝗生 大水	人手心主脈虛 多病少氣 五疸水腫	人手心主脈盛 多病疽腫痛

如〈通卦驗〉所述，不同節氣各有其相應之日晷度數；倘晷度失次，則相應
之災變即隨之而至。比較特殊的是，〈通卦驗〉除認爲晷度失次會導致節候異
常與人事之變外；又進一步將此觀念引申至「人體」之層面，認爲晷度失次
與人之健康狀態有關。比觀前文所述先秦以來之相關說法，此亦讖緯新出之
義。

四、讖緯災異論述對東漢政治之影響

如前所述，讖緯災異之論所涉層面實頗爲廣泛；而其影響於政治層面者，
茲略舉數例如下，以觀其要：

一、明帝永平八年十月，日有食之。詔曰：「朕以無德，奉承大業，而下

貽人怨，上動三光。日食之變，其災尤大，《春秋》圖讖所爲至譴。」

（《後漢書・明帝本紀》；頁111）

二、順帝陽嘉二年四月，地震。李固對曰：「愚以爲天不言，以災異爲譴告。政之治亂，主之得失，皆上帝所伺，而應以災祥者也。王者父天母地，體具山川。今日蝕地動，山崩晝晦，主將安立？物將安寄？……今封阿母，恩賞太過，常侍近臣，威權太重。臣案圖書，災異之發，亦以爲然。……故敢依圖書悉心以對。」（《後漢紀》；頁508）

三、桓帝延熹八年正月，日有食之。上特詔劉瑜問災咎之徵，「指事案經讖以對。」（《後漢書・劉瑜列傳》；頁1875）

四、靈帝熹平六年二月，平城門及武庫東垣自壞。蔡邕對引〈潛潭巴〉曰：「宮瓦自墮，諸侯強陵主。」（《後漢書・五行志》；頁3274～3275）

五、靈帝光和元年六月，黑氣墮溫德殿。蔡邕對引〈潛潭巴〉曰：「虹出，后妃陰脅王者。」「五色迭至，照于宮殿，有兵革之事。」又引〈演孔圖〉曰：「天子外苦兵，威內奪，臣無忠，則天投蜺。」（《後漢書・五行志》；頁3351～3352）

六、靈帝光和元年七月，青虹見御座。楊賜對引《中孚經》曰：「蜺之比，無德以色親。」又引《春秋讖》曰：「天投蜺，天下怨，海內亂。」（《後漢書・楊賜列傳》；頁1779～1782）

七、靈帝光和元年，連年蝗蟲至多踊。蔡邕對引《河圖祕徵篇》曰：「帝貪則政暴而吏酷，酷則誅深必殺，主蝗蟲。」（《後漢書・五行志》；頁3319～3320）

如上引諸說所示，讖緯對東漢政治實仍有所影響，只是所及層面有限而已。此外，東漢君臣援圖讖以說災異者，又以《易緯》及《春秋緯》爲主，足見此二種文獻於東漢已流傳頗廣。讖緯文獻以《易緯》、《春秋緯》所存尤多者，或即緣出於此。

第四節　結　語

藉異象以說人事，先秦典籍即已屢見不鮮。惟就兩周文獻觀之，彼時並未抽繹出「災異」此一觀念以統攝相關說法；且所論尚不成系統，亦未視「異象」爲上天之「譴告」。降及兩漢，雖說漢初此風未熾，然觀文帝因日蝕下詔

罪己，則災異之風又實已悄然躍上兩漢歷史之舞臺。而其關鍵，又在武帝時期。史載武帝策董生之問曰：「災異之變，何緣而起？」從文獻上較無爭議的角度來說，「災異」之「名」，即首見於此。而董生所對，就兩漢災異詮釋學的形成而言，其重要性有三：

一、首揭「災異譴告」之義旨

董生以為：「凡災異之本，盡生於國家之失。國家之失乃始萌芽，而天出災害以譴告之；譴告之而不知變，乃見怪異以驚駭之。」以「災異」為上天之「譴告」，其說首見於此。

二、奠定災異理論之經典基礎

孔子修《春秋》，「記異」是其中一項重要內容；三《傳》作者雖已見及此一特徵，但並未援此而一味述其災異之應。以「災異」為孔子立說之「微言大義」，其說亦肇端於董仲舒。

三、確立災異詮釋之基本原則

依董生之意，「災」、「異」雖皆緣於國家之失，然二者又有「災先異後」與「災輕異重」之判分。其後漢儒所述雖與董生有別，然認為災異有先後之分，實亦首出董仲舒。

災異之義既明，且其說又有源於儒家之經典根據；故自董生以降，災異之說即迅速席捲兩漢學術、政治之各個層面：

一、就學術層面而言

災異對兩漢學術之影響，其深切著明者，即是儒家經典之「災異化」。昔章學誠有「五經皆史」〔註49〕之說，衡諸漢儒所論，又幾可謂之「五經皆災異」矣！儒家經典與災異有關，此乃兩漢災異之風盛行不墜的主要因素之一。

二、就政治層面而言

災異對兩漢政治之影響，就責任歸屬的角度來說，雖漢帝屢因災異策免三公，然其引咎自責而下詔罪己者亦多在多有。是災異所示「譴告」之義，確實發揮極大之效用，故有趙翼兩漢但有庸主而無暴君

〔註49〕〔清〕章學誠著、葉瑛校注：《文史通義校注》（北京：中華書局，2002 年 1月），〈易教上〉，頁 1。章氏所云，又本諸王陽明。《傳習錄》云：「愛曰：『先儒論六經，以《春秋》為史。史專記事，恐與五經事體終或稍異。』先生曰：『以事言謂之史，以道言謂之經。事即道，道即事。《春秋》亦經，五經亦史。』」吳光等編：《王陽明全集》（上海：上海古籍出版社，1992 年 12 月），頁 10。

之說。而群臣所論，其以災異爲人君舉措失中所致者，無非藉此告誡人君當修德改政；其藉災異指訾佞臣干政者，則又出於《春秋》尊王之義。無論所指對象爲何，其出於公義之心，殆毋庸置疑。漢儒言災異以至於前仆後繼、死而後已者，實皆本歸於此。而其具現於政務興革者，則國之大事緣災異而更張（如復宗廟、罷邊屯）、人才培育因災異而滋盛（如博士弟子毋置員）、人才選拔因災異而常設（如察舉選士）。凡此，皆足資證明災異並非荒誕不經之論。惟其末流又衍爲政治鬥爭之用，災異之蔽，其緣由此。

至於讖緯，其說雖大體不出前人所述之範圍，然就兩漢災異詮釋學之發展而言，其義仍有可得而說者：

一、就「災」、「異」之「名義」而言

讖緯於董生「災先異後」之外，另立「異先災後」之論；兩漢災異觀念之轉變，讖緯實居舉足輕重之角色。

二、就經典基礎而言

於《易》，讖緯首次提出「漸」之觀點，用以解釋八卦與十二月相配所衍生之理論問題；八卦與十二月相配，至此才有一完整的對應形式。於《詩》，讖緯演繹《齊詩》之論，於「四始」、「五際」皆有闡述；《齊詩》有關災異之論，實賴讖緯而得以復見於世。於《書》，讖緯於〈洪範〉庶徵之外，又將星占系統納入其中；五行五事與星占之學的結合，其說殆或首見於此。

三、就方法原則而言

於北斗分野，讖緯首將地上州國配屬北斗七星；北斗分野由簡而繁，讖緯實居承先啓後之地位。於十二次分野，倘現存緯書佚文於光武編定之初即已有之，則首將十二次與地上州國配屬爲一者，其說或即源於讖緯。

除此之外，現存緯書佚文雖未見藉災異以論時政之記載，然明帝因日蝕詔引「圖讖」爲誡、桓帝詔問災異之咎限依「經讖」以對；而蔡邕等諸儒論對災異，大體亦藉圖讖以述旨。讖緯對東漢政治之影響，於此亦可略窺其要！